Willi Lambert

Die Kunst der Kommunikation:

Entdeckungen mit Ignatius von Loyola

Willi Lambert

Die Kunst der Kommunikation:
Entdeckungen mit Ignatius von Loyola

HERDER

FREIBURG · BASEL · WIEN

Neuausgabe 2006

Dritte Auflage der Gesamtauflage

Alle Rechte vorbehalten

© Verlag Herder Freiburg im Breisgau 2006

www.herder.de

Umschlagmotiv: © B. Finken, Stuttgart

Druck und Bindung: fgb · freiburger graphische betriebe

www.fgb.de

Gedruckt auf umweltfreundlichem,

chlorfrei gebleichtem und säurefreiem Papier

Printed in Germany

ISBN-13: 978-3-451-29249-1

ISBN-10: 3-451-29249-1

Inhalt

Inhalt

Vorwort zur Neuausgabe

Nach zwei Auflagen der Erstausgabe erscheint jetzt, im Jahr des 450. Todestages von Ignatius von Loyola – der Gedanke an die ewige Lebendigkeit ließ ihn oft vor Freude weinen! –, eine neu gestaltete Ausgabe der »Kunst der Kommunikation. Entdeckungen mit Ignatius von Loyola«.

Die Neuausgabe bringt unverändert den ursprünglichen Text. Dieser bedarf bisher keiner wesentlichen inhaltlichen Korrektur. Aber ein rückblickender Essay möchte einiges Wichtige unterstreichen, Reaktionen auf das Buch mitteilen, Ansätze für mögliche weitere Ausführungen zeigen und auf Entwicklungen aufmerksam machen.

Meditation – Kommunikation – Aktion

Die Neuausgabe passt nicht nur zum Jubiläum, sondern entspricht auch dem Wunsch vieler, die in Seminaren, Vorträgen und bei der Lektüre Ignatius als Meister der Kommunikation auf die Spur gekommen sind. Was dabei immer wieder – angefangen von Hausfrauen und Christen im seelsorglichen Dienst bis zu Bürgermeistern und Managern – erstaunt und als wohltuend hervorgehoben wird, ist die Viel-Dimensionalität und der spirituelle Hintergrund der ignatianischen Sichtweise von Kommunikation; die tiefe Fundamentierung und zugleich die große Praxisnähe.

Ignatianisch inspirierte Kommunikation steht im Dienst der Suche nach Lebenssinn. Dieser findet sich in der Meditation, verstanden als Berührung mit der eigenen Lebenstiefe und letztlich der Wirklichkeit Gottes. Die Aktion, in der sich unsere Lebens- und Wert-Entscheidungen ausdrücken, kann zu Recht immer auch als »nonverbale Kommunikation« verstanden werden. Und die Kommunikation selber ist Vollzug dessen, was Martin Buber mit dem Wort ausdrückt: »Alles wirkliche Leben ist Begegnung.«

Anders gesagt: Der Wert und das Besondere des ignatianischen Verständnisses von Kommunizieren besteht nicht primär in vielen neuen einzelnen Einsichten und Hinweisen, sondern vor allem darin, dass sie auf einem ganzheitlichen Ansatz beruht. Anders gesagt: Sie ist die Verbindung von Kommunikation mit Spiritualität.

Weil das Buch von diesem Verständnis geprägt ist, sei wenigstens kurz das Grundverständnis von Spiritualität benannt. Sie wird – ganz im ignatianischen Sinn – verstanden als »gläubiger Umgang mit Realität« (G. Mühlenbrock SJ), beziehungsweise als »glaubend-hoffend-liebender Umgang mit Wirklichkeit«. Anders formuliert: Spiritualität ist Lebensziel in Lebensstil, ist Lebensmitte und Lebensmittel, ist gelebte Antwort auf die Frage: Von woher, woraufhin und wie lebst du? Biblisch formuliert ist Spiritualität Leben im Heiligen Geist, ist die Lebendigkeit des Glaubens, ist Glaube, der atmet.

»Kommunikator und Vater Ignatius«

Recht bald nach der deutschen Erstausgabe erschien eine Übersetzung des Buches auf Englisch unter dem Titel »Directions for Communication. Discoveries with Ignatius Loyola«, veröffentlicht in den Vereinigten Staaten (Crossroad, New York 2000) und später in Indien. Von dort erreichte mich die überraschendste und als Jesuiten erfreulichste Buchbesprechung. Ein junger Jesuit schildert, wie es ihm bei der Lektüre des Buches erging: So ähnlich, wie wenn jemand mit hohem Interesse und Freude ein interessantes Buch liest und am Ende bemerkt – dass dies unter einem Pseudonym von seinem eigenen Vater geschrieben worden ist. So war für ihn die Überraschung: Dieses wichtige Thema hat »mein Vater Ignatius« auf so eindrückliche Weise behandelt! Da kommt Freude auf …

Diese Freude kann auch die Erinnerung daran wecken, dass es in der jesuitischen Sprachtradition das einzelne, aber kostbare Wort des Ignatius von seinen Gefährten als »Freunden im Herrn« gibt. Es gibt gute und berechtigte Gründe, warum Jesuiten oft als »Einzelkämpfer« bezeichnet werden. Und die Stärke der Exerzitien liegt ganz sicher auch darin, dass der Weg des je Einzelnen ernst genommen wird. Trotzdem ist es mehr als ein Zufall, dass eben die drei Jesuiten, die den Kern der Gesellschaft Jesu bilden, Ignatius, Franz Xaver und Peter Faber, eine Zeit lang in Paris im selben Kolleg, ja im selben Zimmer gewohnt haben und zwischen ihnen eine tiefe Freundschaft wuchs! Dass im Jahr 2006 der 500. Geburtstag von Franz Xaver und Peter Faber und der 450. Sterbetag von Ignatius als ein gemeinsames Jubiläumsjahr gefeiert werden kann, ist eine hübsche Dreingabe. Das Wesentliche freilich und die Stoßrichtung der vorliegenden Veröffentlichung ist die Botschaft: Man fasst die ignatianische Spiritualität nur dann in ihrer Ganzheit auf und bewahrt sie und sich vor gefährlichen Einseitigkeiten, wenn man deutlich mehr, als dies gemeinhin geschieht, ihre kommunikative Dimension wahrnimmt und hervorhebt. Dies darf und muss umso mehr betont werden als die ignatianische Spiritualität ja nicht nur von bloß historischem Interesse ist, sondern auch heute noch eine große Ausstrahlung und Verbreitung besitzt.[1]

»Lesen vermittelt am meisten«

Die Karte einer älteren Leserin einer Kirchenzeitung hat mich sehr beeindruckt. Ihr Schreiben gipfelte in dem Satz: »Lesen vermittelt am meisten.« Man kann das Tempo selber bestimmen, Zeiten der Besinnung einlegen und zwischendurch das Erkannte, soweit man will, ausprobieren. Das Lesen und seine typischen Kommunikationsvorgänge und Gesetzlichkeiten wären einer eigenen Untersuchung wert. Ignatius wäre ein geeignetes Objekt dazu. Denn das Lesen hat in seinem Leben eine ausgesprochen bedeutsame Rolle gespielt. In seiner Zeit bei Hof las er voll Begeisterung die Ritterroman-Literatur. Nach seiner Verletzung, die ihn ans Krankenbett fesselte, blieb ihm nichts anderes übrig, als »Das Leben Christi« und Heiligenbiografien zu lesen. Aber diese Lektüre gab ihm einen entscheidenden Impuls zur Änderung seines Lebens.[2] Immer wieder spielen in den Exerzitien Erinnerungen an frühere Lektüre eine gewichtige Rolle. Darum findet sich bei Ignatius im Exerzitienbuch auch der Hinweis: »Für die zweite Woche und genauso künftighin ist es sehr nützlich, zuweilen in den Büchern der Nachfolge Christi oder der Evangelien und der Heiligenleben zu lesen« (EB 100).

Kommunikation und Propaganda

Wenn Ignatius auch nicht wissenschaftlich über die Rolle des Lesens reflektiert hat, so hat er sich doch der Kultur des Schreibens sehr gewidmet. Wahre Kämpfe hat er mit seinen Mitbrüdern ausgefochten, um sie zu einem kultivierten Schreiben zu motivieren; davon ist im Buch die Rede. Es muss dabei unterstrichen werden, dass diese Kommunikation durchaus auch im Sinn einer gewissen Propaganda geschah. Er (beziehungsweise sein Sekretär Polanco) schreibt freilich vor, dass beim Schreiben immer »der fromme Grund« erscheinen solle, weshalb man kommuniziert. Und er gebraucht nicht das in späteren Zeiten in Misskredit geratene Wort Propaganda, sondern spricht – sehr erbaulich – von »Erbauung« und »Wohlgeruch«. Was geschrieben und gezielt weitergestreut wurde, sollte Freude an der Weitergabe und Verbreitung des Glaubens wecken, und es sollte helfen, dem Orden ein gutes »Image« zu vermitteln. Dies war natürlich auch dadurch leicht möglich, dass die missionarischen Berichte – vor allem auch die Briefe von Franz Xaver – zugleich Nachrichten aus fernen, gerade erst entdeckten Ländern darstellten. Um es im Vergleich deutlich zu machen: Wenn Jesuiten bei einer der ersten Mars-Expeditionen dabei wären und grüne oder auch andersfarbige Mars-Menschen entdeckten, dann wäre natürlich nicht nur die Schilderung interessant, wie sie versuchen würden, diesen den Katechismus zu vermitteln, sondern die mitgelieferte Reportage über deren Lebenswelt. Tatsächlich führte das Brief-Leser-Kommunikationsspiel dazu, in Europa eine große Missionsbegeisterung zu wecken und auch junge Menschen dem Orden und seinen missionarischen Diensten zuzuführen. Da liegt schon auch die Strategie dahinter »Tue Gutes und rede davon!« – Ignatius hätte dies vielleicht etwas weniger plakativ formuliert, praktiziert hat er es umstandslos.

Dass im Verlauf der Geschichte des Ordens die Kommunikation vor allem in den schnell wachsenden Kollegien mit dem Theater – später ausdrücklich als »Jesuitentheater« bezeichnet – nochmals auf eine ganz eigene Ebene verlegt wurde, ist ein anderes Kapitel.[3]

»Brenzlige Gespräche« – Kommunikation und Inquisition

Für Kommunikation ist die Situation entscheidend. Ob ein Thema im privaten Zweiergespräch, bei einer Small-Talk-Party, bei einer wissenschaftlichen Diskussion oder vor einem gerichtlichen Tribunal behandelt wird, macht einen deutlichen Unterschied aus. Um die ignatianische Weise der Kommunikation zu verstehen, ist dies selbstverständlich ebenfalls bedeutsam und zugleich ein »brenzliges Thema« im eigentlichen Sinn des Wortes. Seine Gesprächspartner waren keineswegs nur spirituell interessierte Menschen, mit denen die Unterhaltung für ihn eine tiefe Freude bedeutet hätte. Insgesamt neun Mal in seinem Leben hatte er mit der berüchtigten Inquisition zu tun. Gleich zu Studienbeginn in Alcalá; dort wurde er verdächtigt, den »Alumbrados«, den »Erleuchteten«, anzugehören, einer frommen, aber kirchlich distanzierten Gruppe, die zum ersten Mal 1525 in Toledo verfolgt wurde. Als Ignatius den Generalvikar Figueroa fragte, ob man bei ihm Häresien gefunden habe, antwortete dieser: »Nein, denn wenn man eine fände, würde man Euch verbrennen.« Ignatius verstummte darauf nicht schockiert, sondern reagierte unmittelbar: »Auch Euch würde man verbrennen, wenn man bei Euch eine fände …«

Es wäre ein reizvoller Aspekt, das Kommunikationsverhalten von Ignatius gegenüber der Inquisition und gegenüber kirchlichen Behörden genauer zu untersuchen. Dies ist nicht Gegenstand dieser Einleitung. Aber es darf festgehalten werden:

Erschrecken ließ sich Ignatius – wie die genannte Antwort schon zeigt – nicht. Dies bezeugt auch die spätere Aussage nach einer Untersuchungshaft durch die Inquisition, dass es in ganz Salamanca nicht so viele Fesseln gäbe, dass er um Christi willen nicht noch mehr zu tragen sich sehne.

Bemerkenswert ist ebenfalls, dass Ignatius auf sein Recht drängt. So etwa in Paris, als einmal ein Verfahren eingestellt wird und er vom Richter eine förmliche Unschuldserklärung verlangt. Als dieser sie verweigert, rückt er mit einem Notar in der Wohnung des Inquisitors an und lässt in Anwesenheit eines Zeugen ein Protokoll des ganzen Vorgangs anfertigen (Exerzitienbuch Nr. 86). Ähnlich später in Rom, als er und seine Gefährten reformatorischer Häresien verdächtigt werden. Dort strengt er zur Klärung selbst einen Prozess an, den er gewinnt.

Ignatius sucht in Einklang mit »der Amtskirche« zu leben, die den Orden – auch dies muss man sehen – gegen Feinde der Gemeinschaft schützt. Und so war es für ihn wichtig, dass die »Exerzitien« – auch sie wurden verdächtigt – eine offizielle kirchliche Billigung erhielten. Für die Verbreitung seines geistlichen Weges hatte dies eine maßgebliche Bedeutung.

Deutlich ist bei Ignatius auch, dass er nicht jeden Kompromiss mitmacht. Wenn die kirchlichen Behörden darauf bestanden hätten – und es gab recht starke Tendenzen in diese Richtung –, die Gründung des Ordens nur zu erlauben, wenn die Jesuiten auch ein gemeinsames Chorgebet pflegen würden, dann hätte er die Gründung der Gemeinschaft daran scheitern lassen oder auf eine spätere Gelegenheit gewartet. Es war ihm vom Geist Gottes her innerlich ganz klar, dass die Mitglieder seiner Gemeinschaften möglichst viel in der direkten Begegnung mit Menschen sein sollten. Da wäre ein Chorgebet zu festgelegten Zeiten am Tag hinderlich gewesen. Also entweder – oder! Es muss nicht alles sein, was einem gut scheint. Aber es gibt Grenzen, die man nicht überschreiten kann.

Was Ignatius den sicher nicht nur leichten Umgang mit den Vertretern der Kirche in Rom lebbar gemacht hat, war sein Vertrauen auf Gottes Wirken in der Geschichte der Kirche. Dies ging sogar so weit, dass er einmal sagte: Das Einzige, das ihn traurig machen könnte, wäre, wenn die Gesellschaft Jesu aufgehoben würde. Aber nach einer Viertelstunde des Gebetes wäre er genauso froh wie vorher oder vielleicht noch fröhlicher ...! Ein Kommunizieren, das auf einer solchen inneren Freiheit – nicht Gleichgültigkeit – gegenüber dem eigenen Wirken basiert, schaut von vornherein anders aus, als wenn man verbissen und angstgeladen, verkrampft und aggressiv um seine eigenen Positionen kämpft.

Die berühmt-berüchtigten »Regeln um das wahre Gespür in der Kirche zu erlangen« sind ein Versuch, Kirchenliebe, Loyalität, Wirken des Geistes Gottes und effektive Kirchenkritik unter eine Überschrift zu stellen und die Basis für innerkirchliche Kommunikation zu schaffen. [4]

»Was die Kirche braucht ... eine Spiritualität der Communio«

»Nein!« – ich bräuchte das Bulletin aus Rom nicht zu lesen. Es lohne sich nicht, so hieß es. Gottlob habe ich die zwei Seiten doch gelesen. Und was ich dort las, gehört inzwischen zu meinem festen Zitatenschatz bei Vorträgen zum einschlägigen Thema der Kommunikation: »In einer Welt, die grundlegend gekennzeichnet ist durch Zerrissenheit und Konflikte, und in einer Kirche, welche die Wunden von Zertrennungen an sich trägt, fühlen wir immer stärker die Pflicht, eine Spiritualität der Communio zu pflegen: sowohl innerhalb der christlichen Gemeinschaft wie auch im Weiterschreiten in Liebe, Wahrheit und Vertrauen auf dem ökumenischen Weg und im interreligiösen Dialog – dabei dem Impuls folgend, der uns vom Heiligen Vater gegeben ist.«

Diese Sichtweise und dieser Imperativ stammen aus dem Schlussdokument des Kardinalskonsistoriums vom 24. Mai 2001. Sicher mögen manche darauf reagieren: Die sollen das mal selbst zuerst vorexerzieren, dann machen wir gerne mit …! Dass solche Reaktionen ihre Berechtigung haben, sei nicht abgestritten. Aber doch ist es wohl wirksamer, wenn man sich selbst fragt, was man im engeren Umkreis an sensiblerem Umgang miteinander fördern kann. Und der Grundgedanke, dass es nicht nur um eine Theologie, sondern um eine Spiritualität der Communio geht, das heißt um die Pflege des fruchtbaren Umgangs miteinander, gehört sicher zur Herzmitte des Evangeliums. Eine Spiritualität der Communio zu wünschen heißt und muss heißen, Angebote christlicher Lebenskultur in Richtung von Kommunikation zu machen.[5]

Mit am förderlichsten für ein menschenfreundlicheres Kommunizieren ist die Aufgabe, eine neue Perspektive, eine ständige und neugierige Fragestellung für das Verständnis der Bibel zu gewinnen. Was sagt sie uns – vor allem auch im Blick auf Jesus – zur Kunst der Kommunikation? Allein schon das Verständnis und die Einübung der so genannten »Goldenen Regel« kann neue Beziehungsweisen schaffen: »Alles, was ihr von anderen erwartet, das tut auch ihnen« (Matthäus 7,12). Welcher Stellenwert wird hier der guten Begegnung mit dem andern gegeben! Diese Regel ist nicht nur eine Fußnote des Evangeliums oder ein wenig human-spirituelle Kosmetik, sondern Jesus sagt: »Darin besteht das Gesetz und die Propheten«, das heißt: Hier kommt das Herzstück biblischer Botschaft zur Sprache. »Was erwarte ich von anderen? Bin ich bereit, wenn sie es erbitten, ihnen auch zu geben?« Solche Fragen auf der Grundlage der biblischen Weisung, immer wieder durchgespielt, sind sicher nicht die schlechteste Form von Bewusstseinspflege und Beziehungskultur.

Kommunikation und Wertekomposition

Auf den kleinen, privaten Schauplätzen der Kommunikation wird uns oft Krieg vorgeführt und deutlich sichtbarer noch auf den großen öffentlichen und weltpolitischen Bühnen. Oft genug sprechen die Fäuste, ja Bomben statt der Worte. Eine eigene Art der »nonverbalen« Kommunikation. Geradezu grotesk ist die Aussage des weißrussischen Präsidenten Alexander Lukaschenko, der Hunderte von Oppositionellen verhaften ließ und, danach befragt, sich äußerte: »Ich weiß, dass einige Persönlichkeiten verhaftet worden sind, aber sie haben uns selbst darum gebeten. Sie wollten ihr Gesicht wahren. Sie sind ja keine Idioten und haben gemerkt, dass ihnen nichts gelungen ist.« ... Es soll hier nicht ein Wettbewerb der unmöglichsten Äußerungen begonnen werden, sondern ich möchte darauf aufmerksam machen, was mir selbst in den letzten Jahren immer bewusster und in vielen Begegnungen vor Augen geführt geworden ist: Wie sehr Gelingen und Misslingen von Kommunikation mit »Wertekomposition« zusammenhängt.

Wertekomposition ist hier in einem doppelten Sinn gemeint. Zunächst der Prozess der Komposition von sich widerstreitenden Werten in mir selbst: Wie spielen Bedürfnis nach Erholung und Einsatz für andere zusammen? Wie Rücksichtnahme auf mich selbst und Zuwendung zu anderen und so weiter. Und wie können Interessen, Bedürfnisse, Ideale, Werte anderer Menschen und die eigenen zu einem Zusammenspiel finden und nicht in einen zerstörerischen Widerstreit geraten? Wahlkampfreden, Diskussionen, Demonstrationen, Gruppengespräche, Auseinandersetzungen in der Familie, zwischen Ehepartnern und vieles andere mehr sind grundlegend vom Kunststück der Wertekomposition bestimmt.

Welche Melodie wird – diesmal – gespielt? Wer bekommt diesmal eine tragende Rolle? Wer spielt die zweite Geige und wer die erste? Wie können möglichst alle beteiligt werden?

Eine von vielen gesellschaftlichen Konkretionen der Perspektive »Kommunikation und Wertekomposition« ist die »Integration« von »Fremden« und »Einheimnischen« in unserem Land. Viele Vorkommnisse zeigen Bedeutung und Brisanz der Begegnung von Wertewelten. Es dürfte eines der erschütterndsten Gesprächs-protokolle sein, welches das eingeschaltete Mobiltelefon des Deutsch-Afrikaners Ermyas M. am 17. April 2006 frühmorgens aufgezeichnet hat. An einer Haltestelle der Straßenbahn in Potsdam wurde er beschimpft und krankenhausreif geschlagen. Vom Opfer hört man: »Warum sagst du Schwein?« Darauf einer der Täter: »Hau ab, du blöder Nigger!« Darauf Ermyas: »Warum sagst du Nigger zu mir?« Und weiter: »Hau ab, du blödes Schwein. … Wir machen dich platt, du Nigger!« Welche Vorurteilsstruk-turen, Bedrohungsgefühle, Ohnmacht, Wut und Ängste stehen im Hintergrund solcher gewalttätiger Kommunikation? Sicher liest sich angesichts solcher Situationen die ignatianische Aussage, die Liebe bestehe im »Mitteilen/Kommunizieren von beiden Seiten« wie ein »frommer Spruch«. Und doch bildet die Aussage den Basissatz für alle Begegnung. Eine zutreffende politische Aus-deutung findet sich in dem Wort von Lothar de Maizière im Blick auf das Zusammenwachsen der Deutschen: »Teilung wird über-wunden nur durch Teilen.« Durch Teilen und Mitteilen im Wort, aber auch und sehr wesentlich durch die Komposition verschie-dener Wertewelten und Wertehierarchien.

Ich-Freiheit und Du-Beziehung

Ignatius hat erkannt, dass es für ein gutes Zusammenspiel ganz wesentlich darauf ankommt, wie frei die Beziehung eines Menschen zu seinen eigenen Werten, Bedürfnissen, Vorlieben ist. Freiheit ist für ihn das Vermögen, jederzeit, wenn es sich als sinnvoll erweist, auch das Gegenteil von dem zu tun, was er jetzt tut: »Freiheit des Geistes«, in den Exerzitien als »Indifferenz« bezeichnet. Man könnte fast sagen, dass der ganze Sinn der Askese darin besteht, sich nicht selber von den eigenen Wertungen und Stimmungen vorbehaltlos bestimmen zu lassen.

Auf die Kommunikation hin angewendet: Was erschwert mehr Kommunikation, als wenn jemand aus Angst um sich selber an seiner fixen Idee festhält – als wenn jemand aus Egoismus sich in kein Gemeinschaftsgefüge einordnen kann – als wenn jemand Kompromisse immer nur als »faule Kompromisse« sehen kann und nicht als Frucht mühsamer Bemühung um Gemeinschaft?

Ein wesentlicher Teil der fruchtbaren Konzeption von Marshall B. Rosenbergs Buch »Gewaltfreie Kommunikation« besteht darin, die Grundbedürfnisse und Werte der Einzelnen zu formulieren und zu schauen, wie sie realisiert und komponiert werden können. Bei Ignatius ist dies die Wahrnehmung der Gefühle des anderen und des Willens, der sich ja auf die Werte richtet. Welche Verzichte verlange ich vom andern beziehungsweise von mir? Was muten wir einander zu? Was ist ungerecht? Welche Chancen liegen im Wertewillen des anderen? Wie können wir uns Begrenzungen gegenseitig erleichtern? Diese und ähnliche Fragen sind grundlegend für eine glückende Kommunikation.

Eine Welt namens »Wir«

Seit Jahren gebrauche ich in Vorträgen immer wieder, um gelingende Gemeinschaft und Kommunikation zu bezeichnen, die Formulierung, die sich mir aufgedrängt hat: »Das Wunder des Wir«.
Dies ist nicht rhetorisch gesagt. Ich halte die Wirklichkeit des Wir
für das größte Wunder. Einssein in Verschiedenheit – wenn dies
nicht Wunder ist! Aus dieser Vereinigung von Verschiedenem
entsteht Leben. Am greifbarsten in der Vereinigung von Mann und
Frau und der Frucht dieser Einswerdung. Aber genauso auf allen
andern Ebenen: von chemischen Verbindungen bis hin zu fruchtbaren Ideen, die oft aus der Verbindung von zunächst auseinander liegenden Elementen bestehen. Kommunikation ist – laut
Lexikon – ebendieser Vorgang des Gemeinsam-Machens.

Diese Sicht hat mich noch einmal in diesem Jahr eingeholt, als
ich die Liebesbriefe meines Vaters aus dem Krieg an meine Mutter
gelesen habe. Er gebraucht darin eine Formulierung, welche genau
das Wunder des Wir ausdrückt. Jahre bevor die beiden sich in der
Kirche das Ja-Wort gaben, blickt er auf diese Stunde und dieses
Geschehen hin und schreibt: »Ja, wenn wir dann als ›Ehepaar‹ aus
dieser Kirche treten werden, so werden wir uns in unserer eigenen
Welt bewegen. Eine neue Welt wird es sein. Wir wollen sie ›wir‹
nennen.« Dabei erwartet er diesen Tag nicht als magisches Datum,
sondern lädt sich und seine Frau ein, sich darauf vorzubereiten –
»sich zu disponieren« würde Ignatius sagen. »Und wir wollen uns
vorbereiten auf diesen Tag. Ein jeder Gedanke, eine jede Stunde
soll dieser Vorbereitung geschenkt sein. An jedem Abend wollen
wir uns fragen, ob wir all das getan haben, was wir tun konnten,
um uns dieses Gründungstages unseres gemeinsamen Lebens
würdig zu machen.«

Die »Kunst des Liebens« und das Üben

Von manchen Büchern ist mir nicht nur der Titel geblieben, sondern auch am kostbarsten gewesen. So das Buch »Frisch geklagt ist halb gelitten« von Karl H. Seidl und der Bestseller von Erich Fromm, »Die Kunst des Liebens«. Zu Beginn erklärt er den Titel und seine These: So viele Beziehungen, so viele Ehen scheitern, weil Verliebtheit mit Liebe verwechselt wird. Verliebtheit sei ein Phänomen des Anfangs, Liebe aber eine »Kunst« und brauche wie diese nicht nur die Begeisterung, sondern – Übung. Und üben heißt: aufmerksam sein, sich-einfühlen, Gespräche führen, korrigieren und vor allem eben immer wieder – üben, üben, üben. Einüben und ausüben. Die ebenso knappe wie einsichtige Formulierung von Otto Friedrich Bollnow – »Vom Kennen zum Können führt nur das Üben« – gilt auch für das Kommunizieren. Natürlich stehen am Ursprung der Kommunikation mächtige Bedürfnisse nach Mitteilung, Hilfe, Zuwendung. Der »Ur-Schrei« wird aber erst zu einer erwachsenen Kommunikation durch ein lebenslanges Üben: Worte müssen gelernt, Sprachkontexte in ihrer Differenziertheit erfasst und Nuancen von Formulierungen immer neu ausprobiert werden.

Das Wort von der Askese, das heißt vom »Üben«, ist weniger die Frage eines fastenzeitlichen Verzichts auf manche kulinarischen Genüsse, sondern weit mehr und fordernder und förderlicher: Arbeit an und mit der Sprache. Es ist bei der Drucklegung nicht zu einem wirklichen Vorschlag gediehen, aber die Lust, um nicht zu sagen: das Gefühl einer gewissen Verantwortlichkeit, war durchaus da, eine Reihe der folgenden Buchseiten am Rand immer wieder mit dem Hinweis zu versehen: »Ohne Üben – vergessen Sie es!« Eines ist eine unterhaltsame Lektüre, die Gewinnung von Einsichten, etwas ziemlich anderes ist Abgewöhnung und Einübung. Letzteres ist unaufgebbar für Lebensgestaltung.

1 Die unveröffentlichte Dissertation von Gerard Th. A. Wilkens SJ »Unterwegs zum Orden. Die spirituelle Genese und Entwicklung der mitmenschlichen Beziehungen in der Gründungsgeschichte der Gesellschaft Jesu und ihre theologische Würdigung« (Münster 1976) betont diese gemeinschaftliche Dimension.

2 Vgl. Peter Knauer, Hinführung zu Ignatius von Loyola, Freiburg im Breisgau 2006.

3 Dazu gibt es eine Fülle von Literatur; vgl. auch eine neue Arbeit, die einen Ansatz liefert zur chinesischen und japanischen Kultur im Jesuitentheater: Mission und Theater. China und Japan auf den deutschen Bühnen der Gesellschaft Jesu. Hg. v. Adrian Hsia und Ruprecht Wimmer, Regensburg 2005.

4 Wie schwierig und komplex dies in der Wirklichkeit ist, zeigt der im März 2006 in der Zeitschrift »Stimmen der Zeit« erschienene Artikel des Jesuiten und Kirchenhistorikers Klaus Schatz zum Thema »›Stimmen der Zeit‹ im Kirchenkonflikt«.

5 Dafür zeigen sich Ansätze – wie etwa das »Angebot der Exerzitien im Alltag« im ignatianischen Jahr in der Erzdiözese München-Freising. Tausende von Menschen ließen sich auf einen vierwöchigen Exerzitien-Weg unter der Überschrift »Begegnung leben« ein. Er war bewusst im Blick auf Ignatius und die Kunst des Kommunizierens angelegt; dort sind auch Beispiele biblischer Beziehungskultur zu finden. Ein erster Versuch, dem andere ausführlichere und ausgeprägtere folgen können. Zum Teil geschieht solches in Kursen, die auf die Ehe vorbereiten oder ehebegleitend sind.

Einführung

Ob die Anekdote wahr oder nur gut erfunden ist, mag dahingestellt sein. Als Einleitung scheint sie mir jedenfalls nützlich: Ein
Mensch, des Dialoges mit einem Jesuiten etwas müde, fragt diesen, warum er denn auf eine Frage immer mit einer Gegenfrage
reagiere. Antwort des Jesuiten: »Warum nicht?!« – Natürlich war
damit die Frage nicht beantwortet, und die Antwort enthüllte nur
das Gesprächsmuster noch einmal. Offen bleibt, ob das ständige
Gegenfragen als hilfreich, als »Hebammenkunst« empfunden wurde oder als Ausdruck, keine Stellung nehmen zu wollen.

Ignatius von Loyola – Meister der Kommunikation

Wie dem auch sei, es stellt sich die Frage nach der Kommunikation. Üblicherweise ist dies keine Frage, die mit Ignatius von
Loyola (1491–1556) in Verbindung gebracht wird. Er ist bekannt
als Meister der Exerzitien. Er ist bekannt als Gründer und erster
Ordensgeneral der immer etwas geheimnisumwitterten Jesuiten.
Aber Ignatius als Meister der Kommunikation – Fehlanzeige! Wer
einen Jesuiten in Verlegenheit bringen will, der braucht ihn nur
nach Einzelheiten der »kommunikativen Kompetenz« von Ignatius
zu fragen.

Für mich persönlich war Ignatius wie für viele zunächst der
Mann »der dunklen Nacht«, der aus Skrupulosität vor dem Selbst-

mord stand; er war der Mann der Exerzitien und der Ordensgründung. Bis ich vor einer Reihe von Jahren einen Text entdeckte, der für mich zu einem Schlüsseltext wurde. Es ist ein Brief aus dem Jahr 1546 an drei Mitbrüder, die auf das Konzil von Trient gesandt wurden. Aus diesem Anlass schreibt Ignatius den Konzilstheologen keinen Katechismus, sondern – Regeln zur Kommunikation! Für mich fing nach diesem Schlüsselerlebnis eine Entdeckungsreise an, die mich Ignatius sehr schnell und immer mehr als Meister der Kommunikation entdecken ließ.

Kommunikation: Modethema – Zeitzeichen – Begegnungsfeld?

Vorteil und Nachteil bei dieser Entdeckungsreise war, dass es kaum Literatur gibt, die das Thema der Kommunikation bei Ignatius behandelt. Wo dies ansatzweise geschieht, zeigt sich, dass das Thema der Kommunikation ein Feld ist, auf dem Bedürfnisse unserer Zeit und Gesellschaft in eine fruchtbare Beziehung mit Kommunikationswissen der Vergangenheit und Erfahrungen der spirituellen Tradition kommen können, zu beiderseitigem Nutzen. Die gelegentliche Verbindung von Management und Spiritualität war für Ignatius von Loyola kein Modethema, sondern gelebte Realität.

Wenn man die Entdeckungsreise bis zu den Sprachwurzeln von »Kommunikation« ausdehnt, dann zeigt sich, dass der Geschichtsgraben gar nicht so breit und tief ist. Im »Herkunftswörterbuch der deutschen Sprache«, dem Duden, wird als gemeinsamer Wurzelgrund von Kommunikation, Kommuniqué, Kommune, Kommunismus, Kommunion, Kommunizieren ein breites Bedeutungsfeld festgehalten: »mehreren oder allen gemeinsam; gewöhnlich; etwas gemeinsam machen, einander mitteilen, gemeinsam beraten, Gemeinschaft«; auch das lateinische Wort »munus« im Sinn von »Leistung, Amt, Abgabe, Geschenk, Liebesdienst« klingt mit und in der Silbe »mei« die Bedeutung von »wechseln, tauschen, mehreren abwechselnd zukommen«. – Das Wort und der Begriff der Kommunikation ist selber »kommunikativ«, indem er ein Zeugnis für die Gemeinsamkeit des deutsch-französisch-englisch-spanisch-lateinischen Sprachraumes ist.

Bedeutsamkeiten einer Entdeckung

Es spricht vieles dafür, dass die Entdeckung und Aufnahme der kommunikativen Dimension der ignatianischen Spiritualität und Lebensweise wichtig und bedeutsam sein kann für viele Bereiche und in mancherlei Beziehung:

bedeutsam für ein umfassenderes Bild von Ignatius und seiner Spiritualität;

bedeutsam für alle, die von ignatianischer Spiritualität her geprägt sind;

bedeutsam, um eine gewisse individualistische Schlagseite einseitig betonter ignatianischer Spiritualität auszugleichen – im Namen von Ignatius selber;

bedeutsam für die Entdeckung, dass das Anliegen der Kommunikation nicht nur eine Mode des 20. Jahrhunderts ist, sondern tief in der geistlichen Tradition verankert liegt;

bedeutsam, weil viele konfliktreiche Situationen in der Kirche nach einer erlösteren Weise der Kommunikation geradezu schreien;

bedeutsam, weil der Dialog die Kirche mit ihrer Mitwelt verbinden kann;

bedeutsam, weil geglückte Kommunikation eine Lebensgabe ist, die froh, glücklich und dankbar stimmen kann;

bedeutsam, weil die »Entdeckungen mit Ignatius von Loyola« vielleicht auch eine Hilfe für das eigene Leben sein können – dies wäre die schönste Bedeutsamkeit!

So bedeutsam – und nichts darüber geschrieben?

Bei so vielen »Bedeutsamkeiten« ist die Frage verständlich, ob denn nicht schon vieles über das Thema Ignatius und die Kommunikation geschrieben wurde. Die Antwort lautet: verschwindend wenig! Diese Auskunft reiht sich in eine ganze Reihe von »Vergesslichkeiten« der Jesuiten ein: Bis in dieses Jahrhundert ist der »Bericht des Pilgers«, eine Art geistlicher Autobiografie von Ignatius, fast bewusst weggesperrt worden; auch das geistliche Tagebuch von Ignatius ist durch lange Zeit verstaubt geblieben; und sogar die ursprüngliche Form der ignatianischen Exerzitien, nämlich die für einzelne Menschen mit einer Einzelbegleitung, war kaum mehr Praxis; schließlich hat Ignatius auch die »Exerzitien im Alltag« schon praktiziert, die heute weltweit geradezu eine Auferstehung feiern und in vielen Gemeinden einen fruchtbaren Beitrag zu einer geistlichen Erneuerung leisten. So ist es nicht verwunderlich, könnte man sagen, wenn auch das Bewusstsein für das große Kommunikationswissen des Ignatius wenig entwickelt ist und seine »kommunikative Kompetenz« nicht im möglichen Maß in die Ausbildung, das Zusammenleben und in die Pastoral der Jesuiten eingegangen ist. – Wenn die Wiederentdeckung der ignatianischen »Kunst der Kommunikation« auch nur annähernd ähnlich viele und gute Früchte tragen würde wie die Wiederentdeckung der Einzelexerzitien etwa, dann wäre dies geradezu ein »Gnadenschub«.

Einige wenige deutschsprachige Bücher, die sich – wenigstens teilweise – ausdrücklich mit Kommunikation und ignatianischer Spiritualität befassen, seien kurz erwähnt, ohne sie allerdings kritisch zu würdigen. Wer auf die »Entdeckungen« neugierig ist, kann diesen Abschnitt getrost überblättern.

1976 erschien – nicht im Druck, sondern als Dissertation vorgelegt – von Gerard Th. A. Wilkens SJ: »*Unterwegs zum Orden*«. Im Untertitel wird die Richtung des Buches zusammenfassend ausgedrückt: »Die spirituelle Genese und Entwicklung der mitmenschlichen Beziehungen in der Gründungsgeschichte der Gesellschaft Jesu und ihre theologische Würdigung.« Wer an Geschichte herangeht, wer Wachstumslinien verfolgen möchte, wer an Textzeugnissen und an einer »Innenansicht« des Werdens der Ordens- und Kommunikationsgemeinschaft der Jesuiten interessiert ist, der findet hier reichlich entsprechend aufbereiteten und durchdachten Stoff.

1977 erschien das Buch von Helmut Stich: »*Kernstrukturen menschlicher Begegnung*«. Im Untertitel »Ethische Implikationen der Kommunikationspsychologie« klingt das Hauptinteresse des vorliegenden Buches an. Der Verfasser greift Ergebnisse der humanistischen Psychologie und Kommunikationsforschung auf und kommt an fünf Stellen auf insgesamt ca. zehn Seiten auf Ignatius zu sprechen. Er sieht von ihm einige Elemente von Grundprinzipien von C. Rogers vorweggenommen und macht darauf aufmerksam, dass Querverbindungen von Ignatius zu Fragen nach Kernstrukturen menschlicher Begegnung für beide Seiten interessant sein könnten.

Im Jahr 1978 erschien von Jose de Rivera das Buch »*Kommunikationsstrukturen in den geistlichen Exerzitien des Ignatius von Loyola*«. Diese Arbeit untersucht sowohl kommunikationstheoretisch wie wissenssoziologisch den Einübungscharakter der

Exerzitien als einer Form von Überzeugungs-Kommunikation mit dem Ziel der Integration des Übenden in eine Kommunikationsgemeinschaft mit einem gemeinsamen religiösen Bezugsrahmen. Die Sprache der Kurzcharakterisierung zeigt, dass dieser Forschungsbericht für Spezialisten ist, die an einer nicht-religiösen Interpretation als Ansatzpunkt für theologisch-spirituelle Reflexionen interessiert sind.

Das dritte Jahrtausend schon vor Augen, erschien 1997 von Helmut Geiselhart: *»Das Management-Model der Jesuiten«*. Der Untertitel – »Ein Erfolgskonzept für das 21. Jahrhundert« – mag zwar auch den erwünschten Erfolg für den Buchverkauf im Blick gehabt haben, sagt aber doch auch einiges aus über die Qualität ignatianisch-jesuitischer Organisation, die immer auch aufs Engste mit Kommunikationsgeschehen verbunden ist. Erstaunlich, wie ein Trainer und Berater für Industrieunternehmen den »Jesuitenorden als lernendes Unternehmen« deutet. Er bezeichnet dabei die Exerzitien, die geistlichen Übungen des Ignatius, »als Quelle des Erfolges« und lädt ungeniert über viele Seiten hinweg zu biblischen Meditationen ein, die am Exerzitienweg orientiert sind.

Zur Darstellungsweise: »Eine Mischung«

Vielleicht ist es für die Kommunikation zwischen Buch, Leser und Autor dienlich, einige Vorbemerkungen zur Eigenart dieses Buches zu machen, damit die Vorzeichen stimmen: Der Hauptzweck ist, die kommunikative Dimension ignatianischer Spiritualität näher zu bringen. Dies geschieht nicht auf eine eigentlich wissenschaftliche Weise, obwohl ich auch die Hoffnung habe, dass die Lektüre ein wenig »Wissen schafft«. Der Stil, die Sprachebene und die thematischen Felder sind »gemischt«: Erfahrungen, Zitate, mal mehr theologisch-spirituelle Überlegungen und dann wieder mehr praktische Anregungen und Hinweise zum Einüben.

Verhältnismäßig viele und auch zuweilen längere Zitate aus Werken von Ignatius, die dem »normalen« Leser nicht so zugänglich sind, sollen helfen, mit dem Urtext vertraut zu werden, auch wenn dies vom Sprachempfinden her nicht immer einfach ist. Es kann dies auch als Einübung in Kommunikation über den »Graben der Geschichte« hinweg verstanden und eingeübt werden. Da aus einer Reihe von Werken öfters zitiert wird, werden entsprechende Kürzel dafür angegeben (vgl. dazu den Schluss der Einleitung).

In den einzelnen Kapiteln gibt es stellenweise einige Überschneidungen. Dies hat den Vorteil, dass sie unabhängig voneinander und von der Reihenfolge gelesen werden können. Es handelt sich um verschiedene Richtungen und Felder der kommunikativen Dimension der ignatianischen Spiritualität.

Bewusst steht im Hintergrund des Titels der Buchtitel von Erich Fromm *»Die Kunst des Liebens«*. In diesem Buch wird zu Beginn deutlich gemacht, dass die Liebe eine Kunst ist, das heißt: sie baut auf Inspiration und »Transpiration«, auf Intuition und Bemühung auf. Liebe ist Gabe und Aufgabe, Gunst und Kunst. So ist es auch bei der Kommunikation: Sie bedarf der inneren Offenheit und des Einübens, der Aufmerksamkeit, des Lernens durch »Versuch und Irrtum«. Nicht umsonst lautet der Titel des Hauptwerkes von Ignatius *»Exercitia spiritualia«* – *»Geistliche Übungen«*.

Man wird dem Buch anmerken, dass immer noch die erste »Begeisterung« nachschwingt und vorherrscht. Natürlich ließen sich auch viele Geschichten erzählen und Fragen stellen, die Grenzen der Person und der Art der Kommunikationsweise von Ignatius deutlicher machen könnten! Ab und zu klingen solche Saiten an. Durch den Kontrast wird das Bild deutlicher.

»Die Liebe besteht in ...

Zum Schluss des Anfangs möchte ich eine Entdeckung mitteilen, »kommunizieren«, die für mich eine der schönsten Dreingaben während des Schreibens dieses Buches war. Als ich schon einige Kapitel geschrieben hatte, stieß ich »zufällig« auf die spanische Übersetzung eines Wortes aus dem Exerzitienbuch von Ignatius. Im Deutschen hatte ich es oft gelesen: »Die Liebe besteht in der Mitteilung.« Im Spanischen lautet die Formulierung: »El amor consiste en comunicación«, das heißt: »Die Liebe besteht in der Kommunikation.« Da war Freude und Beruhigung angesagt. Natürlich hatte ich mich vor allem anfangs immer wieder gefragt: Lese ich nicht etwas in Ignatius hinein? Ist »die Kunst der Kommunikation« für ihn wirklich so zentral? Nun ganz überraschend lesen zu dürfen, dass die »Liebe in der Kommunikation«, in der »Mitteilung von beiden Teilen« besteht – das war ein Fest! Wer möchte, kann sich beim Lesen zum Mitfeiern eingeladen fühlen.

Willi Lambert SJ

Verzeichnis der benutzen Siglen

Im Text werden die Zitate aus den meist zitierten Werken des Ignatius oder aus anderen Primärquellen der leichteren Orientierung wegen nicht durch Fußnoten, sondern durch Kürzel hinter den jeweiligen Zitaten gekennzeichnet. Durch »Nr.« oder bloße Zahlangabe hinter einem Kürzel wird jeweils deutlich, ob die Seiten eines Werkes oder dessen Abschnitt-Nummern angegeben sind.

BDP: Ignatius von Loyola, Der Bericht des Pilgers, übers. u. hrsg. von Burkhart Schneider, Freiburg i. Br. 1977 (3. Aufl.)

EB: Ignatius von Loyola, Geistliche Übungen, übers. u. hrsg. von Peter Knauer, Würzburg 1998 (vgl. Ignatius von Loyola, Geistliche Übungen und erläuternde Texte, hrsg. von Peter Knauer, Leipzig 1978)

GB: Ignatius von Loyola, Geistliche Briefe, eingeführt von Hugo Rahner, Einsiedeln 1956

GK: Dekrete der 31.–34. Generalkongregation der Gesellschaft Jesu, München 1997

GT: Ignatius von Loyola, Das geistliche Tagebuch, hrsg. von Adolf Haas u. Peter Knauer, Freiburg i. Br. 1961

HUO: Anton Huonder, Ignatius von Loyola. Beiträge zu seinem Charakterbild, Köln 1932

IB: Ignatius von Loyola, Trost und Weisung, hrsg. von Hugo Rahner u. Paul Imhof, Zürich 1978 (2. Aufl.)

KNB: Ignatius von Loyola, Briefe und Unterweisungen, übers. u. hrsg. von Peter Knauer, Würzburg 1993

KNGT: Ignatius von Loyola, Gründungstexte der Gesellschaft Jesu, übers. u. hrsg. von Peter Knauer, Würzburg 1998

MEMO: Luis Gonçalves da Câmara, Memoriale. Erinnerungen an unseren Vater Ignatius, hrsg. von Peter Knauer, Frankfurt 1988

SAT: Satzungen der Gesellschaft Jesu und ergänzende Normen, München 1997 (zitierte Nummern beziehen sich auf den Teil mit den Satzungen)

1

In der Schule des Lebens
Biografie und Kommunikation

Für die Physik ist die Relativitätstheorie Albert Einsteins, nicht seine Biografie, interessant. Für die Psychologie von Sigmund Freud ist die Kenntnis seines Lebensweges schon bedeutsamer. Und wenn jemand von der Kunst der Kommunikation spricht, wie Ignatius von Loyola, dann darf man zu Recht darauf gespannt sein, wie er im Umgang mit den Menschen war, wie er kommuniziert hat und wie er in der Schule des Lebens Kommunikation gelernt hat.

Baskisch – »Ich hab mir eine Kuh gekauft«

Wenn man über »Südländer« redet, zumal über die Italiener, dann könnte man meinen, die Kommunikation sei ihnen in die Wiege gelegt worden: Nicht nur mit dem Mund wird geredet, sondern mit dem ganzen Körper, besonders mit den Händen. »Verbale und nonverbale Kommunikation« sind für sie nicht Fremdworte aus der psychologischen Fachsprache, sondern gelebte Selbstverständlichkeit. Selbst den Buben und Mädchen merkt man an, wenn sie vom Fernsehen befragt werden, dass sie sich freuen, dass sie endlich und ohne Scheu der ganzen Nation ihre Meinung sagen können. – Also ist Ignatius auch ein Südländer, der sich im Reden und Gestikulieren leicht tut? Aber deshalb schon ein Meister der Kommunikation? Dieser Schluss wäre eine doppelte Kommunikationssünde: Erstens würde man einfach das Reden allein schon mit Kommunizieren gleichsetzen, was auch für Italiener nicht stimmt. Ich denke an einen, der mir einmal ungefragt sagte, das Reden wäre noch schöner, wenn nicht nur alle gleichzeitig reden würden, sondern es auch jemanden gäbe, der zuhörte. Die zweite Sünde wäre, den Charakter und die Kommunikationseigenschaften aller südlichen Nationen gleichzusetzen. Der Baske Ignatius ist kein Italiener, nicht einmal ein Spanier, sondern eben ein Baske.

Was für das Gesprächsverhalten der Basken bezeichnend sei, hat mir ein baskischer Mitbruder erzählt, den ich nach der baskischen Eigenart der Gesprächsführung befragte. Er erzählte, wie er bei einer Bahnfahrt zwei Basken einander gegenübersitzen sah. Nach einer geraumen Weile des Schweigens, Schauens und des umständlichen Stopfens einer Pfeife qualmte schließlich einer zwischen seinen Lippen hervor: »Ich hab mir eine Kuh gekauft!« Nach einer langen, beredten Pause meinte sein Gegenüber mit Nachdruck: »Ich hab zwei Kühe daheim!« – Und, so fügte mein Mitbruder hinzu, höchstwahrscheinlich hätten die beiden Basken daheim ihren Ehefrauen davon erzählt, was für eine gute, interessante und ausführliche Unterhaltung sie heute im Zug gehabt hätten.

Man darf annehmen, und die schriftlichen Zeugnisse zeigen es, dass Ignatius kein Wortkünstler, kein Mann war, dem die Gabe des Wortes in außerordentlichem Maße gegeben war. Er war eher wortkarg, zurückhaltend, oft umständlich formulierend. Dies mag ein Ersteindruck auf dem Hintergrund seiner nationalem Herkunft und Eigenheit sein. Welche biografischen Daten, Ereignisse und Streiflichter könnten von Bedeutung sein, die etwas von seiner Art, von seiner Weise zu begegnen, von seiner Kommunikation sagen können?

Bei Hof – Diplomatisch geschult

Ignatius – ein Mann aus baskischem Adel. Die Loyolas waren nicht Hochadel, aber adlig genug, dass man einige Klischees, die man vom Adel hat, ruhig einmal anlegen kann. Bei Vorurteilen ist zumindest interessant, dass diese und nicht die gegenteiligen entstanden sind. Sie treffen oft ein Stück weit zu, wenn auch auf jeden anders und auf keinen ganz genau. Adlig zu sein heißt zu Ignatius' Zeiten: Man ist wer, man hat »das Sagen«, man hält etwas auf sich oder glaubt wenigstens, etwas auf sich halten zu müssen. Man hat Stilbewusstsein oder wird getadelt, wenn man dagegen verstößt. Man hält zusammen und hält die Ehre hoch. Gesichts- und Ehrverlust sind sozialer Tod und wie dieser zu scheuen.

Der Blick auf die Ausbildung von Ignatius zeigt, dass dies nicht nur ein allgemeines Klischee ist, sondern dass er über zehn Jahre höfische Ausbildung genossen hat, die ihn massiv prägte und die von den Werten und Gewohnheiten höfischer Art bestimmt war. Man muss sich vorstellen, was es heißt, zwischen dem 13. und 26. Lebensjahr in einem höfischen Milieu gelebt zu haben. Da sind Fragen wichtig wie: Was ist in, was ist out? Wer ist wer? Wer steht wo auf der höfischen Karriereleiter? Wer sind die Aufsteiger, wer Absteiger des Jahres? Wer muss wie angeredet werden? Wer ist mit wem liiert, verheiratet, verbunden oder im Streit? Wer ist auf wessen Seite? Wie lässt sich der passende diplomatische Ausdruck finden? Wer kann zwischen wem vermitteln? Wo laufen Intrigen, werden Koalitionen geschlossen, oder wo ist gar Verrat im Spiel? Wie werden Verträge geschlossen, damit sie halten? Was ist der neueste Klatsch am Hof? Was muss man wissen, wen muss man kennen? Und vor allem: Wem diene ich? Zu wem stehe ich in einem Treueverhältnis? – All dies bekam Ignatius mit. Das war die Atmosphäre, in der er von morgens bis abends lebte. Sicher ist er auch an den Waffen ausgebildet worden, hat sich geschlagen und gekämpft, aber er war nie im eigentlichen Sinn Soldat, sondern ein Mann des Hofes. Fast mehr noch als auf seine Fechtkünste ist er stolz auf seine Schönschrift, wie er selber einmal betont. – Das erste Angebot, das er bekam, war nicht das eines Heerführers, sondern eines Verwaltungsfachmannes für eine Stadt.

Diese Sichtweise ist eine der neueren Erkenntnisse und Akzentsetzungen in der Ignatiusforschung: Ignatius und sein Kommunikationsverhalten dürfen nicht in erster Linie oder zumindest nicht vorrangig vom Modell einer Militärkaserne her verstanden werden. Ignatius war einer, der gelernt hatte, sich in der höfischen Welt, der »weltlichen Welt« zu bewegen. Zumeist sehr gekonnt und galant, aber nicht immer: Er konnte schon mal, als ihm Leute in einer engen Gasse den Weg verstellten, den Degen ziehen, und nur seine Gefährten vermochten ihn davon abzuhalten, ein kleines Blutbad anzurichten. Er beantragte beim König das Recht, Waffen tragen zu dürfen und einen Begleitschutz zu haben, weil ihm über längere Zeit hin ein Unbekannter an den Kragen gehen und ihn umbringen wollte. Einer der Biografen des Ignatius mutmaßt, es müsse wohl eine Frauengeschichte dahinterstecken.

Loyola – Im Angesicht des Todes: Kommunikation mit sich selbst und mit Gott

Bestimmten »das Milieu«, das Außen, die höfische Welt und seine eigenen Karrierewünsche über Jahrzehnte die Kommunikation von Ignatius, so führte seine schwere Knieverletzung im Jahr 1521, die ihn in Todesgefahr brachte, eine Wende herbei: die Wende zur Kommunikation mit Gott und die Wende zu einer vertieften

Kommunikation mit sich selbst, mit den Kräften, Dynamiken und Bewegungen seines Innenlebens.

Der Höfling, der Verteidiger der Feste von Pamplona, beginnt, so sachte Regungen in sich wahrzunehmen wie etwa die unterschiedlichen seelischen Nachschwingungen nach der Lektüre eines Ritterromans und nach der Betrachtung der Heiligen Schrift. Dies sieht Ignatius als den Beginn des Aufblühens einer hochsensiblen Innenwelt – für manche seiner Beurteiler bis fast an den Rand des Krankhaften reichend. Während »die Welt« und einige seiner Brüder die Welt umsegeln und in Amerika Land, Ehre und Reichtum zu gewinnen suchen, befindet sich Ignatius auf einer ungeheuren Entdeckungsreise in den Tiefen der eigenen Seele. Er taucht ein beziehungsweise wird eingetaucht in die Welt der Empfindungen, Gefühle, Ängste, Freuden, Regungen, Bewegungen, Versuchungen, Unentschiedenheiten, Fragen, Unsicherheiten, Triebe, Reize, Gewissensbisse, Gedanken, Willensbewegungen, Entscheidungen. Und Ignatius beginnt, darin Gesetzlichkeiten zu erkennen. Er beginnt, darin schwimmen zu lernen und darin einen ganzen Kosmos zu entdecken: den Seelenkosmos, in dem Gottes Geist – und auch der Ungeist – ununterbrochen wirken.

Von außen her wird ihm nicht viel geholfen. Vergeblich sucht er sich – auch »weit draußen vor der Stadt« – immer wieder Seelenkenner, geistliche Begleiter, Gesprächspartner. Außer einer alten Frau, die ihm wünscht, dass Christus ihm begegnen möge, findet er niemanden, der ihm das Gefühl vermittelt hätte, ihn in seinem Innersten zu verstehen. Ignatius ist immer auch ein einsamer Mensch geblieben, eher zurückhaltend, vertrauend, aber nicht vertraulich. »Allein und zu Fuß« lautet der zutreffende und von Ignatius selber entlehnte Titel einer ausgezeichneten Ignatius-Biografie.

Biografie und Kommunikation

Auf dem Boden der Selbsterfahrung und intensiven Selbstreflexion lernte Ignatius durch die Begleitung vieler Menschen die Kunst der Tiefenkommunikation. Menschen jeden Alters, jeden Geschlechts, jeder Schicht eröffneten ihm das Innerste ihrer Seele und ließen ihn an das Geheimnis ihres Lebens rühren. Wenn es nicht schon fast zu technisch klänge: Ein ungeheures Lernfeld lag vor Ignatius. Er hatte sich selber kennen gelernt und lernte aus dem, was an Leben in anderen Menschen auf ihn zukam.

Unterwegs – Einsam und gemeinsam

Nicht für jede Lebensetappe von Ignatius ist eine feste Ortsangabe aufzuspüren, anhand derer sich dann Ausführungen zum Werden seiner Kommunikationsweise machen ließen. Zumeist war er, der sich selber als Pilger bezeichnete, unterwegs: »Allein und zu Fuß«. Vielleicht war es diese Erfahrung von Alleinsein und Einsamkeit, die seinem Begegnen Tiefe gab. Sein Begegnen kam nicht aus der Unfähigkeit, allein zu sein, was nach Blaise Pascal die Ursache allen Unglücks ist. – Oft allein, aber doch auch oft mit anderen zusammen war er unterwegs, und vor allem ist er dabei vielen Menschen begegnet: Reichen und Armen, Bauern und Stadtleuten, Menschen verschiedener Religionen, Inquisitoren, Kaufleuten und Matrosen, Bischöfen und einfachen Gläubigen, Jungen und Alten, Todkranken und Lebenslustigen. In all diesen Begegnungen wurde die Weise seines Begegnens erprobt, herausgefordert und einem Lernprozess unterworfen. Er freute sich am geistlichen Gespräch, traf mit unzählig vielen Menschen im persönlichen Einzelgespräch zusammen, hörte die Beichte, tröstete Kranke und Sterbende, predigte italienisch trotz Sprachschwierigkeiten, redete sanft zu und strenge Prozesse an.

Zornig konnte er sein und bei anderer Gelegenheit humorvoll-närrisch in einer Mischung aus gläubiger Naivität und ignatianischer Schlitzohrigkeit. Als auf einem seiner Wege eine Rotte von Soldaten gegenüber zwei seiner Wegbegleiterinnen zudringlich wurde, »überkam ihn ein unheimlicher Zorn«, und er putzte sie ordentlich zusammen. Er urteilte selber: »Das brachte er so wirkungsvoll heraus, dass die ganze Besatzung des Hauses wie gelähmt war und keiner auch nur das Geringste gegen ihn unternahm« (BDP, Nr. 38).

Auf seinem Weg zwischen französischen und spanischen Heerestruppen hindurch verdächtigte man ihn als Spion und nahm ihn gefangen (vgl. BDP, Nr. 52). Er beschloss trotz Angst vor Folter, den Hauptmann nicht mit »euer Gnaden«, sondern mit »ihr« anzureden; so pflegte er es allen Menschen gegenüber zu tun, denn »er hatte die fromme Meinung, dass Christus und die Apostel und andere Heilige so gesprochen hätten . ... Ohne die geringste Form an Höflichkeit zu zeigen, antwortete er mit knappen Worten und machte zwischen jedem Wort eine beachtliche Pause. Der Hauptmann hielt ihn für einen Narren, und so sagte er zu denen, die ihn herbeigeführt hatten: ›Dieser Mensch ist nicht ganz recht bei sich, gebt ihm seine Sachen wieder und schmeißt ihn hinaus‹« (BDP, Nr. 53).

Einige der späteren Mitbrüder des Ignatius scheinen eine ähnliche Gabe im Umgang mit Hauptleuten gehabt zu haben: Ein Mitbruder, der sein ganzes Leben in der Landwirtschaft gearbeitet hat, kam während des Dritten Reiches mit einem Gauleiter der Nazis in Vorarlberg in eine Diskussion über die Existenz Gottes. Schließlich glaubte der etwas dumm-eingebildete »Herrenmensch«, den einfachen Jesuitenbruder mit dem Argument schlagen zu können: »Gott ist unsichtbar. Ich glaube nur an das, was ich sehe!«

Biografie und Kommunikation

Worauf der Bruder schlicht zurückfragte: »Herr Gauleiter, haben Sie schon einmal ihren Verstand gesehen ...?« Später einmal, von einem ihm gewogenen Richter zu der Strafe verurteilt, entweder gleich für einige Monate ins Gefängnis zu gehen oder 500 Reichsmark »nach dem Endsieg« zu bezahlen, entschied er sich für das letztere Strafangebot – und kam mangels eines Endsieges des »Führers« straffrei davon.

Paris – Student, geistlicher Meister, Freund der »Freunde im Herrn«

Für die Pariser Studienzeit des Ignatius können vor allem drei Prägekräfte und Ausdrucksformen von Kommunikation ausgemacht werden: das Studium, die Rolle als geistlicher Meister und der Freund der Freunde Jesu.

Es wäre ein eigenes Kapitel, mögliche und wirklich prägende Einflüsse aus den Jahren des Studiums an der Pariser Universität auf die Kommunikationsweise des Studenten und *»Magister Ignatius«* ausfindig zu machen. Drei Prägungen können leicht und kurz benannt werden.

Das Studium förderte *vernünftiges Denken*. Auch wenn die Wissenschaft, die Philosophie, die Theologie heutzutage in manchem oder vielem andere Voraussetzungen und einen anderen Denkstil pflegen, – an der berühmten Sorbonne in Paris musste man Denken lernen, verschiedenste Auffassungen miteinander vergleichen und so weiter. Dies hat Ignatius studiert und zu lernen versucht – mühsam genug im Alter von 36 Jahren! Einiges konnte er vor allem in den häufig gepflegten privaten und öffentlichen Disputationen lernen:

- Als Erstes die *Klarheit der Begriffe.* Was Studenten meist trocken vorkam, war für die Diskussionen wichtig, die Klarheit der Begriffe und Definitionen.

- Ein Weiteres war höchst bedeutsam, nämlich die Einübung ins *Zuhören:* Der Diskutierende musste vor einer Antwort zuerst wiederholen, was sein Gegenüber gesagt hatte, dann dessen Zustimmung erfragen, dass er ihn richtig wiedergegeben hat, und dann erst konnte er seine eigene Sicht unterbreiten.

- Bei der scholastischen Disputation war auch die »*Unterscheidung*« eine wichtige Spielregel. Man musste deutlich machen, in welchem Sinne man einer Aussage zustimmte und in welchem Sinne nicht. Dabei suchte man immer so viel Konsens wie nur möglich zu finden und den Unterschied in der Meinung genau auf den Punkt zu bringen.

- Ein Letztes konnte Ignatius, methodisch gesehen, lernen: das *Abwägen von Gründen und Gegengründen.* Thomas von Aquin hatte dies in seinen schriftlichen Werken zu seiner fast allgegenwärtigen Methode gemacht. So ist es nicht verwunderlich, dass Ignatius in seinem bedeutsamsten Dokument zur Kommunikation als eine Grundregel angibt, man möge stets Gründe und Gegengründe zur Sprache bringen, um nicht parteiisch zu sein.

Sogar in seinen intimsten Aussagen zum »Suchen und Finden Gottes in allem« bringt er die scholastische Terminologie ein, die sich bei Thomas von Aquin findet. Gott sei in allem gegenwärtig durch »seine Gegenwart, Macht und Wesenheit«. Das kann man wörtlich so beim Aquinaten nachlesen.

Ein Zweites wurde in der Pariser Zeit immer deutlicher: Ignatius' Rolle als *geistlicher Meister,* der Menschen auf dem Weg der Gottesbegegnung begleitete. Dies hatte in den Jahren zuvor schon begonnen, wuchs aber in Paris weiter. In dieser Zeit begann auch das Exerzitienbuch seine Gestalt zu gewinnen, in dem seine reichen und differenzierten Erfahrungen in der Begleitung von Menschen ihren Niederschlag fanden. Vielleicht sind zwei Charakteristika besonders hervorzuheben: einmal die Betonung der Individualität, auf die Ignatius bei jedem Einzelnen auf ganz eigene und je verschiedene Weise einging. Und zum anderen, dass er sich nicht als »Meister« sah, sondern pragmatisch als bescheidener Begleiter, als den, der die Übungen, die Gebetshinweise dem gibt, »der sie empfängt«. Die Rolle des Übenden und sein Offenwerden für das Wirken des Geistes Gottes in ihm stand zentral im Mittelpunkt, nicht »der Meister«.

Bedeutsamer aber noch wurde in dieser Zeit, dass sich ein fester Kreis von Mitstudenten bildete, aus dem die Gesellschaft Jesu erwuchs. Zweifellos galt Ignatius als der Kristallisationspunkt der Gruppe, aber für die jungen Leute war ebenso klar, dass die gemeinsame Weise des Glaubens, Lebens und Betens sie zusammenführte; letztlich war es für sie Christus, der Herr, selber, den sie vor allem in den Exerzitien suchten und fanden.

Wenn sich die junge Gemeinschaft als »Freunde im Herrn« verstand, dann zeigt dies, dass auch Ignatius jemand war, der sich den anderen in diesem Kreis freundschaftlich verbunden fühlte.

Einer der ersten Gefährten aus dieser Zeit, Simon Rodriguez, schrieb im Blick auf die Pariser Zeit: »Ignatius verstand die Kunst, mit Menschen umzugehen und sie durch liebenswürdiges, gewinnendes Benehmen an sich zu fesseln, in einem Grade, wie ich es, aufrichtig gestanden, bei keinem anderen je gefunden habe …
Er wusste allmählich so auf ihre Herzen einzuwirken, dass er durch

seinen Verkehr und durch seine angenehme, sanfte Rede alle mächtig zur Liebe Gottes hinriss« (HUO, 240).

Hier wird die Liebenswürdigkeit, die Kommunikationskunst von Ignatius, seine bedeutsame Rolle und die Zielrichtung seines Begegnens, das heißt die Erweckung der Gottesliebe, in einem einzigen Satz zum Ausdruck gebracht. Es ist tragisch, dass spätere Auseinandersetzungen Ignatius fast an den Punkt brachten, eben diesen Simon Rodriguez aus dem Orden zu entlassen. Es war wohl nur die Rücksicht auf das Alter und ein Nachklingen der alten freundschaftlichen Verbundenheit, die Ignatius von diesem Schritt Abstand nehmen ließen. Auch Meister der Kommunikation müssen Schwierigkeiten durchleiden und kommen an ihre Grenzen. Ähnlich ging es mit einem anderen Gefährten aus der ersten Zeit, Nikolaus Bobadilla.

Vielleicht war es ebenso tragisch, dass Gefährten wie Peter Faber und vor allem Franz Xaver, mit dem ihn wohl eine echte, tiefe persönliche Freundschaft verband, durch die Sendungsaufträge aus seinem unmittelbaren Lebensumfeld verschwanden. Vielleicht wäre dies auch für sein Verhalten, für seine eigene Entwicklung, für seinen Umgang mit Menschen ein Geschenk gewesen, das manche Charakterzüge und Umgangsweisen noch anders gefärbt hätte. So stand er bei aller Verbundenheit mit seinen Mitbrüdern doch auch allein da mit der Aufgabe der Gründung und Leitung einer ungeheuer dynamischen und schnell wachsenden Ordensgemeinschaft.

Rom – Gründer und Leiter einer Ordensgemeinschaft

Ignatius sah die Ordensgemeinschaft nie im eigentlichen Sinn als »seine« Gründung an. Es war für ihn keine fromme Floskel, wenn er das Zustandekommen des neuen Ordens als Geschenk Gottes und Wirken des Heiligen Geistes ansah. Dem widerspricht in keiner Weise, dass seine Person, all seine Fähigkeiten der Kommunikation und Führung eingefordert waren. Sie wurden geprägt, ausgeprägt, wohl auch vereinseitigt durch diese enorme Aufgabe. Vieles, was er bei seiner Ausbildung am Hof gelernt hatte, sowie die Zielstrebigkeit und sonstigen Anlagen seiner Persönlichkeit konnten hier auf einer ganz anderen und eigenen Ebene ihren Ausdruck und ihre Gestaltung erfahren.

Worin bestanden die wichtigsten Züge des Ignatius? Wie nahm man ihn und die Weise seiner Kommunikation wahr?

»Er scheint ganz Liebe«

Weil es mehr Menschen gab als nur seinen Hausgefährten und Bewunderer Pater da Câmara, darf man wohl annehmen, was von Ignatius gesagt wurde: »Immer ist er mehr zur Liebe geneigt, ja sogar so sehr, dass er ganz Liebe scheint. Und so wird er so universal von allen geliebt, dass man keinen in der Gesellschaft kennt, der nicht eine sehr große Liebe zu ihm hätte und der nicht urteilt, er werde sehr vom Vater geliebt« (MEMO, Nr. 86). So urteilten sogar diejenigen, die ihm am allernächsten standen, denen gegenüber sich Ignatius am härtesten gab und denen er sagte, man schätze seine Liebe nicht richtig ein, wenn man sie nur nach den manchmal sehr kargen Äußerungen beurteile.

Da Câmara verdeutlicht, dass die Liebe des Ignatius sich vor allem in drei Dingen zeigte: einmal in der großen *Freundlichkeit*, mit der er allen begegnete. Wo er konnte, war Ignatius zuvorkommend. Wenn er merkte, dass er jemandem mit Obst eine besondere Freude machen konnte, tat er dies. Einmal tanzte der leicht hinkende General zur Erheiterung eines kranken Mitbruders – freilich bat er darum, ihn nicht mehr um diese Freundlichkeit zu bitten. Und weil er sehr klein war, aber einmal einem jungen, hünenhaften Flamen einen liebevollen Trost zukommen lassen wollte, musste er hochspringen, um ihn richtig umarmen zu können (vgl. MEMO, Nr. 47).

Zum andern zeigte sich seine Liebe in der »*großen Sorge* für die Gesundheit aller, die so groß ist, dass man sie kaum genug hervorheben kann« (MEMO, Nr. 88). Hier zahlte Ignatius ein teures Lehrgeld: Er hatte durch strenge Bußübungen seine Gesundheit für sein ganzes weiteres Leben schwer geschädigt. Aber nicht nur für die Gesundheit der anderen sorgte sich Ignatius, sondern für alle Einzelheiten und Kleinigkeiten. Sogar für die Flöhe seiner Mitbrüder, so sagte er selber, würde er sich interessieren. Es hatte etwas geradezu Mütterliches an sich, wenn er seinem Freund Franz Xaver, als der sich für die Fahrt nach Portugal und in Richtung Indien verabschiedete, den Talar aufknöpfte, um nachzuschauen, ob er auch ein warmes Unterhemd trage.

Als Drittes fügt da Câmara hinzu, dass Ignatius immer den *sanften Part* übernahm, dass er »Dinge, die dem Untergebenen unangenehm sein können«, niemals selbst gab. Nicht selten musste dies da Câmara tun. Ignatius erklärte ihm einmal diese Rollenverteilung mit einem Vergleich aus der Küche: Ein guter Salat brauche Essig und Öl. Er, Ignatius, gebe das Öl und da Câmara den Essig dazu. Ob da Câmara diese Rollenverteilung getröstet hat? Sicher nicht, als ihm einmal ein Mitbruder erklärte, er sei »ganz Essig«. Freilich wird auch berichtet, dass Ignatius durchaus Mitbrüdern auch einen »Deckel« geben konnte. Das war so markant, dass es dafür den Ausdruck gab, »einen Hut geben«.

Biografie und Kommunikation

Liebevolle Ehrfurcht

Es mag sich die Frage aufdrängen, wann denn deutlicher der kraftvolle, der soldatische, der weltklug-kommunizierende Ignatius zur Sprache komme. Die Beantwortung bedarf der Geduld, die Ignatius selber erst lernen musste, die dann aber für ihn prägend wurde. Im Blick auf die erste Zeit seiner Bekehrung stellte er einmal fest, dass er, obwohl er doch ganz auf den Wegen Gottes leben wollte, noch so blind sei, dass er keinen Sinn für »Demut, Liebe und Geduld« habe.

Über zwei Jahrzehnte später, mit 53 Jahren, empfand er sich über Tage hin in ein inneres Erleben hineingezogen, das er als eine der ganz großen Gnaden seines Lebens erfuhr. Er nahm wahr, dass sein Inneres immer mehr die geistliche Klangfarbe und Gestimmtheit von »liebevoller Ehrfurcht« annahm. Diese richtete sich zunächst auf Gott hin, dann aber auf alles, auf die Menschen, den Kosmos, auf »alle Dinge«. Er erkannte dies als den Weg, den Gott selber ihn führen wollte.

Ohne dieses zu beachten, würde man zu einer völligen Fehleinschätzung des Charakters und der Kommunikationsweise von Ignatius kommen. Ohne den Ton, den Glanz, die Ausstrahlung dieser liebevollen Ehrfurcht würde all seiner Klugheit und Weltkundigkeit die Wärme, die Ehrfurcht, die Herzlichkeit, die Liebe fehlen. Dann würde gelten, was für Paulus im berühmten 13. Kapitel seines ersten Briefes an die Korinther die Quintessenz ist: »Ohne die Liebe ist alles – nichts.« Ohne Liebe wäre die Klugheit des Ignatius Gerissenheit, seine Gewandtheit bloßes Weltmännisch-Sein, sein Realismus bloßer Pragmatismus, sein strategisches Denken Manipulation.

Realistisch – »Was ist Sache?«

Formulierungen wie »Was ist Sache?« oder »Eine Sache auf den Punkt bringen« könnte Ignatius erfunden haben. Was ihn interessierte bei seinen Planungen und Entscheidungen – ein Ordensgeneral ist fast immer mit Entscheidungen beschäftigt –, waren Situationsklärungen, konkrete Verhältnisse und Umstände, Personen, Beziehungsgeflechte, Aussichtschancen, Hindernisse, hilfreiche Dinge. Nichts war ihm mehr zuwider als ausschweifendes Reden, aber wenn er ein Gutachten in Auftrag gab, dann durfte das gerne zwanzig Gesichtspunkte, Argumentationshilfen und Sachangaben haben. Kurz und zutreffend musste es allerdings formuliert sein.

Da Câmara kennzeichnet die Redeweise des Ignatius einmal mit diesen Worten: »1. Dass er nie mit Gefühlen, sondern mit Sachen überzeugt; 2. Dass er die Sachen nicht mit Worten schmückt, sondern mit den Sachen selbst, indem er so viele Umstände und so wirksam erzählt, dass sie fast zwingend überzeugen; 3. Dass seine Erzählung einfach, klar und deutlich ist. Und er hat ein solches Gedächtnis der Sachen und sogar der Worte von Wichtigkeit, dass er eine Sache, die geschehen ist, zehn-, fünfzehnmal und häufiger genauso erzählt, wie sie geschehen ist, und sie einem vor die Augen stellt; und einen langen Bericht über Dinge von Wichtigkeit erzählt er Wort für Wort« (MEMO, Nr. 99).

Wollte man Ignatius von solchen Kennzeichnungen her – es gibt viele ähnlich lautende – nun einfach als einen bloß sachbezogenen Menschen, sozusagen als eine nüchtern sachliche Person kennzeichnen, dann läge man fundamental daneben. Sache, Geschehen, Tun, Wirklichkeit sind für Ignatius Lebenselement. Auf dem letzten Höhepunkt der Exerzitien bemerkt er in seiner Sicht der Liebe, dass »die *Liebe mehr in die Werke als in die Worte* zu legen« sei (EB, Nr. 230). Diese Formulierung ist das Vorzeichen seiner Sachlichkeit, das allem die Richtung angibt. Es geht ihm – so unangemessen die Formulierung klingt – um die »Sache der Liebe«, um das wirkliche Lieben. Die wirkliche Liebe ist für ihn konkret, Fleisch gewordene Liebe und geschieht mitten in allem wirklichen Geschehen, »in allen Dingen«, wie er sagt.

Klug

Mit einem einzelnen Wort wie »klug« als Kennzeichnung dafür, wie Ignatius in seiner Art und seinem Umgang wahrgenommen wurde, ist es nicht getan. Es geht hier um ein ganzes Wortfeld: sachkundig, umsichtig, erfahren, weise, durchdacht, geplant und so weiter. Es gibt eine Aussage von Ignatius einem Mitbruder gegenüber, welche die außerordentliche Betonung des klugen Umgangs mit Menschen, Situationen und Dingen zeigt: »Unschuld und Heiligkeit sind an und für sich viel mehr wert als alles Übrige; wenn jedoch nicht Klugheit und Gewandtheit im Verkehr mit andern dazukommen, fehlt ihnen etwas, und sie genügen nicht, um andere zu leiten. Hervorragende Klugheit mit mittelmäßiger Tugend ist oft für die Leitung anderer mehr wert als große Heiligkeit mit geringer Umsicht. Wenigstens gilt dies im Allgemeinen; denn die Vorrechte, die Gott seinen Heiligen verleiht, lassen sich schwerlich unter Regeln bringen« (HUO, 299).

Auch der letzte Satz ist noch einmal ein kluges Wort: Ignatius will nicht absolut in Abrede stellen, dass es auch wenig umsichtige Heilige gibt, die aber dennoch durch eine Gnade des Geistes zur Leitung befähigt sind. Als Normalfall sieht er dies aber nicht an. Wie erlebten die Zeitgenossen die Klugheit des Ignatius? Er hörte zu und lernte dabei; er fragte nach; er beobachtete genau sein Gegenüber; er machte sich vor Gesprächen über wichtige Teilnehmer und die Sachverhalte kundig; er überlegte, überschlief eine Sache; er führte Gespräche mit Experten; er ließ ausführliche Gutachten erstellen und Protokolle von wichtigen Vorgängen anfertigen; er hatte ein ausgezeichnetes Gedächtnis; er schrieb manche wichtigen Briefe in aller Sorgfalt und manchmal zwei- oder dreimal; er ließ sich von seinem Konsult beraten; er wog systematisch Gesichtspunkte und Argumente für und gegen eine Position ab; er suchte mögliche Alternativen.

Ignatius hatte nicht das Profil eines Feuerkopfes, eines Aktionisten, der eine Entscheidung nach der andern nur aus »dem hohlen Bauch« oder einer »höheren Intuition« heraus fällte. Durchdacht, sorgfältig ging er die Dinge an. Und doch war er bei all dem wahrlich kein bloßer Kopfmensch, bei dem nur die grauen Gehirnzellen ständig agierten: Er nahm sich Zeit, Entscheidungen ins Gebet zu nehmen; er sah sein Denken und Planen als Mitwirkung an der Vorsehung Gottes; er lebte und dachte aus tiefem Gottvertrauen. Und er sagte einmal: Allzu klug zu sein sei kein Zeichen von Klugheit. – Klug gesagt!

Die Haupteigenschaft: vernünftig – mit Gespür

Klugheit kann bei Ignatius auch als Vernünftigkeit bezeichnet werden. Er selber war ein vernünftiger Mensch: »Weil unser Vater sich in allen Dingen von der Vernunft leiten ließ, war er sehr dagegen, die Dinge entweder aus menschlichem Affekt oder deshalb zu tun, weil sich günstige Gelegenheiten ergaben« (MEMO, Nr. 288). Hier zeigt sich, dass für Ignatius die entscheidende Frage immer hieß: Was ist jetzt gut? Was ist jetzt dran? Was zu entscheiden und zu tun ist jetzt vernünftig und hilfreich? »Es scheint, dass sich der Vater in jeder Sache durch Vernunft bewegen lässt … Und diese Regel hält er in allen Dingen ein und gibt sie anderen. Und er sagt,

Biografie und Kommunikation

darin unterschieden sich die Menschen von den übrigen Tieren. Und dies ist die oder eine der herausragendsten Eigenschaften des Vaters« (MEMO, Nr. 300).

Man würde völlig falsch liegen, Vernünftigkeit mit Gefühllosigkeit, mit bloßem Effektivitätsdenken, mit Rationalität gleichzusetzen. Ignatius wirkte auf seine Umgebung nicht als »Kopfmensch« in unserem Sinne; wohl aber als einer, der der Vernunft gehorchte: Er würde nicht beim Schlussverkauf Geschirr gekauft haben, nur weil es billig ist, die Gemeinschaft es aber gar nicht braucht. Er hatte sehr wohl mit wachem Auge jede günstige Gelegenheit im Blick, aber den Ausschlag gibt nicht »die Gelegenheit«, sondern das Abwägen, welche Entscheidung jetzt sinnvoll ist.

Es klingt paradox, aber es trifft zu: So sehr Ignatius für seine »Vernünftigkeit« bekannt ist, so sehr ist gerade er es, der im Rahmen der »Unterscheidung der Geister« den allergrößten Wert auf innere Regungen, Empfindungen und Gefühle legt. Aber auch hier gilt: Empfindungen dienen als Wegweisung, als Warnung, als Bestätigung, geben aber nicht den Ausschlag. Ausschlag gibt das tiefere Wertbewusstsein und Wertgespür, das sich an Jesus Christus und dem Geist Gottes ausrichtet. Man könnte vielleicht sagen: Für die Theorie und Praxis der Entscheidungen des Ignatius, für seine »Aufsichtsratssitzungen«, gehören Argumentation und Meditation, Faktenbeobachtung und Tiefengebet, Situationsanalyse und Reinigung der Gefühlswelt zusammen. Er würde gegebenenfalls seine Führungsmannschaft dazu verdonnern, von ihren offensichtlichen Ängsten, von ihren Vorlieben und Ehrgeiz-Motivationen freier zu werden, weil sonst die Sitzung nicht sinnvoll verlaufen könne. Ohne Freiheit keine Entschiedenheit zum jeweils Besseren. Entscheidungen nur mit dem IQ, dem Intelligenzquotienten, ohne den EQ, den Emotionsquotienten, von dem seit eini-

gen Jahren die Rede ist, sind – ignatianisch gesehen – unmensch-
lich, und zwar in dem Sinne, dass nicht der ganze Mensch am
Entscheidungsprozess beteiligt ist.

Manchmal wurden Vernunft und Gespür des Ignatius auf
eigene Proben gestellt. Eines Tages kam ein Mann nach Rom, der
aufgrund einer »inneren Eingebung« fest davon überzeugt war, dass
er Papst sei und dass jetzt nur noch die offizielle Krönung anstehe.
Niemand konnte ihm dies ausreden. Schließlich schickte man den
Mann zu Ignatius. Der sagte ihm schlicht, in der Kirche sei es so,
dass es nur *einen* Papst gebe. Er solle doch einfach in den Vatikan
gehen und schauen, ob der derzeitige Papst noch lebe. Wenn dies
der Fall sei, dann solle er davon ausgehen, dass seine Eingebung
nicht stimme. – Es wird nicht berichtet, dass die Einlassung von
Ignatius fehlgeschlagen sei. Man könnte sagen: eine typisch ignatianische Art von Therapie. Vielleicht müsste man sie »*Reali-
tätstherapie*« nennen.

Zuhören und Lernbereitschaft

Wenn jemand klug, erfahren und kompetent ist, dann geschieht es
nicht selten, dass sich dies nach außen dadurch kundtut, dass
dieser Mensch ein Gespräch beherrscht. Er bringt Ideen ein, stellt
Alternativen auf, wägt Vor- und Nachteile ab, entwirft Organisa-
tionsschemata, macht Zielvorgaben und so weiter. Die anderen
können nur staunend zuhören oder auch ein wenig hilflos und
verunsichert sich fragen, was denn ihre Rolle bei dem Ganzen sei.
So sah das Profil der Führungspersönlichkeit des Ignatius von
Loyola nicht aus. Er war ein großer Zuhörer, ein einfühlsamer,
geduldiger Zuhörer im geistlichen Gespräch, in der Einzelbegleitung, in den Exerzitien. Er war aber auch ein Zuhörer, wenn es um
Entscheidungsabläufe ging. Darum gibt er als erste Regel für seine

Mitbrüder auf dem Konzil von Trient die, zuzuhören, beim Zuhören zu lernen und im Reden und Urteilen bedächtig, sorgsam und langsam zu sein.

Dieses Zuhören ist im besten Sinne »aktives Zuhören« und ganzheitliches Zuhören. Ignatius betont ausdrücklich, dass man auf die Inhalte, Gefühle und Absichten der Sprechenden achten solle. Seine Achtsamsamkeit und natürlich auch seine wachsende Erfahrung machten es ihm möglich, wie verschiedene Zeugnisse berichten, schon nach kurzer Zeit sein Gegenüber oder eine Situation genau zu erfassen und dementsprechend zu reagieren. Seine Antworten und Schlussfolgerungen waren meist kurz, aber zutreffend und klar. Der Zuhörer konnte zu Recht den Eindruck haben, dass er und seine Worte angekommen und aufgenommen worden waren.

Zielbewusst und beharrlich

Es gibt Persönlichkeiten, die sehr klug und sehr aufmerksam, die hervorragende Ideengeber sind, aber unfähig, ihre Vorschläge konsequent in die Wirklichkeit umzusetzen. Ignatius hatte nicht nur kluge Ideen, große Pläne, sondern er arbeitete auch mit aller Kraft dafür, sie umzusetzen. An dieser Durchsetzungsfähigkeit können verschiedene Dinge ausgemacht werden.

Erstens: das *Zielbewusstsein* des Ignatius. »Ziel« ist eine wesentliche Kategorie für ihn, und dieser Begriff kommt oft in seinem Wortschatz vor: »Was je mehr hilft zu dem Ziel ...« ist eine charakteristische Wendung dafür.

Dem Zielbewusstsein schließt sich unmittelbar an das *Bewusstsein* für *die Mittel* und für den Zusammenhang von Ziel und Mittel, Ziel und Weg. Wer ein Ziel will, der muss auch die Mittel wollen. Man könnte formulieren: Die Ernsthaftigkeit des Willens zum Ziel bemisst sich nach der Ernsthaftigkeit des Willens zu den Mitteln. Eine Sitzung zu beenden mit einer bloßen Entscheidung für etwas, ohne genauestens die Frage der Mittel, der »Operationalisierung« gestellt zu haben, war für Ignatius unvorstellbar. Hier kann ein soldatischer Vergleich herhalten: Die Entscheidung für die Verteidigung einer Stadt oder einen Feldzug, ohne genauestens die eigenen militärischen Mittel und Möglichkeiten geprüft zu haben, ist unvorstellbar oder zumindest sehr gefährlich.

Wenn Ziel und Mittel klar sind, dann ist immer noch nicht alles gelaufen. Es braucht Mut und vor allem *Beharrlichkeit*, nicht beim ersten Widerstand die Flinte ins Korn zu werfen. Widerstände waren für Ignatius oft ein Zeichen für die Richtigkeit seines Unternehmens. Wenn etwas zu lange ohne Widerstand ablief, dann wurde er eher etwas nervös. Seine Überzeugung war, dass Großes auch Widerspruch erweckt. So wird von ihm der Ausspruch erzählt: »Wer die Menschen fürchtet, wird nie etwas Großes für Gott vollbringen; denn nichts Gottes Würdiges kann geschehen, ohne dass die Welt in Aufruhr gerät« (HUO, 238). Eine starke Geschichte ist auch, dass er einmal 14 Stunden vor dem Zimmer eines Kardinals wartete, bis er ihn endlich sprechen konnte. Ein anderer Kardinal, der als Protektor eine besondere Schutz- und Aufsichtsfunktion für den Orden wahrnahm, prägte im Blick auf Ignatius das Wort: »Er hat den Nagel schon eingeschlagen!« Diese Wortprägung scheint so den Nagel auf den Kopf getroffen zu haben, dass sie zu einem geflügelten Wort in Rom wurde.

Diese Beharrlichkeit im Dienst eines einmal als richtig erkannten Zieles besaß Ignatius auch kirchlichen Behörden gegenüber. Dies begann damit, dass er auf die Ordensgründung verzichtet hätte, wenn er, wie es anfangs schien, gezwungen worden wäre, ein gemeinsames Chorgebet vorzuschreiben. Dies war aber nicht die Ordensgestalt, die Ignatius vom Geist Gottes her wahrgenommen hatte. Als es schien, dass Franz Borja, einer seiner Mitbrüder, zum Kardinal ernannt werden sollte, schrieb er, er werde mit allen ihm zur Verfügung stehenden Mitteln bis vor den Papst und den Kaiser dagegen ankämpfen, auch wenn diese es anders sähen. Selbstverständlich war Ignatius Realist genug, um zu sagen, dass es keinen Wert habe, aus purer Hartnäckigkeit an einer Sache festzuhalten, wo keine Hoffnung für die Verwirklichung gegeben sei. Dies betrachtete er als Verschwendung von Kraft und Zeit (vgl. HUO, 238).

Wie bei allen seinen Charaktereigenschaften gilt es auch bei der Beharrlichkeit, sie von der Sturköpfigkeit abzugrenzen, oder den Grund, die Motivation für die Durchsetzungskraft deutlich zu machen. Die Grundmotivation heißt für Ignatius, den Willen Gottes zu suchen und zu verwirklichen. Hunderte seiner Briefe enden mit einer Wendung wie »Christus, unser Herr, gebe uns allen seine Gnade, damit wir seinen heiligsten Willen immer verspüren und ihn vollständig erfüllen« (KNB, 875). Seine ganze Existenz, sein ganzes Streben füllt die eine Sehnsucht aus, Gott und seinen Willen groß und wirksam sein zu lassen in seinem Leben. Mit dieser Bitte lässt er jede Gebetszeit beginnen (vgl. EB, Nr. 46). Auch bei seinen Vorgehensweisen, seinen Aktivitäten, seinen Entscheidungen orientiert er sich an der Art Jesu, den er einmal unseren »sanften Herrn« nennt.

Ein für die Arbeit auf Korsika bestimmter Mitbruder schrieb: »Täglich kommt unser Vater immer wieder darauf zurück, dass wir bescheiden vorgehen sollten, wie dies unser Herr Jesus Christus getan; denn mit Geduld und Demut lasse sich alles machen« (HUO, 240).

Selbstverständlich wirkte sich der Grundwille von Ignatius, den Menschen zu ihrem letzten Ziel, zu ihrer Glückseligkeit zu helfen, auch auf seinen Umgang aus. Er ging nie über Leichen, sondern suchte sich an dem zu orientieren, was jemandem auf seinem Lebensweg, auf seinem Glaubensweg helfen konnte. Darum war es für ihn ein schlechtes Argument, wenn jemand in den Orden eintreten wollte, nur um selber weiterzukommen. Ohne den entschiedenen Willen, dem Nächsten zu helfen, gab es für ihn keinen Zugang zu einer apostolischen Gemeinschaft und gibt es kein wahres Verständnis der Zielstrebigkeit des Ignatius.

Noch einmal Loyola – Ungefähr auf halber Höhe ...

Im Jahr 1986 weilte ich für einige Tage in Loyola, dem Geburtsort des Ignatius. An einem freien Tag machte ich eine Tour auf eine der nahe liegenden Höhen. Auf halber Höhe entfernte ich mich von der Gruppe und ging steilgerade in Richtung Gipfel. Nach einiger Zeit kam ich zu einer Baumgruppe, wie ich sie nie zuvor in meinem Leben gesehen hatte. Es müssen wohl Buchen gewesen sein. Sie waren auffällig klein, wirkten aber doch wie ausgewachsene Bäume. Alles war daran, was zu einer Buche gehört, aber der Stamm war nur mannshoch und die Krone noch einmal so hoch. Sie wirkten wie überdimensional große japanische Bonsai-Bäume oder eben wie junge, aber erwachsene Buchen. Auf mich – es mag seltsam klingen wirkten sie wie Ignatius: eine volle Gestalt, aber nicht übergroß; kraftvoll und ungemein kompakt, aber nicht wuchtig; in einer Gruppe von Bäumen, aber nicht untergehend in einem Wald; aus sehr kargem Boden alle Kraft saugend, aber nicht am Verkümmern; im oberen Teil der Anhöhe, aber nicht dem Tal entrückt.

Biografie und Kommunikation

Weniger blumig oder »baumig« ausgedrückt: Die Ausstrahlung des Ignatius dürfte mit Worten zu umschreiben sein wie: aufmerksam, zuhörend, feinfühlig, gespürvoll, zielstrebig, entschieden, konsequent, vernunftgeleitet, ehrfürchtig, gottverbunden, liebevoll.

Wo die Stärken eines Menschen liegen, dort sind auch in nächster Nähe die entsprechenden Gefährdungen beheimatet. Wer Ignatius am nächsten in der Arbeit stand, hätte sich mehr freundliche Zuwendung und Zeit für sich gewünscht; manch einer hat unter seiner Härte gestöhnt. Manche Entlassung aus dem Orden über Nacht wirkte schroff. Der Hang zur Perfektion trieb auch den alternden Ignatius noch dazu, Regeln für den freien Tag zu erlassen, die als »Weinberg-Regeln« bekannt wurden.

Was an seiner Persönlichkeit auffällt, ist das Zusammenhalten von inneren Polaritäten und Spannungen. Wenn man nur wenige Geschichten kennt, kann man zu einem krassen Fehlurteil kommen. Ignatius war zugleich vernunftorientiert und ein Mann, der jeden Tag Tränen der inneren Rührung vergießen konnte. Er setzte all seine Kräfte ein und vertraute ganz auf Gott. Er packte selber zu, wo er nur konnte, und delegierte, was nur möglich war, und gab Blankovollmachten. Er war bescheiden und machte alles bekannt, was für den Orden eine gute Presse bewirken konnte. Er hatte klare Idealvorstellungen und reagierte auf alle Menschen und Situationen doch auch elastisch abgestimmt. Er war beherrscht und ließ doch auch gelegentlich Schalk, Humor, fast Ironie aufblitzen. Er war von seiner schwer angeschlagenen Gesundheit her so hochsensibel, dass es ihm am Morgen zuweilen Not bereitete, das kalte Hemd anzulegen, und wirkte doch ständig ausgeglichen. Er war ein Meister der Kommunikation und wirkte doch auch zurückhaltend. Er war Gott verbunden mitten in den alltäglichsten Vorkommnissen.

Biografie und Kommunikation

Es müsste vieles von seiner hochkomplexen Persönlichkeit gesagt werden, um auch nur einiges zu erfassen, und doch sagt auch die Äußerung eines, den man für besessen hielt, vieles: »Ach, der kleine Spanier, der hinkt und so fröhliche Augen hat!«

2
Der Schlüsseltext
»Hinweise für die Kommunikation«

Wir sprechen immer dann von einem Schlüsselerlebnis, wenn uns durch ein Vorkommnis, eine Begegnung, ein Erlebnis plötzlich ein Zugang zu einem Menschen, zu einem Lebensbereich oder auch zu einem literarischen Text geschenkt wird. Für jemanden hat ein bestimmtes Gedicht den Zugang zu Goethe gegeben, einen anderen hat ein Trompetenspiel von Louis Amstrong die Faszination an Jazz entdecken lassen. Mein Schlüsselerlebnis, das mir vor vielen Jahren die Kommunikation als eine entscheidende Perspektive der ignatianischen Spiritualität erschloss, war die Lektüre eines längeren Schreibens von Ignatius, das den Titel »*Instruktion für die Tagung in Trient*« trug. Mit der Tagung in Trient war das Konzil von Trient gemeint. Die zu Anfang des Jahres 1546 verfasste Instruktion ist an die drei Jesuiten Jay, Laínez und Salmerón gerichtet, die als Berater am Konzil teilnehmen sollten. Dieses Schreiben soll vor allem in seinem Teil über die Kommunikation dargestellt werden.

Der Schlüsseltext

Schon das Schriftstück als solches und seine Grundeinteilung sind bemerkenswert. Es ist nicht selbstverständlich, dass für einen solchen Anlass eine Instruktion geschrieben wird. Dies allein schon bezeugt das Stilbewusstsein des Ignatius. Kein Wunder, dass die ersten Jesuiten immer wieder von »unserer Weise des Vorgehens«

sprachen (»noster modus procedendi«). Wie gehen Tagungen oft daneben, weil der ganze Ablauf, das Kommunikationsgeschehen und der Gesprächsstil der Teilnehmenden zu dilettantisch oder zu wenig mit gutem Gespür vorbereitet sind. Wie die gesamte Instruktion, so ist auch die Grobeinteilung schon bemerkenswert. Der erste Teil ist *Für den Umgang«*, für die Kommunikation mit den Konzilsteilnehmern geschrieben. Er wird den Hauptteil für die folgenden Erläuterungen bilden. Aber im Voraus sei angemerkt: Noch bevor Ignatius inhaltlich auch nur ein Wort über die Kommunikation schrieb, war schon eine Grundentscheidung gefallen: Er sieht das Konzil nicht nur als ein Geschehen, bei dem es darum geht, alte Wahrheiten zu verteidigen oder tiefer zu verstehen oder Häresien abzuweisen. Das Konzil ist für Ignatius zu einem guten Teil ein außerordentliches und intensives Kommunikationsgeschehen. Darum empfiehlt er seinen Mitbrüdern auch nicht, als das Wichtigste das neueste theologische Lexikon mitzunehmen, sondern auf ihre Kommunikationsweise zu achten. Gerade weil es bei Konzilien letztlich um »Communio«, um Gemeinschaft miteinander – oder auch einmal um Ex-Kommunikation – geht, ist für ihn der achtungsvolle, liebevolle Umgang miteinander genauso wichtig wie die Klärung von Begriffen und theologischen Aussagen.

Der zweite Teil ist mit den Worten überschrieben »*Um den Seelen zu helfen*« und handelt von den seelsorglichen Tätigkeiten der Jesuiten während des Konzils. Welche Wirkkraft darin steckt, mag ein einziges Zitat zeigen: »Die Spitäler zu irgendeiner Stunde oder Stunden des Tages besuchen, die für die leibliche Gesundheit am angebrachtesten sind; bei den Armen beichthören und sie trösten und ihnen sogar, wenn es möglich ist, irgendetwas mitbringen...« (KNB, 114).

Man könnte hier fragen: Was würde es bedeuten, wenn bei Konzilien und Synoden heutzutage die Teilnehmer »nebenbei« Kindern Katechese gäben, Kranke besuchten und Arme beschenkten? Ob dies den theologischen Entscheidungen nicht mehr Glaubwürdigkeit und Wirksamkeit und eine bessere Deutungshilfe verliehe?

Der letzte Teil mit der Überschrift »*Um einander mehr zu helfen*« handelt von den gemeinsamen Entscheidungen und den täglichen Rückmeldungen darüber, wie man einander im konziliaren Kommunikationsgeschehen wahrgenommen hat.

Die Einleitung – Das Kreuz und der Name

Oft hat Ignatius auf seine Briefe ein kleines Kreuzchen gezeichnet, so auch auf die Instruktion für Trient. Dieses Kreuzchen ist sozusagen das »Logo« des Ignatius, sein Firmenzeichen. Es drückt eine geistliche Grunderfahrung seines Glaubens und Lebens aus. Es geht darum, Kreuz – alltäglicher ausgedrückt – Spannungen, Auseinandersetzungen, Schmerzen, Kampf, Durcheinander, Widerstrebendes auszuhalten und durchzustehen. Wo sind Spannungen und Kreuz mehr zu erfahren, als wenn Kommunikation zwischen Menschen missglückt, angefangen von alltäglichen ärgerlichen Missverständnissen, verletzenden Bemerkungen bis hin zum hasserfüllten, »tödlichen Schweigen«?

Das Kreuz trägt einen Namen. Es ist der Name Jesu. Ihn schreibt Ignatius auf das Blatt. Darin mag die Botschaft ausgesagt sein, dass es nicht nur um Regeln der Kommunikation, um Regelverletzungen, um Geschicklichkeiten, um manipulierende Sprachspiele geht, sondern um gelingende oder zerbrechende Begegnung. In gelingender oder misslingender menschlicher Kommunikation spiegelt sich auch die Beziehung zwischen Gott und den Menschen wie im Ineinssein von Gottes- und Nächstenliebe.

Das Kreuzchen in Verbindung mit dem Namen kann vielleicht auch an das Kommunikationsgeschehen Jesu auf seinem Kreuzweg erinnern: an seine Distanzierung von Petrus, der diesen Weg nicht mitgehen will: »Weg von mir, Widersacher!«; an seine Frage an den, der ihn schlägt: »Warum schlägst du mich, hab' ich dir Unrecht getan?«; an sein Schweigen vor Pilatus und den Sprechchören der aufgehetzten Menge; an sein versöhnliches Wort gegenüber den Spöttern und Henkern: »Vater, verzeih ihnen, sie wissen nicht, was sie tun«; an seinen fragend-vertrauenden, letzten Lebens- und zugleich Todesschrei: »Mein Gott, mein Gott, warum hast du mich verlassen?« Ob Ignatius sich dies bei seinem Kreuzchen gedacht hat, als er es auf den Brief schrieb? Vielleicht nicht, vielleicht doch. Jedenfalls zeichnete er auf ein Schriftstück mit etlichen Merksätzen ebenfalls ein kleines Kreuz und schrieb darunter: »Jesus, meine Liebe ist gekreuzigt.« Dieses Wort mag beides sagen: Dass Jesus, den er liebt, gekreuzigt ist, aber auch, dass sein eigenes Lieben die Last des Kreuzes spürt.

Die erste Regel – Die Kostbarkeit des Gesprächs sehen lernen

»Erstens: Wie man beim Umgang und Verkehr mit vielen Personen für das Heil und den geistlichen Fortschritt der Seelen mit göttlicher Gunst viel gewinnt, so wird umgekehrt in solchem Umgang von unserer Seite und manchmal von beiden Seiten viel verloren, wenn wir nicht wachsam sind und mit der Gunst des Herrn beschenkt werden.

Und da wir gemäß unserer Berufung solchen Umgang nicht vermeiden können, so werden wir umso ruhiger in unserem Herrn gehen,

*je mehr wir vorausschauend und in einiger Ordnung ausgerichtet
sind.*

*Es folgen einige Dinge, von denen oder anderen dergleichen wir in
unserem Herrn Nutzen haben können; man kann dabei weglassen
oder hinzufügen*« (KNB, 112).

Die erste große Aussage dieses Hinweises besagt, dass das Gespräch wertvoll sei, dass viel gewonnen werde oder viel verloren gehen könne. Diese Sicht erscheint durchaus nicht selbstverständlich! Das alte Wort des Philosophen Seneca – »jedes Mal, wenn ich ausgegangen bin, bin ich als ein schlechterer Mensch zurückgekommen« – klingt für manchen wohl nicht unsympathisch und realitätsfremd. Noch der Ignatius-Text spricht von »nicht vermeiden können«, allerdings auf dem Hintergrund, dass es zur Berufung, zum Profil seiner Gemeinschaft gehört, immer bei den Menschen zu sein. Dort hat natürlich das persönliche, seelsorgliche Gespräch, der Umgang miteinander einen hohen Stellenwert.

Bemerkenswert an diesem Text erscheint mir auch, dass Ignatius die Schuld für ein missglücktes Gespräch keineswegs nur bei sich selber sucht. Die Ursache kann auf der einen, der anderen oder auf beiden Seiten liegen. Nur eine solche Sicht erlaubt es auch, die Fehler in der Kommunikation deutlicher zu erkennen und möglicherweise dann auch zu vermeiden.

Vor der Bemühung, Fehler zu vermeiden, steht jedoch die Einsicht des Glaubens, dass ein wirklich geglücktes Gespräch ein Geschenk ist. Die beste Gesprächstechnik, die sorgsamste Vorbereitung garantiert noch nicht einen guten Gesprächsverlauf. Ebenso gilt, dass das Gespräch Aufgabe aller Beteiligten ist. Das entscheidende Vorbereiten und Mitwirken besteht in der *Wachsamkeit und Achtsamkeit.* Die Wahrheit dieser Aussage zeigt sich schon darin, dass nichts so sehr ein Gespräch zerstört, als wenn der Eindruck entsteht, das Gegenüber sei gar nicht wach dabei. Es gibt zwar Gesprächsteilnehmer, die zu schlafen scheinen, aber seltsamerweise gerade im entscheidenden Moment aufwachen und präsent sind; nur – die Müdigkeitssignale sind nicht gerade ermunternd für die anderen. Als wahr überliefert ist, dass sich ein Jesuit als Leiter einer Veranstaltung bei dem Vortragenden bedankte und erst am Lachen aller bemerkte, dass er während einer kleinen Atempause des Vortragenden wohl aufgewacht war und unzeitig seines Amtes waltete.

Für Ignatius bedeutet die Wachheit sozusagen eine Berufstugend der Jesuiten, da es zu ihrem Auftrag gehört, bei den Menschen zu sein. So wie in den Exerzitien die kleinen Vorübungen für die Meditationen wichtig sind, so ist es bei einem Gespräch die Vorbereitung. Sich für ein Gespräch vorausschauend »zu disponieren«, das heißt gut einzustellen, meint auch, sich, die anderen und die Begegnung ernst zu nehmen.

Abschließend bemerkt Ignatius, dass es viele verschiedene Hinweise gibt, die hilfreich für Gespräche sind, dass man aber nicht alle im Kopf haben muss: Man kann »weglassen oder hinzufügen«. Vielleicht ist bei der Fülle an Literatur zur Kommunikation gerade in unseren Tagen ein solcher Hinweis wichtig, das Vielerlei weglassen zu dürfen, aber auf einige wesentliche Spielregeln zu achten.

Die zweite Regel – Langsam, bedächtig und liebevoll

»Zweitens: Ich wäre langsam im Sprechen, bedächtig und liebevoll, vor allem bei einer Festlegung in den Dingen, die auf dem Konzil verhandelt werden oder verhandelt werden könnten« (KNB, 112).

Auf die Langsamkeit beim Sprechen weist Ignatius nicht nur einmal hin. Vielleicht war diese Anmerkung bei seinen südländischen Mitbrüdern besonders wichtig. Aber »die Entdeckung der Langsamkeit« scheint auch für uns Nordländer immer wichtiger zu werden. Nach zehn Jahren Aufenthalt in Rom hatte ich bei meiner Rückkehr den Eindruck, dass auch in Deutschland das Sprechtempo sowohl am Fernsehen wie im alltäglichen Gespräch zugenommen hat. Eine der häufigsten Äußerungen der Moderatoren im Fernsehen und am Rundfunk ist die Formulierung: »Können Sie noch ganz kurz dazu etwas sagen. Bitte in einem Satz!«

Manchmal mutet es geradezu grotesk an, wenn schwierigste Sachverhalte in einem einzigen Satz umfassend, konkret und »ganz einfach« gesagt werden sollen, natürlich ohne dabei allzu sehr zu »simplifizieren«. Die Armut der Europäer, »keine Zeit zu haben«, – im Gegensatz zu vielen Menschen in armen Ländern – lässt oft kein ruhiges Gespräch mehr zu. Ich erinnere mich daran, wie ich bei gelegentlichen Besuchen in der ehemaligen DDR immer wieder den Eindruck hatte, dass man dort mehr Zeit und Ruhe für Gespräche hatte. Unter Zeitdruck lässt sich nur schwer ein gutes Gespräch führen. Sicher macht es Spaß, sich gelegentlich die Worte zuzuspielen wie die Bälle beim Tennis. Ja, brillantes Gesprächs- Pingpong kann manchmal Freude machen wie geschmetterte und raffiniert angeschnittene Bälle. Aber was wir vor allem brauchen, ist dies, dass wir einander die Worte immer wieder reichen wie ein Stück Brot, an dem man riechen kann, das man in Ruhe kauen, schmecken und verdauen darf. So erst sind Worte nahrhaft. Und in diesem Sinn gilt auch das biblische Wort Jesu: »Der Mensch lebt nicht vom Brot allein, sondern von jedem Wort, das aus dem Mund Gottes kommt« (Matthäus 4,4).

Der Schlüsseltext

Eine Schwester der Langsamkeit heißt *Bedächtigkeit*. Manchmal redet jemand so schnell, dass man den Eindruck bekommt, er redet schneller, als er denkt. Diese Menschen scheinen nach der Devise zu handeln: »Wie soll ich wissen, was ich denke, wenn ich nicht zuerst höre, was ich sage?« Solches Schnellreden kann so heiß laufen, dass man gar nicht mehr den Menschen wahrnimmt, der sich im Wort äußert, entäußert. Die Sprachwendung »es redet« kann dafür manchmal zutreffender sein als die Bezeichnung Kommunikation.

Die Einladung, nicht nur bedächtig und damit auch gedankenvoll zu sprechen, bedeutet auch, sich nicht vorschnell festzulegen. Immer sei die selbstkritische Frage erlaubt: Habe ich mich genügend kundig gemacht? Kenne ich die Standpunkte der anderen genau genug?

Gerade bei umstrittenen theologischen und pastoralen Themen ist es entscheidend, bedächtig, behutsam und damit auch *liebevoll* zu reden. Dieser Hinweis gilt wohl nicht nur für die Zeiten des Konzils von Trient, sondern auch für die Zeiten nach dem II. Vaticanum. Wie viel vorschnelle Reaktionen, Fixierungen, liebloses Verurteilen und wirkungslose Sprechverbote von oben wie von unten hemmen da Gespräche und fruchtbare Seelsorge!

Die dritte Regel – Hören und ruhige Aufmerksamkeit auf den ganzen Menschen

Die dritte Regel ist so etwas wie die »goldene Regel der Kommunikation« des Ignatius:

»Drittens: Ich wäre langsam im Sprechen, indem ich das Hören für mich nutze; ruhig, um die Auffassungen, Gefühle und Willen derjeni-

Der Schlüsseltext

gen, die sprechen, zu verspüren und kennen zu lernen, um besser zu
antworten oder zu schweigen« (KNB, 112).

Bei diesem Satz bleibt fast nichts anderes zu sagen, als dass er gewissermaßen ein Fest für den Gaumen ist. Für ihn gilt, was Ignatius in seinem Exerzitienbuch sagt: Man solle die Worte »verkosten« (EB, Nr. 2). Fast jedes Wort könnte die Überschrift zu einem eigenen Kapitel hergeben.

Schon der wiederholte Rat – »*Ich wäre langsam im Sprechen ...*« – könnte als eine behutsame Form eines Hinweises gesehen werden, da er die Gestalt eines persönlichen Zeugnisses annimmt und nicht im Befehlston redet: »Seien Sie gefälligst langsam!« Nein, stattdessen heißt es: »*Ich wäre langsam im Sprechen ...*« Langsamkeit hilft, besser zu hören. Darum geht es vor allem, dass man das Hören nutzt, »beim Hören zu lernen versucht«, wie eine andere Übersetzung sagt. Es geht nicht um ein Aushorchen oder Ausspionieren. Das liebevolle Hören öffnet dem anderen den Raum, in dem er da sein kann. Der gute Zuhörer ermächtigt den Sprechenden zum Wort. So zuhören kann wohl nur jemand, der nicht mit der Auffassung lebt, dass er sowieso immer schon alles und alles besser weiß als die anderen und eigentlich nicht mehr zuhören muss. Vor und mit notorischen Besserwissern zu reden, ist eine Qual beziehungsweise unmöglich. Dies kann einen gelegentlich fast »auf die Palme« bringen, obgleich Ignatius empfiehlt, sich zu bemühen, *ruhig zu bleiben.*

In fast jedem Kommunikationsbuch gibt es einen Abschnitt, der darauf hinweist, dass ein Teil der Aufmerksamkeit während des Gesprächs immer wieder auf die eigenen Gefühle achten solle. Wenn man merkt, dass die innere Ruhe nachlässt oder abhanden kommt, dann ist Gefahr in Verzug. Ein einfaches Bild mag dies

Der Schlüsseltext

verdeutlichen: Manchmal spiegeln sich in einem ruhigen Wasser Landschaften, Dinge, Menschen so klar, dass man auf einem Foto nur schwer erkennen kann, was jetzt Bild und was Spiegelbild ist. Beim Gespräch gilt es vergleichsweise, darauf zu achten, ob die »Wasser der Seele« ruhig genug sind, um das, was der andere sagt, in sich klar abzubilden. Wenn das eigene Innere durch Zorn, Unfreiheit, Angst, Aufbegehren und Ähnliches einem aufgepeitschten, aufgewühlten Wasser gleicht, dann spiegelt sich alles nur noch verzerrt wider. Genau so ergeht es in einer biblischen Erzählung den durch einen Seesturm verängstigten Jüngern: Sie meinen, statt Jesus ein Gespenst zu sehen. Manche Begegnungen nehmen einen solchen gespenstischen Charakter an. Da heißt es dann, eine »Auszeit« zu nehmen, eine Pause zu machen und zu versuchen, innerlich ruhig zu werden.

Die innere Ruhe soll helfen, dem Gegenüber aufmerksam zu begegnen und die verschiedenen Schichten, die verschiedenen Dimensionen des Menschen wahrzunehmen. Als diese nennt Ignatius die Gedanken, die Gefühle und den Willen. Damit ist ein Dreifaches gesagt für gutes Zuhören.

(1) Es geht auf einer ersten Ebene darum, auf den *Inhalt der Aussage,* die Botschaft, die Sache, das Objektive zu achten. Die entscheidende Frage lautet hier: Was sagt der andere? Könnte ich den Wortlaut getreu wiederholen?

(2) Die zweite Ebene, auf die es zu achten gilt, sind die *Gefühle.* Mit der inhaltlichen Botschaft ist noch lange nicht alles gesagt, ist noch lange nicht Kommunikation zustande gekommen. Der Mensch hat auch Gefühle. Diese gehören wesentlich zu ihm. Erst wenn ich weiß, warum jemand beispielsweise so heftig für etwas kämpft, das heißt auch, warum er vor etwas solche Angst hat oder so sehr einen Wert zu schützen sucht, erst dann weiß ich, worum

es ihm geht. Dann erst kann ich ihn verstehen. Dann erst gelingt es mir vielleicht, unberechtigte Ängste aufzulösen, indem ich zu zeigen versuche, dass ein Wert, den der andere bedroht sieht, gar nicht zerstört werden will. Bei Gesprächsblockaden sind oft die hilfreichsten Fragen an sich selbst oder an das Gegenüber: »Was befürchte ich denn so sehr und warum? Welcher Wert erscheint mir gefährdet? Wie kam es zu diesem Werterleben?« Wenn dies dann ausgesprochen werden kann, dann ist es oft möglich, das Gespräch wieder flott zu bekommen.

(3) Die dritte Ebene ist die des *Wollens,* der eigentlichen Absichten. Das Wissen um diese Ebene trägt der Erfahrung Rechnung, dass hinter einer einfachen inhaltlichen Aussage tiefere Absichten liegen können. Oft sind Aussagen ja nur Versuchsballone, um zu testen, wie jemand reagiert, und erst dann kommt die berühmte »wirkliche« oder »wahre Absicht« zum Ausdruck. Darum ist es sinnvoll, eine Erstaussage sorgsam daraufhin abzuklopfen, ob da noch etwas anderes mitschwingt. Manchmal ist jemandem nicht einmal genau bewusst, was er wirklich will. Dann steht es an, Hebammendienste zu leisten, damit die wirkliche Sehnsucht, der wirkliche Wunsch, die wirkliche Absicht zur Sprache kommen kann. Bedeutsam ist, wie Ignatius das Wahrnehmen von Gedanke, Gefühl und Willen kennzeichnet und was damit geschehen soll. Er berücksichtigt dabei die drei genannten Ebenen. Auch der Hörende soll als ganzer Mensch zuhören: Er *soll verspüren,* was dem Gefühl entspricht. Er *soll nachdenken,* und er soll sich dazu *entscheiden,* ob es besser ist zu reden oder zu schweigen.

(1) Die erste Frage ist also: *Verspüre* ich etwas vom anderen? Schwingt in mir beim Zuhören etwas mit? – Dies ist ziemlich genau das, was heutzutage oft »Empathie«, Fähigkeit zum »Einfühlen« genannt wird. Ohne eine gewisse Fähigkeit des Mitfüh-

lens ist keine helfende Beziehung auf der persönlichen Ebene möglich.

(2) Die zweite Frage lautet: Sehe, *erkenne* ich, was der andere sagt? Nehme ich die inhaltliche Botschaft wirklich wahr, oder habe ich nur »Betroffenheitsgefühle«? Wenn jemand nur in den Gefühlssog eines anderen hineingerät, dann hat er nicht mehr die Fähigkeit zu echtem Verstehen. Dieses kann dann ein begriffliches Bemühen, die »Anstrengung des Begriffs« (G. R W. Hegel) fordern. Das Erkennen ist ein Kennenlernen. Ich muss oft genug zuerst fragen: Was sind die Fakten, was die Argumente, die jemand vorträgt? Was die Erfahrungen, die jemand gemacht hat und seinen Argumenten zugrunde liegen?

(3) Dann schließlich steht die *Entscheidung* an: Will ich antworten oder schweigen? Es mag einem entgehen, aber es kann auch auffallen, dass Ignatius den Satz nicht mit der Formulierung schließt, »um besser zu antworten«, sondern mit der Wendung, *»um besser zu schweigen«*. Normalerweise stehen nicht wenige, die an einem Gespräch teilnehmen, unter einem Antwortdruck. Dabei geht es in Wirklichkeit um eine bewusste Entscheidung: Scheint es mir besser zu antworten oder zielführender zu sein zu schweigen? Qualifiziert antworten oder qualifiziert schweigen, das ist die Frage.

Die vierte Regel – Vorurteilsfreiheit

Für kaum etwas wird man so kritisch hinterfragt wie dafür, Vorurteile zu haben: Vorurteile gegen Ausländer, gegen Atheisten, gegen Intellektuelle, gegen Homosexuelle, gegen Christen (letztere werden manchmal als nicht so schlimm angesehen) und so fort. Vorurteilsfrei zu sein gilt weithin als hohe demokratische Tugend. Natürlich hat Ignatius nicht ganz unseren Jargon drauf, aber was er vom abgewogenen, freien und wahrhaftigen Umgang mit der Sache – und dies heißt auch oft vom Miteinander – sagt, ist beachtlich:

>*Wenn von dergleichen oder anderen Stoffen gesprochen wird, Gründe für beide Seiten geben, um sich nicht als durch eigenes Urteil beeinträchtigt zu zeigen; ich würde mich bemühen, niemanden unzufrieden zurückzulassen*« (KNB, 112).

Ich erinnere mich, wie ich vor Jahren in einem liturgischen Gremium einen Antrag stellte und begründete, warum mir eine kleine Änderung im Gottesdienst sinnvoll scheine. Am Schluss brachte ich noch Gesichtspunkte vor, die einige Bedenken gegenüber meinem eigenen Antrag beinhalteten. Das Erstaunen war einigermaßen groß: Man kann doch nicht, wenn man einen Antrag durchbringen will, zugleich auch Gründe nennen, die dagegen sprechen!

Ignatius konnte dies. Er fand sogar, dass es ausgesprochen sinnvoll sei: erstens einmal, weil es selten, vielleicht nie der Fall ist, dass bei einer konkreten Entscheidung immer nur alles für *eine* Alternative spricht und andere nur reiner Unsinn sind. Zweitens bringt eine solche Überlegung zum Ausdruck, dass man wirklich nachgedacht hat und auch Gegenargumente berücksichtigt. Drittens wird damit einem möglichen »Gegner« signalisiert, dass man ihm auch Denkfähigkeit und gute Argumente zutraut. Dies wiederum kann helfen, dass er seinerseits leichter auch ihm fremde Gedanken ernst nimmt. Nicht zuletzt bringt man durch ein nach allen Seiten offenes Argumentieren zum Ausdruck, dass es einem nicht in erster Linie darum geht, »auf Teufel komm raus« die eigene Sache oder sich selber durchzusetzen, sondern dass es vor allem darum geht herauszufinden, was für »die Sache«, für eine Gemeinschaft usw. vermutlich am besten ist. In schlichter religiöser Sprache ausgedrückt: Es geht darum, nach dem Willen Gottes zu suchen, und nicht bloß darum, ein Eigeninteresse durchzusetzen.

Dieses unparteiische, differenzierte Vorgehen hilft, eine Atmosphäre des Verständnisses und des Respekts herzustellen. Es trägt dazu bei, *»niemanden unzufrieden zurückzulassen«*. Es dürfte einen großen Unterschied machen, worüber sich jemand am Schluss eines Gespräches, einer Diskussion freut: Freut sich jemand darüber, dass er »es den anderen gegeben hat«, dass er Argumente der Gegenpartei Stück für Stück zerlegen und der Lächerlichkeit preisgeben konnte? Oder ist jemand zufrieden, wenn er den Eindruck hat, dass auch die anderen mit dem Gesprächsverlauf glücklich sind und er selber dazu einiges beigetragen hat?

Der 1991 mit 101 Jahren verstorbene Jesuit Oswald von Nell-Breuning hielt an seinem 100. Geburtstag eine Dankansprache, in der er das Geheimnis seiner hohen Anerkennung in Gesellschaft, Kirche und Staat und auch bei den Gewerkschaften vorstellte. Er belegte mit diesem Zeugnis geradezu exemplarisch die Spielregel der Vorurteilsfreiheit. Er sagte, es sei ihm der Gedanke gekommen, »Auskunft darüber zu geben, welche Methode ich anwende und welche Methode ich jedem, der mir nachrückt, anempfehlen und ans Herz legen möchte. Das ist das Verfahren, alles, was in der Meinung des Gegners an Wahrheitsgehalt enthalten ist, bis aufs Letzte, auf das Tüpfelchen auf dem i, anzuerkennen. Das ist für mich zunächst ein Gebot intellektueller Redlichkeit. Ich halte es aber darüber hinaus auch methodisch für die geeignetste und Erfolg versprechendste Verfahrensweise. Woraus beziehen die meisten Irrlehren ihre Zugkraft? Sie beziehen sie doch aus dem, was an wahrem Gehalt in ihnen drinsteckt. Und wenn ich meinem Diskussionsgegner beweise, dass ich diese

Der Schlüsseltext

Wahrheitselemente kenne, dass ich sie mit ihm teile, dann weiß er zunächst einmal, dass ich ihn verstanden habe und dass ich den Willen habe, ihn richtig zu verstehen. Und damit gewinne ich bereits seine Sympathie, seine Bereitschaft, dass er auch mich richtig verstehen will und dass wir zu einem Gespräch miteinander kommen über die Sache und nicht Stroh dreschen in einer Rede, in der jeder unter den Termini (Begriffen), derer er sich bedient, etwas anderes versteht und wo man glaubt, er sei übereinstimmender Meinung, und man ist in Wirklichkeit weit auseinander, oder umgekehrt, dass man glaubt, man liege im Streit miteinander, und in Wirklichkeit meint man genau dasselbe. Diese Verfahrensweise habe ich, so glaube ich mir nachrühmen zu dürfen, mit eiserner Konsequenz durchgeführt. Und ich glaube, mich nicht zu überheben, wenn ich sage, dass ein großer Teil der Achtung, die ich auch in Kreisen, die der Kirche und dem religiösen Glauben fern stehen, genieße, sich daraus erklärt.«

Die fünfte Regel – Vorsicht vor Autoritätsargumenten

Manchmal kann man sich in Gesprächen wehren, wenn man einem anderen zu verstehen gibt, er habe jetzt eine »Killerphrase« gebraucht. Diesen Vorwurf möchte man sich im Allgemeinen nicht gerne zuziehen. Killerphrasen sind Redewendungen, die einem Mordanschlag auf ein Gespräch gleichen. »Es wird doch niemand so dumm sein, dass …« – »Was Sie sagen, ist doch von vorgestern …« »Damit stehen Sie völlig allein in der Landschaft herum …« – »Die Wissenschaft ist einhellig vom Gegenteil überzeugt …« – »Das war noch nie so …« – »Solange ich hier etwas zu sagen habe, läuft da nichts …« – »Roma locuta causa finita, Rom hat gesprochen, also ist Schluss mit der Sache!«

Der Schlüsseltext

Wenn solche Worte in einem Gespräch fallen, dann stellt sich zu Recht die Frage, ob es sich da noch um ein lebendiges Hin und Her handelt, oder ob da ein wirkliches Gespräch gerade zu Grabe getragen wird. Was meint Ignatius zu diesem Thema?

»Ich würde nicht irgendwelche Personen als Autoritäten heranziehen, vor allem nicht, wenn sie groß sind, außer in sehr überlegten Dingen; denn ich muss mit allen gut stehen und darf für niemanden eine Leidenschaft haben« (KNB, 113).

Für alle, für die Ignatius nur ein mittelalterlich-autoritätsgläubiger Christ ist, mag angesichts einer solchen Aussage Erstaunen angesagt sein. Wahr ist: Trotz aller Loyalität des Ignatius von Loyola, trotz aller selbstverständlichen Achtung vor Autorität weiß Ignatius auch, dass es Situationen gibt, in denen eine Berufung auf Autoritäten und Namen der Wahrheitsfindung eher schadet als dient. Es ist normalerweise für ein Gespräch nicht hilfreich, wenn die verschiedenen Seiten nur ihre jeweiligen Autoritäten zitieren: »Ratzinger sagt …« – »Drewermann schreibt doch …« – »Der Papst hat gesprochen …« – »Küng hat gezeigt …« – »Die armen Seelen offenbaren …« Natürlich soll man zitieren dürfen, aber sinnvollerweise nur, um interessante Gesichtspunkte, gewichtige Überlegungen und Argumente vorzustellen, aber nicht, um andere durch die bloße Nennung einer Autorität mundtot zu machen. Die entscheidende selbstkritische Frage lautet: Bin ich frei, oder bin ich »leidenschaftlich« im Sinne einer inneren Unfreiheit, eines Vorurteils, eines falsch verstandenen Korpsgeistes, einer persönlichen fixen Idee?

Auch in diesen Fragen wird wieder deutlich, dass es bei der Annäherung an die Wahrheit nicht nur um sachliche, objektive, rationale Überlegungen geht, sondern zugleich um das innere Freisein. Wo jemand durch Ängste und Fixierungen unfrei ist, wird es für ihn schwer sein umzudenken, umzukehren, auf der Spur der Wahrheit zu bleiben oder sie zu suchen. So jemand verspürt wohl auch nicht den inneren Impuls des Paulus, »allen alles sein« zu wollen. Sicher ist es nicht einfach, »mit allen gut zu stehen«. Wer es allen recht zu machen sucht, sagt der Volksmund, der macht es niemandem recht. Und sicher ist auch, dass so jemand, der möglichst vielen oder gar allen gerecht werden will, keinen einfachen Standpunkt hat. Er sitzt nicht selten zwischen allen Stühlen. Freilich heißt es nicht ganz zu Unrecht, dass dies für einen Christen nicht selten die beste Sitzgelegenheit sei. Jedenfalls besser, als es sich in allen Sesseln bequem zu machen.

Die sechste Regel – Bescheidene Deutlichkeit

Ganz auf der bisherigen Linie liegt der sechste Punkt der Instruktion für das Konzil von Trient:

>*Wenn die Dinge, von denen gesprochen wird, so gerecht sind, dass man nicht schweigen kann oder darf, darin seine Meinung mit größtmöglicher Ruhe und Demut geben und mit ›vorbehaltlich eines besseren Urteils‹ schließen«* (KNB, 113).

Mit dieser Aussage wird sichergestellt, dass man sich nicht ständig zurückhalten soll aus Angst, bei jemandem anzuecken, wenn man Profil zeigt. Umgekehrt wird deutlich, dass man sich nicht aus einer bloßen Profiliersucht heraus äußern und durch Scheinsicherheit beeindrucken soll. Für einen fruchtbaren Dialog ist es hilfreich, wenn durch den Stil des Sprechens und eventuell durch ausdrückliche Redewendungen erkennbar wird, dass man sich selber nicht für unfehlbar hält. Sprechen nicht wenige dem Papst jegliche Art von Unfehlbarkeit ab und sind höchst empört, wenn ihre eigenen Aussagen kritisch hinterfragt werden? Im Sinne der Seelenhygiene lohnt es sich vielleicht, öfters mit »dem Papst in uns«, »dem Papst in mir«, ins Gespräch zu kommen. Es dürften sich dabei gelegentlich hochinteressante Dialoge ergeben.

Die siebte Regel – Sich Zeit nehmen

Ein kleiner Text von Paul Konrad Kurz mag wie ein unbarmherziger Spiegel wirken, in dem man aber vielleicht manches von sich sehen kann: »Zeit. Momo hat Zeit. Ein Türke hat Zeit. Gott hat Zeit. Der Pfarrer hat keine Zeit. Er ist ein richtiger Deutscher.« Auch über das Zeithaben spricht Ignatius in seinen Regeln:

»Überhaupt: Um über erworbene oder eingegossene Stoffe miteinander zu sprechen und darüber zu verhandeln, hilft es sehr, wenn ich darüber sprechen will, nicht auf meine freie Zeit oder Zeitmangel und Eile bei mir zu achten, das heißt, nicht ob es mir gelegen ist, sondern ob es gelegen und angemessen ist für die Person, mit der ich verhandeln will, um sie zu größerer göttlichen Ehre zu bewegen« (KNB, 113).

Sicherlich gehört es heutzutage zur seelischen Gesundheit nicht weniger Menschen, die in der Seelsorge stehen, dass sie erst einmal lernen müssen, »Nein!« zu sagen und darauf zu achten, dass ihr Terminkalender nicht aus allen Nähten platzt. Sicherlich gilt es auch, auf sich selber und nicht nur auf die anderen Rücksicht zu nehmen. Aber genauso sicher ist auch wahr, dass man Zeit braucht, wenn man über schwierige Fragen miteinander spricht.

Der Schlüsseltext

Wer mit einer persönlichen, sein Leben, sein Inneres betreffenden Frage zu jemandem kommt und wahrnimmt, dass das Gegenüber eigentlich keine Zeit hat, der wird nicht mehr so schnell das Gespräch suchen. Da ist es besser, das Gespräch zu vertagen oder einen anderen Gesprächspartner zu empfehlen, als immer wieder vereinbarte Termine ausfallen zu lassen, das Gespräch zu verkürzen oder durch Telefongespräche unterbrechen zu lassen. Die Zeit ist eines der kostbarsten Geschenke, die wir einander geben können. Aber auch dafür gilt: »Einen fröhlichen Geber liebt Gott.« Und ebenso liebt er wohl auch den, der seine eigene Begrenzung und Zeit-Armut annehmen und freundlich bedauernd ein »Nein« sagen kann.

Der Umgang mit der Zeit ist eine Weise, Gott und den Menschen Ehre zu geben und »im Stand der Gnade zu sein« – jedenfalls schlägt der Schriftsteller Peter Handke einmal vor, dieses alte Katechismuswort mit der Wendung zu übersetzen, »im Stande des Zeit-Habens« zu sein.

Einübung

Ignatius wäre nicht Ignatius, wenn er es bei schönen Worten und hilfreichen Regeln bewenden ließe. Er weiß, dass alles der Einübung bedarf. Darum beendet er seine Instruktion mit einem Abschnitt, in dem es um das tägliche Üben geht. Zunächst einmal soll jeder Einzelne auf das achten, was ihm wichtig ist. Zum andern sollen sich die drei jesuitischen Mitbrüder jeden Abend eine Stunde zusammensetzen, auf den Tag zurückschauen und sich ihre Entscheidungen vergegenwärtigen, Neues planen. Ebenso sollen sie sich gegenseitig darauf aufmerksam machen, was sie in der Weise der Kommunikation aneinander wahrgenommen haben.

Der Schlüsseltext

So behutsam Ignatius seine Hinweise formuliert, so entschieden endet er: »Diese Ordnung beginnt innerhalb von fünf Tagen nach unserer Ankunft in Trient. Amen« (KNB, 115).

3
Grundhaltungen
Wovon Kommunikation lebt

Der Psychologe und viel gelesene Autor Paul Watzlawick schrieb in seinem Buch »Anleitung zum Unglücklichsein« eine köstlich-makabre Geschichte:

»Ein Mann will ein Bild aufhängen. Den Nagel hat er, nicht aber den Hammer. Der Nachbar hat einen. Also beschließt unser Mann, hinüberzugehen und ihn auszuborgen. Doch da kommt ihm ein Zweifel: Was, wenn der Nachbar mir den Hammer nicht leihen will? Gestern schon grüßte er mich so flüchtig. Vielleicht war er in Eile. Aber vielleicht war die Eile nur vorgeschützt, und er hat etwas gegen mich? Und was? Ich habe ihm nichts angetan; der bildet sich da etwas ein. Wenn jemand von mir ein Werkzeug borgen wollte, ich gäbe es ihm sofort. Und warum er nicht? Wie kann man einem Mitmenschen einen so einfachen Gefallen abschlagen? Leute wie dieser Kerl vergiften einem das Leben. Und dann bildet er sich noch ein, ich sei auf ihn angewiesen. Bloß weil er einen Hammer hat. Jetzt reicht's mir wirklich. – Und so stürmt er hinüber, läutet, der Nachbar öffnet, doch bevor der ›Guten Tag‹ sagen kann, schreit ihn unser Mann an: ›Behalten Sie sich ihren Hammer, Sie Rüpel!‹« (Watzlawick, 35).

Vermutlich spricht die Geschichte das Zwerchfell so an, weil sie auf der einen Seite durch die Übertreibung etwas sehr deutlich macht, aber andererseits auch spürbar wird: Ist es wirklich nur eine starke Übertreibung? Wie oft leben wir nicht innerlich in ganz ähnlichen Fantasiegesprächen, und wie oft ist unser Verhalten ein Ergebnis von Haltungen und Gefühlen des Misstrauens, der Selbstbestätigung, des Ärgers und so weiter?!

Das heftige Wort, die zugeschlagene oder auch die geöffnete Tür sind nur die äußerlich sichtbare Seite der Kommunikation. Allem Verhalten liegen Haltungen zugrunde. Äußerungen sind Früchte von inneren Regungen, so wie Jesus einmal im Blick auf das Reinhalten von Gefäßen sagt: »Das Böse und das Gute kommt aus dem Herzen.« Wer also nach Kommunikation fragt und möglicherweise nach einer Verbesserung der Kommunikation, der darf nicht nur höfliche Redewendungen im Knigge suchen, sondern dem muss es um Haltungen, um Einstellungen, um eine Kultivierung der Gefühlswelt gehen. Darüber gibt es bei Ignatius eine ganze Menge zu lesen und manches davon zu lernen.

»So blind« – Demut, Liebe und Geduld

Eine der bekanntesten und makabersten Geschichten im autobiografischen Bericht des Ignatius ist die Erzählung von einem gründlich missglückten Glaubensdialog. Sie zeigt, wie das Verhalten eines Menschen aus einem Gemisch von Gefühlen, Haltungen, Idealen und Einstellungen erwächst. In dem genannten Falle war diese Mischung in Ignatius so explosiv, dass sie ihn beinahe zu einem Mörder hätte werden lassen.

Inigo, schon einige Zeit auf dem Wege der religiösen Umkehr, ritt dahin und geriet mit einem Mauren ins Gespräch. Dabei kamen sie auch auf die Jungfräulichkeit Marias zu sprechen: »Der Maure meinte, er wolle zwar noch glauben, dass die Jungfrau empfangen habe, ohne einen Mann zu erkennen; aber dass sie nach der Geburt noch Jungfrau geblieben sei, das könne er nicht mehr glauben« (BDP, Nr. 15). Trotz aller theologischen Argumente gelang es Ignatius nicht, den Mauren von seiner Meinung zu überzeugen. Offensichtlich wurde Ignatius immer heftiger, so dass der Maure eilends vorausritt.

Seinen eigenen Seelenzustand beschreibt Ignatius mit den Worten, dass er in eine »innere Erregung« geriet, »die seine Seele mit sich selber sehr unzufrieden sein ließ. Denn er glaubte, seine Pflicht nicht genügend getan zu haben« (BDP, Nr. 15). Schließlich überkam ihn das Verlangen, dem Mauren nachzureiten und ihm – zur Rettung der Ehre Marias – einige Dolchstiche zu versetzen. So ganz sicher ist er sich freilich nicht und überlässt schließlich seinem Maultier die Entscheidung: Wenn es dem Mauren nachreitet, der in ein Dorf geritten war, dann wird der Dolch gezogen; wenn es an dem Dorf vorbeireitet, dann will er seinen Gesprächspartner in Ruhe lassen. Zu seinem großen Erstaunen trabt das Maultier nicht in Richtung Dorf, obwohl es jedes einigermaßen vernünftige Maultier dorthin zieht, wo es etwas zum Saufen gibt und wo man ausruhen kann.

Ignatius erzählt diese Geschichte nicht aus Spaß am Fabulieren, sondern weil er glaubt, dieses Erlebnis dürfte berichtenswert sein, »um besser zu verstehen, wie unser Herr mit dieser Seele verfuhr, die noch ganz blind war trotz des großen Verlangens, Ihm zu dienen auf alle Weise, so gut er es nur verstand« (BDP, Nr. 14).

Was will Ignatius mit dieser spirituellen Lerngeschichte sagen? Er will seinen Lesern und Mitbrüdern sagen, dass jemand schon »so weit« sein kann, dass er nur Gott zu Gefallen leben will, dass also jemand schon nicht mehr aus dem Motiv der Angst vor Gott oder der Wiedergutmachung für seine Sünden handelt und doch noch blind sein kann. Den springenden spirituell-psychologischen Punkt beschreibt Ignatius mit den Worten: Es ginge ihm darum,

»aus Liebe zu Gott Großtaten zu verrichten« und die gleichen
Bußübungen wie die Heiligen, von denen er las, zu tun, »wenn
nicht noch mehr fertig zu bringen. Solche Gedanken waren der
einzige Trost seiner Seele; er hatte noch keinen Blick für innere
Werte und verstand nicht, was Demut, Liebe, Geduld eigentlich
seien. Und er kannte jenes Gespür für Gottes Willen noch nicht,
das diese Tugenden zu lenken und ins rechte Maß zu bringen hat«
(BDP, Nr. 14).

Eine Lerngeschichte, die dazu reizt, im Ausrufezeichen-Stil zu
schreiben: Wie »verrückt« kann die menschliche Seele spielen! Wie
sehr kann sich »unter dem Anschein des Guten« Unmenschlich-
keit verbergen! Wie heftig kann sich im Namen der Ehre Gottes
Aggressivität austoben! Und wie sensibel ist da jemand geworden
in der Unterscheidung dessen, was in ihm vorging! Wie menschen-
freundlich und demütig ist da einer, der seine beschämende
Erfahrung mit sich selber anderen zum Lernen zur Verfügung
stellt! – Es finden sich leicht Parallelen zu zeitgenössischem Bom-
benterror im Namen Allahs, im Namen von Gott, Göttern und
Götzen, von Parteiprogrammen und Ideologien, die immer vor-
geben, nur das Beste zu wollen.

Was war und was wäre bei solch perversem Geschehen die Bewegung der Umkehr? Bei Ignatius war es die Umkehr vom »Ego-
trip« zum Du, zum liebenden Begegnen. Im liebenden Begegnen
braucht das Ich keine Angst haben, zu kurz zu kommen. Ausdruck des Egotrips waren die Fantasien von »Großtaten«, die »er«
fertig bringen wollte. Diese waren »sein größter Trost« in jener
Zeit, sein »Kick« würden heute manche sagen. Für die Tröstungen, die Freude, die Erfüllung im wirklichen Begegnen hatte »er«,
so Ignatius selber, damals noch keinen Sinn, war er blind.

Ob Ignatius seine Lektion ein für alle Mal gelernt hat? Ob es

nicht noch weiterhin vielleicht verborgenere und sanftere Seelen-
bewegungen gab, die etwas von einem überzogenen Pflichtbe-
wusstsein und von destruktiver Aggressivität widerspiegeln? Man
kann sich schwer damit tun, in seinem Exerzitienbuch zu lesen,
»man lobe die Kreuzzugsbullen«; man fragt sich, was den alternden
»General« dazu bewegte, Überlegungen anzustellen über den
Aufbau einer Flotte, um damit die Türken, die den Mittelmeer-
raum unsicher machten, in die Schranken zu weisen. Zwanzig
Jahre später kam es zu der berühmten Seeschlacht bei Lepanto.
Vielleicht hatte Ignatius einfach schon rechtzeitig eine geo- und
kulturstrategisch sinnvolle Überlegung angestellt. Es bleiben aber
neben einer möglichen Bewunderung doch auch Fragen, vor allem
die nach »Demut, Liebe und Geduld«.

Paulus schreibt in seinem ersten Brief an die Korinther (vgl.
12,31b–13,13), dass prophetisches Reden, Feuereifer für Gott,
Hingabe des Lebens, Verschenken allen Eigentums *ohne Liebe*
buchstäblich nichts sind. Dies ist ein Zeugnis dafür, wie sehr
menschliche Beziehung und Kommunikation ihren eigentlichen
Wert von Demut, Liebe und Geduld erhalten. »Die Zeit ist die
Schule der Liebe« (Hans Urs von Balthasar). Alles braucht seine
Zeit. Menschen brauchen Zeit zum Wachsen und Reifen. Entwicklungen und Reformen in Gesellschaft und Kirche brauchen
Zeit. Wer dies nicht beachtet, zerstört. Geduld heißt die Grundhaltung, Liebe in der Zeit zu leben. Geduld ist eine elementare
Grundvoraussetzung für Kommunikation. Darum ist die alltägliche Geduld mehr als etwas bloß Alltägliches: »Geduld ist der
lange Atem der Leidenschaft« (E. Jüngel).

Ehrfurcht

Seinen autobiografischen Bericht beginnt Ignatius mit der Aussage, bis zum Alter von sechsundzwanzig Jahren sei es ihm hauptsächlich um eines gegangen: um Ehre! Ehre bedeutet Anerkennung in den Augen derer, die etwas zu sagen haben; groß herauszukommen und angesehen zu sein; merken zu dürfen, dass das eigene Wort etwas gilt. Die Sehnsucht danach, jemand zu sein und nicht nur für sich selber, sondern auch in den Augen anderer, ist wohl so alt wie die Menschheit selber. Diese Sehnsucht ist nicht in erster Linie Stolz, sondern Liebe zur Wahrheit und zum Leben, zur eigenen Person. Der Mensch, die Würde der menschlichen Person sind etwas unfassbar Geheimnisvolles und Großes. Wer dies zugibt, gibt der Wahrheit die Ehre. Jemanden zu ehren heißt, seine Würde zu achten. Ehren meint, den Menschen groß sein zu lassen und dies öffentlich kundzutun. Kleinkrämerseelen, eitle Ichsüchtige, von Minderwertigkeitskomplexen getriebene Emporkömmlinge sind nicht fähig, neben sich einen anderen groß sein zu lassen.

Sicher hat für Ignatius das Getriebensein vom Ehrgeiz mit seiner Bekehrung angefangen, sich zu wandeln. Es brauchte aber einen langen Reifungsprozess, bis er im Alter von 53 Jahren die Erfahrung der Grundhaltung der »liebevollen Ehrfurcht« als tragende Gestimmtheit seines Lebens erkannte: »Während ich die Messe las, gewann ich sogar die Überzeugung, dass ich diese Gnade und Erkenntnis für den geistlichen Fortschritt meiner Seele für wichtiger hielt als alle übrigen Gnaden bisher« (GT, 202). Diese liebevolle Ehrfurcht charakterisiert Ignatius auf verschiedene Weise.

(1) Ignatius versteht sie nicht nur als eine gelegentliche gemüthafte »Anwandlung«, sondern als Weg. Er schreibt: »Ja, ich

gewann die Überzeugung, dass dies der Weg ist, den mir der Herr zeigen wollte …« (GT, 202). Ehrfurcht ist hier eine Art Grundfärbung, ein allgegenwärtiges Vorzeichen für alles Empfinden, Begegnen, Verhalten, Kommunizieren. So wie ein Musikstück in Dur oder in Moll geschrieben ist, so schwingt die Seele von Ignatius »in Ehrfurcht«, was auch immer sie spielt.

(2) Das Werden und Wachsen dieser spirituellen Grundgestimmtheit meint nicht in erster Linie das Ergebnis angestrengter Askese, sondern ein *Geschenk:* »Ich hatte also den Weg gefunden, der sich mir hatte zeigen wollen. Mir schien, er ist der Beste von allen, und ich muss ihn für immer einschlagen« (GT, 205). Eine seltsame Formulierung: ein Weg, der sich zeigen will. Also nicht der Weg, den jemand einfach mit dem Buschmesser in den Wald schlägt, sondern ein Weg, der entgegenkommt, der sich mir zeigen will. Fast ein Finden ohne Suchen und zugleich eine starke Einladung, diesen Weg »für immer« einzuschlagen.

(3) Wichtig ist für Ignatius die Charakterisierung der Ehrfurcht und der damit verbundenen Demut als einer *liebevollen Ehrfurcht:* »In diesem Zeitabschnitt schien mir, die Demut, Ehrfurcht und Ehrerbietung sollte nicht furchtsam, sondern liebevoll sein, und dies setzte sich so in meinem Gemüt fest, dass ich immer wieder sagte: ›Gib mir doch liebevolle Demut.‹ Ebenso mit Ehrfurcht und mit Ehrerbietung, und ich empfing bei diesen Worten neue Heimsuchungen« (GT, 209). – Dieses Empfinden liegt auf der Linie der biblischen Aussage, dass »die vollkommene Liebe die Furcht vertreibt«. Ignatius sieht freilich sehr realistisch, dass im Menschen auch Ehrfurcht sein kann, die noch mit Furcht gemischt ist.

(4) Ein weiterer, entscheidender Schritt führt zur Erkenntnis, dass die Ehrfurcht nicht bei Gott stehen bleibt, auf den sie zuerst

Wovon Kommunikation lebt

gerichtet ist: »Mir scheint, dass (dieser Geist) nicht dabei stehen bleiben würde, sondern dass das Gleiche danach auch gegenüber den Geschöpfen sein werde, nämlich liebevolle Demut« (GT, 209). Die *Menschen, der ganze Kosmos mit seinen Geschöpfen* werden in liebevoller Ehrfurcht wahrgenommen. Kunst der Kommunikation will heißen, Begegnungen und Gespräche auf dem Fundament der Ehrfurcht zu führen. Was gibt es Kostbareres, als in den Augen eines anderen kostbar zu sein? Man wird diese Aussage ausweiten müssen: Was gibt es Kostbareres, als in den Augen des Glaubens eines anderen für kostbar zu gelten? Oft genug ist das, was uns im Blick auf einen Menschen – vielleicht auch im Blick auf uns selber – zunächst ins Auge springt, nichts Kostbares. Die Menschenverächter können genügend Anlass finden für ihre Ressentiments: Wie viel Eingebildetes, Schwächliches, Hässliches, Verlogenes, Feiges findet sich »im Menschen«! Und ein guter Psychologe kann viel Fragwürdiges hinter edelsten Idealen, Handlungen und Motiven herausfinden – oder auch manchmal hineinlesen.

Die Ehrfurcht vor dem »Menschen im Menschen« ist nur möglich, wenn man mit den »Augen des Herzens« sieht, wie es im Brief an die Epheser heißt. Dieses Auge des Herzens, die Augen des Glaubens, die Augen der Liebe, die Augen der Hoffnung können im Sinn des biblischen Gleichnisses von der Perle im Acker die »Perle im Acker des anderen« sehen. Wer auf diese Perle setzt, wird nicht selten die Erfahrung machen, dass er diese Perle wirklich im andern findet, selbst wenn der Acker äußerlich verwildert ist oder mehr einem Misthaufen gleicht.

Ehrfurcht ist ein schöpferischer Akt. Sie kann krank, tot, verloren Geglaubtes wieder gesund machen und zum Leben kommen lassen. Ich denke an eine junge Frau, die lange Jahre in der Drogenszene zubrachte und für sich selber »das letzte Ekel« war.

Sie erzählte mir, was es für sie bedeutete, dass sie bei jemandem, der darum wusste, »trotzdem« Babysitterin machen durfte. Die Ehrfurcht vor einem Menschen, der Glaube an einen Menschen kann jemanden zu seiner Personwürde zurückfinden lassen, die er selbst verloren glaubte.

Der Theologe, Arzt und »Urwalddoktor« Albert Schweitzer sagte einmal, dass allein die »Ehrfurcht vor dem Leben« die Einheit der Menschen und die Einheit der Religionen wahren helfen könne. Nur die von Liebe getragene Ehrfurcht gegenüber dem Menschen, dem Kosmos, den Tieren, den Pflanzen, dem Gestein kann die Schöpfung bewahren.

Hören

»Seit ein Gespräch wir sind …« Nicht ganz selten kann man in schöngeistigen Büchern diesen Satzteil lesen, wenn Begegnung von Menschen als Gespräch charakterisiert wird. Hier ist Begegnen nicht nur in dem Sinne gemeint, dass man miteinander redet, sondern dass Personen selber in ihrer Beziehung sozusagen Gespräch sind. Fast nie hören wir den Satz ganz: »Seit ein Gespräch wir sind und hören können aufeinander …« (F. Hölderlin).

Wenige Worte genießen in unserer Zeit so viel Hochschätzung wie »Zuhören« und »Zuhören-Können«. Dies ist wohl ein Zeichen dafür, dass wirkliches Zuhören als Mangelware empfunden und deshalb so sehr gesucht wird. Es gibt gelegentlich sogar Anzeigen in Zeitungen, in denen jemand einen anderen Menschen »mietet«, für eine Stunde des Zuhörens bezahlt. Zuhören ist für Menschen als Kommunikationswesen wie die Luft zum Atmen und der Raum für die Begegnung. In dem vor Jahren zu einem Kultbuch gewordenen Kinder-Roman für Erwachsene »Momo« von Michael Ende zeichnet sich die kleine Momo vor allem durch die Kunst des Zuhörens aus. Durch sie weckt sie Leben in Menschen.

Ich denke an die Aussage eines Psychotherapeuten: Wenn er zum ersten Mal bei einem Patienten wahrnehme, dass dieser wieder zuhören könne, dann glaube er an dessen Heilung. Normalerweise gehört zur Therapie vor allem, dass der Patient sich ausspricht. Dies ist ein wichtiger Schritt, in dem sich wachsendes Vertrauen ausdrückt. Aber Nur-Reden kann auch zu einem Monologisieren werden, bei dem ein Mensch sich nur noch in den eigenen Wahngebilden, Eigenanalysen und Ich-Auswucherungen bewegt. Im Hören geschieht die Öffnung zum Du und beginnt wirkliche Kommunikation.

Seelische Krankheiten können zumeist als Kommunikationskrankheiten beschrieben werden oder auf Kommunikationsschwierigkeiten beruhen. Zuhören können und die Fähigkeit zum Wort sind Anzeichen für Gesundung. Reden können, das aus dem Hören kommt, und Hören, das sich auf das Wort hin ausrichtet, machen das erlöste Gespräch aus. Dabei wird deutlich, dass Zuhören ein höchst »aktives Geschehen« ist, und man spricht deshalb auch vom »aktiven Zuhören«. Hören, Zuhören heißt nicht, apathisch-passiv etwas an sich vorbeirauschen zu lassen, sondern sich mitfühlend jemandem zuzuwenden, sich einzufühlen, Gehörtes zu assimilieren, zu verstehen, zu verdauen.

Zuhören können heißt oft genug auch, Geduld zu haben. Von Ignatius berichtet einer seiner Hausgenossen: »Es ist auch eine beachtenswerte Sache, mit wie großer Geduld er unnütze Dinge von Menschen von draußen anhört, und selbst bei denen vom Haus lange Reden, die man verkürzen könnte, und wie er danach darauf eingeht« (MEMO, Nr. 202).

Bundespräsident Roman Herzog hat in seiner Weihnachtsansprache 1995 einrucksvolle Aussagen zum Gespräch, vor allem zum Zuhören, gemacht: »Oft reicht es schon aus, einem einsamen, in sich verkapselten Menschen einfach zuzuhören. Ich weiß auch, dass dafür mitunter viel Geduld, ja sogar Toleranz vonnöten ist; denn manche Einsamkeit ist ja auch auf Fehler des Einsamen selbst zurückzuführen. Aber solche Geduld lohnt sich dann meistens auch: Allmählich öffnet sich der Gesprächspartner und belohnt einen mit wachsendem Vertrauen, ja mit Freundschaft. Und außerdem: Selbst wenn es dazu nicht kommt – man kann aus jedem Gespräch, bei dem man selbst nicht dauernd redet, sondern ganz einfach zuhört, unendlich viel erfahren und lernen. Ich kann das in meinem Amt von der entgegengesetzten Seite her erleben. Wie oft möchte ich an einer Veranstaltung nur teilnehmen und den Menschen zuhören. Und dann bestürmen mich die Veranstalter, ich solle zu ihrem Thema doch das Wort ergreifen und möglichst etwas Richtungsweisendes sagen. Aber wie soll ich denn richtungsweisende Ideen haben, wenn man mich vorher nicht auf die Sorgen und Probleme der Beteiligten hören lässt? Ich rate Ihnen: Lassen Sie sich auf dieses Spiel nicht ein! Hören Sie zu, ehe Sie urteilen! Ich werde mir diesen Freiraum auch wieder schaffen« (Herzog 1, 1085). – Solche Worte weiter zu kommentieren, wäre fast ein Zerreden. Es genügt, sie aufmerksam wahrzunehmen.

Vertrauen

Vertrauen ist für die Kommunikation eine weitere Grundvoraussetzung. Vertrauen bedeutet für die Kommunikation, was der Boden für eine Pflanze bedeutet: Darin wurzelt alles. Nichts Schlimmeres, als wenn man einer Mauer von Misstrauen gegenübersteht.

Ich erinnere mich an ein Kommunikationsspiel an einem Wochenende, bei dem der Uneingeweihte sich um eine Stelle bewarb, aber nicht wusste, dass es für die eingeweihten »Gegenspieler« schon eine beschlossene Sache war, dass er bei seinem Bewerbungsgespräch abgelehnt werde, was auch immer er vorbringen würde. Das Gespräch selber und die Auswertung ergaben, dass es eine schreckliche Belastung für den Prüfling war, ständig eine Mauer von unausgesprochener Ablehnung zu spüren. Gleich, was er sagte oder was die anderen scheinbar freundlich und ermutigend von sich gaben – eine Atmosphäre von Ablehnung und Misstrauen beherrschte alles.

Was für eine Erfahrung ist es dagegen, wenn man einem Menschen begegnet, der einem Vorschussvertrauen gibt, sozusagen einen »Kommunikationskredit«, der besagt: »Bis zum Beweis des Gegenteils vertraue ich dir!« Und wie fühlt man sich im umgekehrten Fall, wenn vom Gegenüber ausdrücklich oder unausdrücklich die Botschaft ausgeht: »Ich vertraue dir grundsätzlich nicht! Du musst jedes Mal neu dich und deine Glaubwürdigkeit beweisen!«

In besonderer Weise gehört Vertrauen sozusagen zur Ausstattung von Menschen, die Leitungsaufgaben innehaben. Wenn sie nicht vertrauen, bringen sie nichts Großes zustande; dann müssen sie immer hinter allem selber her sein und stöhnen dann verzweifelt: »Wenn man nicht alles selber macht ...!«, was heißen will, dass es besser wäre, alles selber zu machen, nur dass es leider unmöglich ist.

Es gibt ein Paradebeispiel für das große Vertrauen, das Ignatius seinen Mitbrüdern schenkte. Es lohnt sich, dieses in aller Ausführlichkeit zu genießen. Pater da Câmara erzählt: »Ich erinnere mich, dass er einen Pater zu rufen pflegte, wenn er ihn schickte, um Angelegenheiten von viel Gewicht mit großen Personen von Rom zu verhandeln, und dass er ihm sagte: ›Kommt her; ich will, dass ihr geht und diese Angelegenheit mit dem Kardinal Soundso verhandelt; und ich will euch sie erfassen lassen. Ich ziele dies und dies an, und dafür boten sich mir diese und diese Mittel an.‹ Und nachdem er ihm die ganze notwendige Kenntnis und Unterweisung gegeben hatte, fügte er hinzu: ›Aber ich will, dass ihr dort die Mittel anwendet, von denen der Herr euch lehrt, dass sie die angebrachtesten sind, und ich lasse euch in aller Freiheit, dass ihr tut, was euch am besten scheint.‹ Zuweilen verhielt er sich mir gegenüber auf diese Weise; und wenn ich am Abend zurückkam, war die erste Sache, die er mich fragte: ›Kommt ihr zufrieden mit euch?‹ Er setzte voraus, dass ich die Sache mit Freiheit verhandelt hätte, und dass alles, was ich getan hatte, von mir sei« (MEMO, Nr. 269).

Oft wird vom so genannten »Betriebsklima« gesprochen. Welches Betriebsklima wächst, wo Vorgesetzte wie Ignatius mit ihren Mitarbeitern umgehen? Klare Zielabsprachen, gute Hinweise auf mögliche Mittel und Wege und ebenso klar der freilassende Auftrag: Du musst vor Ort sehen, was dort in der konkreten Situation angebracht und zielführend ist. In einem solchen Dienstverhältnis spielt die Achtung vor der Person und ihrer Freiheit, das Vertrauen, die Fähigkeit zur Delegation eine entscheidende Rolle. Sicher gibt es auch eine Auswertung, aber wie wohltuend ist die Eröffnung eines solchen »Kontrollgespräches«, wenn es mit den Worten beginnt: »Kommt ihr zufrieden mit euch?«

Einmal gab Ignatius einem Mann, der erst vor einem Jahr in die Gesellschaft Jesu eingetreten war, »eine große Zahl Bogen, die von ihm blanko unterzeichnet waren, damit er entsprechend dem, was er als angebracht beurteile, darauf Urkunden oder Briefe von ihm schreibe an die, welche und wie er wolle« (MEMO, Nr. 269).

Dieser Geschichte mit der Blankovollmacht wird deutend hinzugefügt: »Ausführliche Unterweisungen für alles und Hinweise, die sich ihm anboten, dass man sie in diesen oder jenen Lagen anwende: Ja; jedoch keine Verpflichtungen, auf diesem oder jenem anderen Weg zu gehen: auf keine Weise« (MEMO, Nr. 269).

Nicht nur in einer trauten Zweierbeziehung, auch im größeren Rahmen ist Vertrauen eine Grundvoraussetzung für Kommunikation. In der Politik gibt es die so genannten »vertrauensbildenden Maßnahmen«: zum Beispiel wenn ein Staat, wenigstens ein Stück weit, einseitig abrüstet und damit ein Signal gibt. Bewusstes Aufgeben von kleinen Vorteilen kann auf Dauer für alle Beteiligten große Vorteile schaffen. Auf der Ebene der Wirtschaft gibt es den Kredit. Sicher wird die Kreditwürdigkeit sorgfältig geprüft, aber ein Risiko bleibt oft genug bei einem Geschäft. Der Kredit gehört zum Credo der Wirtschaft. Und das Vertrauen gehört zum Credo jeder Kommunikation.

Achtung der Andersartigkeit der anderen

Zum ABC der Kommunikation gehört für Ignatius, den Charakter und die verschiedenen Lebenssituationen, in denen ein Mensch sich befindet, aufmerksam zur Kenntnis zu nehmen und ihnen entsprechend zu reagieren.

Es entbehrt nicht eines gewissen Humors, dass sich Ignatius ausgerechnet in einem Schreiben an Mitbrüder, die nach Irland gehen sollten, über die Rücksichtnahme auf das Naturell, den Charakter des jeweiligen Gegenübers äußert. Gemeinhin gelten die Iren ja eher als hitzköpfig, und so dürften die Hinweise auf die »Choleriker« wohl besonders auf sie gemünzt gewesen sein. Die entsprechende Instruktion *»Über die Art und Weise der Arbeit und* *der Kommunikation mit Menschen im Herrn*« vom September 1541 gehört zu den Schlüsseltexten der ignatianischen Kunst der Kommunikation. Nach dem Hinweis, dass man sich in Gesprächen möglichst kurzfassen solle, spricht Ignatius etwas ausführlicher über die Berücksichtigung des Charakters der Gesprächspartner:

»Um mit manchen Großen oder Vorgesetzten zu verkehren und ihre Liebe zu erlangen zum größeren Dienst für Gott, unseren Herrn, zuerst schauen, von welcher Art einer ist, und uns daran anpassen, nämlich wenn er cholerisch ist und rasch und munter spricht, irgendwie in der Unterhaltung in guten und heiligen Dingen seine Weise einhalten und sich nicht ernst, phlegmatisch oder melancholisch zeigen. Bei denen, die von Natur zurückhaltend, langsam im Reden, ernst und gewichtig in ihren Gesprächen sind, ihre Weise ihnen gegenüber annehmen. Denn dies ist es, was ihnen angenehm ist: Ich bin allen alles geworden (vgl. 1 Korinther 9,22).

Zu beachten ist: Wenn einer von cholerischer Veranlagung ist und mit einem anderen Choleriker verkehrt und sie nicht in allem eines selben Geistes sind, besteht größte Gefahr, dass sie in ihren Gesprächen mit ihren Aussagen aneinander geraten. Deshalb muss einer, wenn er erkennt, dass er von cholerischer Veranlagung ist, sogar in allen Einzelheiten in Bezug auf den Verkehr mit anderen, wenn es möglich ist, sehr mit Gewissenserforschung gewappnet gehen oder mit einer anderen Erinnerung, zu leiden und sich nicht gegen den anderen aufzuregen, vor allem wenn er erkennt, dass dieser krank ist. Wenn er mit einem Phlegmatiker oder Melancholiker verkehrt, besteht keine so große Gefahr, sich auf dem Weg übereilter Worte zu entzweien« (KNB, 63).

Ganz gleich, wie man die alte, aus der Antike übernommene Charakterlehre vom Sanguiniker, Melancholiker, Choleriker und Phlegmatiker beurteilt, eines zeigt die Bezugnahme von Ignatius deutlich: Er hält es für eine Hilfe, die Eigenart eines Menschen zu erfassen. Es scheint seine Erfahrung gewesen zu sein, dass es bestimmte typische Grundreaktionen von Menschen gibt, und dass es klug sei, dies zu berücksichtigen. Es sei dahingestellt, ob Ignatius heutzutage mehr von den Kategorien von C. G. Jung, der vom introvertierten und extrovertierten Menschen spricht, übernommen hätte oder die Einteilung nach den vier Grundformen der Angst, wie Fritz Riemann sie macht. Vielleicht oder vielleicht auch nicht hätte er einen Kurs bei den Jesuiten in den USA gemacht, die in den 80er-Jahren die Charakterlehre des Enneagramms weltweit populär gemacht haben. Klar ist jedenfalls, dass ein Erspüren von Grundeinstellungen, Grundmotivationen, Absichten, Eigenarten, Vorlieben, Ängsten des Gesprächspartners zum ABC ignatianischer Kommunikationspraxis gehört.

Dies einfach deshalb, weil er den anderen als anderen, den jeweiligen Menschen so, wie er ist, ernst nimmt. Es macht in der Begegnung etwas aus, ob jemand vorwiegend davon beherrscht ist, durch Helfen oder durch Erfolgsstreben, durch Besonderheit, durch Wissen, durch Anpassung, durch Optimismus, durch Machtstreben, durch Perfektionismus und so fort das Leben und seine Herausforderungen meistern zu wollen (in diese Richtung gehen Charakterisierungen des Enneagramms). Solches zu sehen und damit elastisch umzugehen, erfordert viel Erfahrung, viel Klugheit.

Besonders wichtig und hilfreich ist es auch, auf die jeweilige Befindlichkeit des Gegenübers zu achten. Ignatius führt hier das Beispiel des Gesundheitszustandes an. Er hätte ebenso den gesellschaftlichen Stand, die wirtschaftliche und berufliche Situation, die augenblickliche Stimmungslage oder Ähnliches nennen können: Es macht einen Unterschied, ob jemand gerade seine Ehefrau verloren hat oder ob man einem frisch Verheirateten gegenübersteht; ob man einem alten oder jungen Menschen begegnet; ob man einen trifft, der gerade das große Los gezogen oder alles am Spieltisch verloren hat. Es ist sicher keine böswillige Verkennung, wenn die SJ, die Societas Jesu, als System-Jenachdem ausbuchstabiert wird. Gemeint ist damit: Jede Situation, sei es die Befindlichkeit einer Person, seien es äußere Umstände, ist immer in das Kommunikationsgeschehen miteinzubeziehen.

Die Wahrheit in Liebe sagen –
»Zur Tür des anderen hineingehen«

Allein schon die Formulierung, man solle »zu der Tür des anderen hineingehen«, ist geeignet, Wesentliches der ignatianischen Kommunikation zu veranschaulichen, auch wenn sie ein spanisches Sprichwort und nicht die Erfindung von Ignatius ist.

Wenn ich den Zugang zu jemandem suche, dann ist es sinnvoll, darauf zu schauen, wo der andere offen ist. Der Kopf, der gegen eine Wand anrennt, ist nicht der beste Türöffner. Der Finger, der leise anpocht, schafft leichter den Zugang als die Faust, die gegen die Tür trommelt. Im heutigen Jargon der Pastoral und der Sozialarbeit heißt dies: »Den anderen abholen, wo er steht!« Und wenn er im Regen steht, dann muss ich dorthin gehen, ihn aber nicht dort stehen lassen, sondern ihn auch ins Trockene führen wollen. Mit dieser Formulierung soll gesagt sein, dass Ignatius durchaus auch Ziele im Blick hat. Für ihn bestand der Ursinn von helfender Begegnung in seiner Ausdrucksweise immer darin, »den Seelen zu helfen«, den Menschen zum Heil zu verhelfen. Dies konnte durchaus bedeuten, dass er lange und geduldig jemandem zuhörte, der sich über Kriegsgeschichten endlos verbreitete, um dann sanft auf die Frage des inneren, geistlichen Lebenskampfes überzuführen. Ob sich da nicht manchmal mancher sehr über den Gesprächsausgang verwunderte, der vom Geklage über die schlimmen Kriegszeiten oder vom Triumphgefühl über den Sieg der eigenen Partei ausgegangen war und sich plötzlich mit den Kämpfen der eigenen Seele und dem Wirken des guten und des bösen Geistes in seinem Innern konfrontiert sah? Fehlte nur noch, dass Ignatius ihm acht Tage Exerzitien empfahl! Auch dies gehörte zur pastoralen Klugheit des ehemaligen Verteidigers der Festung Pamplona. In Kriegsdingen kannte er sich aus, sowohl mit offen stehenden Türen wie mit schwachen Punkten, wie eine entsprechende Bemerkung aus dem Exerzitienbuch beweist (vgl. EB, Nr. 327).

Dass das »kluge Begegnen« eine Gratwanderung ist, mag schon die Tatsache zeigen, dass Ignatius in seinem Tür-Wort auf den Teufel verweist, der gewöhnlich mit guten und frommen Gedanken beginne, um die Seele allmählich unter dem Anschein des Guten zum Bösen zu verlocken. Ignatius fährt fort: »So können wir zum Guten loben oder jemandem in einer einzelnen guten Sache entsprechen, indem wir die anderen Dinge, die bei ihm schlecht sind, übergehen. Und indem wir seine Liebe gewinnen, bewirken wir unsere Dinge besser. Und indem wir so bei ihm eintreten, gehen wir bei uns hinaus« (KNB, 63 f).

Bei diesen Formulierungen muss man immer wieder den Atem anhalten. Die bleibend richtige Botschaft erkennt man, wenn man die Bilder in ihrem einfachen Sinn versteht: Man soll zur Tür des anderen hineingehen und nicht bei der ersten Begegnung gleich »mit der Tür ins Haus fallen«. Dies ist gemeint. Wer noch mehr Eindeutigkeit sucht und Ignatius von falschen Motiven freisprechen will, sollte ein nicht genau datierbares Schreiben an junge

Studenten von Alcalá lesen. Es gehört zu den ignatianischen Schlüsseltexten über die Kunst der Kommunikation: »Eines der Dinge, in denen wir uns gründen müssen, um unserem Herrn zu gefallen, wird darin bestehen, alle Dinge von uns zu weisen, die uns von der Liebe zu den Brüdern trennen können, indem wir uns mühen, sie mit herzlicher Liebe zu lieben. Denn die höchste Wahrheit sagt: ›Daran werden die Menschen erkennen, dass ihr meine Jünger seid‹ (Johannes 13,35)« (KNB, 935 f).

Klarer zu sagen, was Ignatius unter seelsorglicher Kommunikation und pastoraler Motivation für Gespräche versteht, geht wohl nicht mehr. Das »erkenntnisleitende Interesse« in einer »herrschaftsfreien Kommunikation« ist für Ignatius die Liebe. Nirgendwo ist dies schöner ausgedrückt als im neutestamentlichen Brief an die Epheser: »Wir wollen uns, von der Liebe geleitet, an die Wahrheit halten und in allem wachsen, bis wir ihn erreicht haben. Er, Christus, ist das Haupt« (4,15). Hier findet sich in einem Satz alles zusammen: die Liebe, die Wahrheit, das Wachstumsgeschehen und das Ziel: Leben in Christus.

Diese Wegweisung gilt für Ignatius auch für den konfliktgeladenen Dialog mit den Protestanten, den evangelischen Christen. Er vertrat in aller Deutlichkeit die Sache der katholischen Reform. Und es lassen sich Zitate finden, die zumindest heutzutage keine gute Lösung für ökumenische Begegnung bilden. Aber es gibt weit mehr Briefstellen bei Ignatius, die zu einem liebevollen Umgang einladen, der davon getragen ist, dass die Reform des eigenen Lebens die beste Verkündigung und Gesprächsgrundlage sei.

Einer, der sich diese Hinweise zur Begegnung zutiefst zu eigen gemacht hat, ist Petrus Canisius, der große Mann der katholischen Reform in Deutschland. Obwohl oft heftig beschimpft und geschmäht, versuchte er, versöhnlich zu begegnen. Ein sprechendes

Zeugnis dafür ist ein Brief von ihm an einen Professor der Theologie in Dillingen. Dessen grundsätzliche Sicht teilt er, nicht aber die Tonlage: »Mehrere gelehrte Männer sind mit mir der gleichen Ansicht, dass Sie in Ihren Schriften an vielen Stellen einen weniger schroffen Ton wählen sollten, besonders wo Sie Anspielungen auf die Namen von Calvin, Melanchthon und von anderen Männern dieser Art machen. Sich mit solchen Stilblüten großzutun, ist die Art von Volksrednern, nicht aber von Theologen heutzutage. Mit solchen Mitteln heilen wir auch nicht die von der Krankheit Befallenen, sondern wir machen sie damit nur erst recht unverbesserlich … Deshalb sollten Sie auch den deutschen Lesern keinerlei Handhabe bieten, dass man in dieser Schrift und in Ihren anderen Werken den Übereifer eines Anfängers tadeln kann. Vielmehr sollten sie eine gewisse Würde und Milde, wie sie einem Theologen wohl anstehen, spüren und sich dadurch angezogen fühlen. Dies verdient besonders für Ihre Schrift an die Bischöfe Beachtung. Es gilt, Eifer mit christlicher Klugheit zu verbinden, damit man nicht in dieser für die Kirche so gefährlichen Zeitlage niederreißt, anstatt aufzubauen« (Canisius, 181 f).

Wären auf beiden Seiten mehr »versöhnliche Christenmenschen« wie Canisius und Philipp Melanchthon gewesen, hätte eines der dunkelsten Kapitel der Kirchengeschichte über Ex-Kommunikation vielleicht nicht geschrieben werden müssen.

4
Exerzitien
Glücksfall spiritueller Kommunikation

Ein bevorzugter Ort für das ignatianische Kommunikationsgeschehen sind zweifellos die Exerzitien. Unter dem Eindruck der vielen Hinweise zur Meditation, zu biblischen Betrachtungen im Exerzitienbuch wurde dies bisher viel zu wenig gewürdigt. Sicher wird man, wenn man über die Wirkkraft der Exerzitien nachdenkt, über das Gnadenwirken des Heiligen Geistes sprechen müssen. Sicher gehören auch die geistlichen Erfahrungen des Ignatius und sein spirituell-psychologisches Fingerspitzengefühl zum »Erfolgsgeheimnis« der Exerzitien. Aber mit an erster Stelle »verantwortlich« für die Wirksamkeit der Exerzitien ist, dass sie nicht nur Hilfen für das Gebet, für die Meditation geben, sondern ein außerordentliches Kommunikationsangebot und Kommunikationsgeschehen sind.

Rhetorisch gefragt: Wo gab und gibt es in der christlichen Pastoral das Angebot, eine Woche lang jeden Tag ein Gespräch führen zu dürfen? Wo gibt es einen Schutzraum, in dem die ganze Lebensgeschichte mit ihren Höhen und Tiefen zur Sprache kommen kann? Wo kann jemand mit der ganzen Fragwürdigkeit und Schuld seines Lebens in einem Raum der Versöhnung sein? Wo ist der Wachstums- und Wandlungsweg des Einzelnen Ausgangspunkt für ein Gespräch? Wo ist jemand mit seinen Sinnfragen, mit seiner Gottessuche nicht allein mit sich selbst auf dem Weg, sondern mit einer Begleitung?

Es könnte noch weiter in diese Richtung gefragt werden. Auch heutzutage, da wir von Beratungs- und Begleitangeboten geradezu überschüttet scheinen, muss dennoch das intensive, individuelle und persönliche Glaubens- und Lebensgespräch für die meisten Christen als die Ausnahme gelten. Selbst Gruppengespräche über den Glauben sind eher Ausnahme als Regel. Und wenn man in die Geschichte der Kirche zurückschaut, dann gibt es zwar gelegentlich »den Seelenführer«, der aber meist für Christen in Klöstern, für Priester und Nonnen, reserviert war. Dass mit den begleiteten Einzelexerzitien – der Urform der Exerzitien – ein »qualifiziertes Gesprächsangebot« für normale Laien gemacht wurde, bleibt ein einzigartiger Vorgang.

Im Exerzitienbuch des Ignatius finden sich eine ganze Reihe von Bemerkungen, die sich ausdrücklich auf das Gespräch zwischen dem, »der die Übungen gibt«, und dem, »der die Übungen empfängt«, beziehen. Wie immer fallen sie nicht ausschweifend und umfangreich aus, aber in ihrer Kürze und Prägnanz sind sie aussagekräftig und zeigen Ignatius als »Meister der Kommunikation«.

Grund-Sätze geistlichen Begleitens

Es gibt einige Aussagen von Ignatius, die sozusagen »das Prinzip und Fundament« für jede geistliche Begleitung darstellen. Auf dieser Basis beruhen alle weiterführenden Aussagen.

(1) Gegenseitiges Empfangen und Geben

Ignatius spricht nie vom Exerzitienmeister, auch nicht vom Exerzitienbegleiter, sondern ganz pragmatisch von dem, der die Exerzitien, also die Übungen gibt, und dem, der sie empfängt. –

Die geläufige Übersetzung »... der die Exerzitien macht ...« ist nicht genau: Im Urtext heißt es, »der die Übungen empfängt ...« (EB, Nr. 22). Man »macht« also nicht Exerzitien, sondern man empfängt sie. Damit ist schon von der Wortwahl her eine Situation angedeutet, in der Menschen sich beschenken und beschenken lassen. Begegnung lebt vom Geben und Empfangen.

Dabei ist zu unterstreichen, dass ein *gegenseitiges* Geben und Empfangen geschieht. Dies wird in den Worten der bekannten *»Vorbemerkung«* im Exerzitienbuch deutlich: »Damit sowohl der, welcher die geistlichen Übungen gibt, wie der, welcher sie empfängt, mehr sich helfen und nützen ...« (EB, Nr. 22). Es ist also nicht so, dass der eine reich ist und beschenkt, während der andere arm ist und empfängt. Beide – auf je verschiedene Weise an den Exerzitien beteiligt – empfangen und schenken.

Die so genannten helfenden Berufe – sei es in Bereichen der Sozialarbeit, sei es auf der Ebene unterschiedlicher Verfahren der Psychotherapie und Lebensberatung – suchen seit vielen Jahren nach Wegen, wie die Beziehung von Therapeut und Klient, von dem, der hilft, und dem, der Hilfe empfängt, aussehen kann. Hinter der Fragestellung lauert das Unbehagen, dass die Rollenverteilung von Arzt und Patient, von Therapeut oder Berater und Klient manchmal unangemessen gestaltet ist. Wie kann man vermeiden, dass die eine Seite nur den helfenden, allwissenden Part übernimmt und auf der Couch nur der arme, kranke, hilfsbedürftige, schwache Patient liegt? Sicher gibt es und muss es für die Hilfe den Rollenunterschied geben. Aber wie kann sichergestellt werden, dass dies nicht zu einer fixierten Schaukelstellung führt, bei der der Helfende sozusagen immer das Schwergewicht ist und der Patient als Leichtgewicht in der Luft hängt? Die reflektierte Erfahrung von Ignatius gibt da eine Richtung an. Offensichtlich

Exerzitien

war es für ihn als den hocherfahrenen Begleiter eine sich immer wiederholende Erfahrung, dass die beiden sich »gegenseitig helfen und nützen«. So auch das Erleben vieler, die in der Exerzitienarbeit stehen, sich beiderseits als Beschenkte zu erfahren.

Sicher gibt es auch in den Exerzitien einen Rollenunterschied, der für das Begleitgeschehen wichtig ist. Als Basis für die Begegnung aber gilt die geschwisterliche, personale Gleichwertigkeit der Kinder Gottes, der Töchter und Söhne Gottes. Sie begegnen sich im freien Beschenken *und* Empfangen, im Armsein *und* Reichsein. Dies ist die Erfahrung des Ignatius, und sie macht er zum »Prinzip und Fundament« jeder geistlichen Begleitung.

(2) Das Fundament von Vertrauen und Verstehen

In der schon zitierten so genannten Präambel der Exerzitien spricht Ignatius davon, was als Voraussetzung gilt: »dass jeder gute Christ bereitwilliger sein muss, die Aussage des Nächsten zu retten, als sie zu verurteilen« (EB, Nr. 22). – Welche Einladung gleich zu Beginn der Exerzitien zu vorurteilsfreiem Begegnen: Ich muss meine Aussagen nicht als Erstes rechtfertigen. Ich brauche nicht Angst zu haben, dass ich Unsinn sage oder dass das »sicher ganz dumm« ist, was ich vorbringe. Ich brauche mich nicht als Erstes für das zu entschuldigen, was ich sage. Ich brauche nicht zu befürchten, dass mein Gegenüber darauf aus ist, mir aus meinen Worten eine Falle zu stellen und einen Strick zu drehen. Der mich begleitet, ist mir gut und gutgesinnt und versucht, meine Aussagen »zu retten«.

Aus diesem Bewusstsein heraus entsteht Vertrauen, und das Vertrauen ermöglicht immer tieferes Verstehen. Was gibt es Wohltuenderes, als das Gefühl zu haben: Da hört mir jemand nicht nur äußerlich zu, sondern versteht mich von innen her so, dass ich mich selber besser verstehe? Was gibt es an größerer »Entwicklungshilfe«, als wenn jemand ein solch »positives Vorurteil« hat? Ein biblisches »Paradebeispiel« für negatives und positives Vorurteil ist die Begegnung zwischen Nathanael und Jesus (vgl. Johannes 1,43–51). Nathanaels erste Reaktion lautet: »Was soll aus Nazaret schon Gutes kommen?!«, und die Reaktion Jesu dagegen: »Das ist ein wahrer Israelit ... Ich habe dich unter dem Feigenbaum gesehen.« Das »positive Vorurteil« bewirkt: Jesus schließt Nathanel auf für dessen Begegnung mit ihm: »Wahrhaftig, Rabbi, du bist der Messias!«

Vertrauen und Verstehen sind für die Exerzitienbegleitung fundamental. Dies ist ein Grund dafür, warum normalerweise vor Exerzitien ein längeres Vorgespräch stattfindet, damit Begleiter und Begleitete erfahren, ob es wohl »miteinander gehen« wird. Während der Exerzitien selber wird es wichtig sein, eventuelle Störungen gleich anzusprechen oder nachzufragen, wenn der eine oder die andere den Eindruck hat, etwas nicht richtig verstanden zu haben.

(3) Das göttliche »Dreiecksverhältnis«

Normalerweise wird mit einem »Dreiecksverhältnis« eine schwierige Beziehungssituation bezeichnet: Ein Ehepartner »hat etwas« mit einer dritten Person, das die ursprüngliche Paarbeziehung stören oder sogar zerstören kann. Ignatius kennt ein Dreiecksverhältnis, das geradezu zur Grundvoraussetzung für das Glücken einer geistlichen Beziehung gehört: Begleitung eines Menschen sowie das Sich-begleiten-Lassen geschehen immer in der Präsenz Gottes. Gott selber ist so sehr das »eigentliche Gegenüber«, dass Ignatius formulieren kann, der Begleiter solle »mehr wie eine Waage in der Mitte stehend, unmittelbar den Schöpfer mit seinem Geschöpf und das Geschöpf mit seinem Schöpfer und Herrn wirken lassen« (EB, Nr. 15).

Um dies mit einem Vergleich zu erläutern: Bei einer Ehetherapie beispielsweise ist es entscheidend wichtig, dass sich der Therapeut nicht in die Partnerrolle einschmuggelt und als Partnerersatz anbietet, so dass die Therapie möglicherweise in eine verunglückte Therapeut-Klient-Beziehung abrutscht. Beiden muss gegenwärtig sein, dass es um die Heilung der eigentlichen Paarbeziehung geht. Der andere Partner, die Partnerin, muss sozusagen immer unsichtbar gegenwärtig sein. In diesem Sinne soll es auch in der geistlichen Begleitung immer darum gehen, dass die eigentliche Beziehung wächst und glückt. Anders gesagt: Wer begleitet, überlässt den Begleiteten der Führung Gottes, seiner Hand, seinem Geist. Wer begleitet, »ist nur mit«, um schauen zu helfen, um auf Stolpersteine aufmerksam zu machen, um zu ermutigen, um Hinweise zu geben.

(4) Liebes- und Lebenskommunion mit Gott in allem

Entscheidend für einen Weg und damit auch für die Begleitung auf einem Weg ist das Ziel. Als »Ziel« der Exerzitien – wenn es überhaupt angemessen sein kann, in der etwas funktional klingenden Sprache von Ziel und Mittel zu sprechen – haben der, der sie gibt, und der, der sie empfängt vor Augen, »dass der Schöpfer und Herr selber sich seiner Ihm hingegebenen Seele mitteile, sie zu Seiner Liebe und Seinem Lobpreis entflamme und sie zu dem Weg bereit mache, auf dem sie Ihm künftig besser dienen kann« (EB, Nr. 15).

Vielleicht wird dieser Text noch zarter und sprechender, wenn man auf den Urtext schaut, in dem es heißt, dass Gott den Menschen »umfängt«, »umarmt … zur Liebe«. Berührung, Umarmung sollen die Liebe zum ganzen Hingegebensein erwecken. Es geht Ignatius für den, der die Exerzitien »empfängt«, letztlich nur um das eine, um dieses eine Notwendige: um Mitteilung, um Selbstmitteilung und um die Hilfe bei »Kommunikationsstörungen«.

Bezeichnenderweise wird im spanischen Text hier wieder das Wort »communicar« für »mitteilen« gebraucht: »Criador y Señor se communique a la su anima devota« – »Der Schöpfer und Herr teilt sich seiner hingegebenen Seele mit« (EB, Nr. 15). Die Antwort auf Gottes Wort und Berührung wird mit dem ganzen Leben gegeben, mit dem ganzen Herzen, mit allen Kräften.

Grundhaltungen beim Begleiten

»Der Ton macht die Musik« – nicht nur in der Musik selbst, sondern auch im Gespräch, im Begleitgeschehen. Der Ton gerät dann zum »guten Ton«, wenn in ihm innere Einstellungen und Haltungen durchklingen, die für eine gute Kommunikation bedeutsam sind. Ohne diesen inneren Klang spürt das Gegenüber schnell, was bloß angelernte Wortspiele und Techniken sind. Einige der für das Gespräch wichtigen Grundhaltungen wurden im entsprechenden Kapitel ausführlich dargestellt. Im Folgenden sollen sie aus dem Exerzitienbuch heraus und auf die Exerzitien bezogen dargestellt werden.

(1) Achtsam hören, behutsam sprechen

Am einfachsten und deutlichsten hat Ignatius die Haltung achtsamen Hörens und behutsamen Sprechens in seinem Brief an seine drei Mitbrüder, die zum Konzil von Trient entsandt wurden, beschrieben: »Ich an Ihrer Stelle wäre langsam, bedächtig, liebevoll im Sprechen … nochmals, ich wäre langsam im Sprechen, würde beim Zuhören zu lernen suchen …« Das Zuhören kann sogar in eine Art *kontemplativen Zuhörens* übergehen. Sicher bleibt dabei eine Aufmerksamkeit auf die Worte bestehen, die jemand sagt. Das Zentrum der Achtsamkeit richtet sich aber auf die Person als ganze. Die Worte fließen eher wie Blätter auf einem Fluss vorbei, und der Betrachtende nimmt sie aufmerksam wahr. Und bei diesem betrachtenden Aufmerksamsein kann es geschehen, dass sich »ganz von selbst« etwas als bedeutsam zeigt. Es geht also dabei mehr um ein Person-zentriertes Hinhören als um eine angestrengte Aufmerksamkeit auf jedes Wort, das beim Hören bereits reflektiert und analysiert wird.

Diese Grundregel des achtsamen Zuhörens gilt für jedes der täglichen Einzelgespräche in den Exerzitien. Sie zeigt ihre Bedeutung auch in der Bemerkung für den Exerzitiengeber, die Hinweise zur Betrachtung sollten »kurz« sein. Als Begründung führt Ignatius dafür an: »Denn wenn derjenige, der betrachtet, das wirkliche Fundament der Geschichte nimmt, es selbstständig durchgeht und bedenkt und etwas findet, was die Geschichte ein wenig mehr erläutern oder verspüren lässt ..., so ist es von mehr Geschmack und geistlicher Frucht, als wenn der, der die Übungen gibt, den Sinn der Geschichte viel erläutert und erweitert hätte. Denn nicht das viele Wissen sättigt und befriedigt die Seele, sondern das Innerlich-die-Dinge-Verspüren-und-Schmecken« (EB, Nr. 2).

Es geht also nicht darum, dass der Begleiter sein gesammeltes Wissen dem Exerzitanten eintrichtert, sondern dass er selber hinspürt, was der andere braucht, und ihn dann mit einem kurzen Hinweis auf den eigenen Suchweg schickt. Auf diesem Suchweg soll der Übende selber ins Wahrnehmen, ins Hören, in die liebende Aufmerksamkeit hineinwachsen beziehungsweise sie sich schenken lassen.

Ein Erlebnis, das mir eine Schwester erzählte, kann die Bedeutsamkeit des Hörens deutlich machen. Sie besuchte eine alte Mitschwester, mit der sie lange befreundet war und die zum Sterben kam. Da sie wusste, dass es wohl die letzte Begegnung sein würde, war sie besonders offen für jedes Wort ihrer schwer kranken Mitschwester. »Möchtest du noch etwas sagen?« – »Wenn du nicht da bist, hörst du es nicht.« Etwas verwundert über dieses Wort fragte sie nach, was dies bedeuten solle. Es kam aber nur noch einmal ruhig und mit eigener Betonung: »Wenn du nicht ganz da bist, hörst du ES nicht.« Dies war alles. Ein tiefes Wort fürs kontemplative Hören und Verkosten: ganz da sein, um zu hören.

(2) Aus Freisein freilassen

Zum Prinzip und Fundament der Exerzitien gehört die Haltung der »Indifferenz« (EB, Nr. 23), der »Freiheit des Geistes«, die durch die Exerzitien immer mehr wachsen soll. Dies gilt nicht nur für den, der die Übungen empfängt, sondern auch für den, der sie gibt: »Wer die Übung gibt, darf nicht den, der sie empfängt, mehr zur Armut oder zu einem Versprechen hin bewegen als zu deren Gegenteil, auch nicht zu einem Stand oder einer Lebensweise mehr als zu einer anderen« (EB, Nr. 15).

Dies ist sozusagen die »Magna charta«, der »Freibrief«, der die Begleit-Beziehung bestimmen muss. Ausgewogen »wie eine Waage« soll der Begleiter sein, nicht wie ein Gewicht, das sich in eine Waagschale wirft! So gerne vielleicht ein Exerzitienpater einen hoffnungsvollen jungen Mann in der eigenen Ordensgemeinschaft sehen würde – er hat sich nicht einzumischen. Exerzitien dürfen keine Werbeveranstaltung sein, sondern sollen vor allem helfen, frei zu werden, um den Ruf des Geistes Gottes zu hören und ihm aus freien Stücken zu folgen.

Exerzitien

Ebenso unangebracht wäre es und würde die Freiheit der Begegnung einschränken, wenn jemand durch bohrende Fragen versuchte, einen anderen »auszuforschen und kennen zu lernen« (EB, Nr. 17) – so sehr es »großen Nutzen« bringt, »doch getreu unterrichtet zu sein über die verschiedenen Regungen und Gedanken, welche die verschiedenen Geister diesem einflößen« (EB, Nr. 17). Es geht also darum, einen Freiraum des Vertrauens und Hörens wachsen zu lassen, in dem der Empfangende sich frei fühlt, sich zu äußern, sich zu entlasten, vielleicht zu weinen und ein Bekenntnis auszusprechen. Für den, der die Übungen gibt, gilt: Hören und nicht verhören, wahrnehmen und nicht ausnehmen!

Daher ist es wichtig, dass der Begleiter selber immer mehr in die Haltung der Indifferenz hineinwächst, in die »freischwebende Aufmerksamkeit«, die den Regungen und Bewegungen des Gebetsweges und des Herzens des Exerzitanten folgt. Das innere Freisein des Begleiters spielt sich an dem Punkt ab, wo Passivität und Aktivität, wo Vertrauen und Wirken, Geschehenlassen und Tun sich kreuzen. Ganz auf das Wirken des Geistes Gottes vertrauen, als müsste und könnte man selber überhaupt nichts bewirken, und doch »ganz da« sein, als sei die eigene Präsenz von entscheidender Bedeutung.

(3) Achtung vor der Einzigartigkeit des Einzelnen

Eng verbunden mit der Forderung, Freiraum zu gewähren, ist die Haltung der Achtung vor der Einzigartigkeit jedes einzelnen Menschen: »Die vorliegenden Übungen haben sich den eigentümlichen Voraussetzungen derer anzupassen, die sich ihnen unterziehen wollen, nämlich ihrem Alter, ihrer Bildung oder ihrer geistigen Fassungskraft ...« (EB, Nr. 18). Diese Anweisung für den Begleiter buchstabiert Ignatius auf vielfache Weise weiter: Die

Gebetshaltung soll abwechseln, je nachdem es gut ist für den Betenden: knien, sitzen oder liegen; der Übende soll bei dem bleiben, was ihm jeweils mehr auf seinem Weg hilft; die Wegetappen sollen abgekürzt oder verlängert werden, je nachdem es notwen-dig ist; die Gebetshinweise sollen kurz sein, damit der Einzelne alles »selbstständig überdenkt« und selber »die Dinge von innen her verkosten« kann.

Vor allem die Einrichtung des Einzelgespräches als solches steht als bestes Zeugnis dafür, dass Ignatius aus Erfahrung weiß: Neben der Predigt, die auf alle hin gesprochen wird, muss es noch eine Hilfe geben, die mehr dem Charakter, dem Lebensweg, den verschiedenen Erfahrungen der jeweils individuellen Menschen angepasst ist.

(4) Begleiten in Verbundenheit mit Gott

Ignatius spricht öfters davon, dass wir im Dienste Gottes stehen als »instrumentum coniunctum«, das heißt als mit Gott verbundenes Werkzeug. Er betont immer wieder, alle »natürlichen Mittel« zu gebrauchen, wie Klugheit, Kommunikationsregeln und so weiter, aber entscheidend sei das innere Verbundensein mit Gott. Wie der Pinsel in der Hand des Malers, wie die Flöte des Hirten, wie das Öl in der Hand des göttlichen Samariters, so gilt es für den Begleiter, der »Bleistift Gottes« (Mutter Teresa) zu sein, um sich ganz in Dienst nehmen zu lassen und keine Eigeninteressen zu verfolgen. Nur so kann man dem anderen wirklich dienen. Und nur so geschehen Dienen und Begegnen aus einer Haltung der »engagierten Gelassenheit« (Teilhard de Chardin), die sich selber ganz einbringt und doch alles von Gott her erwartet.

(5) In reiner Absicht begleiten

»Wir haben doch nur dein Bestes gewollt!« – wie oft sagen dies Eltern, die vielleicht spät erkennen müssen, dass sie mit mancher guten Absicht ihren Kindern gar nicht immer genützt haben. Und vielleicht ist die Entgegnung – »Nein, mein Bestes, das ihr wollt, bekommt ihr nicht!« – mehr als bloß eine flott-freche Formulierung. Vielleicht drückt sich darin auch aus, dass für einen Menschen gar nicht immer das wirklich Beste darin liegt, was die anderen meinen, dass es das sei. Sicher ist der Satz »Das Gegenteil von gut ist gut gemeint« eine Karikatur der wirklich »guten Meinung«, aber er birgt auch ein ganzes Stück Wahrheit in sich. Die reine, wahrhaft liebende Absicht will immer das, was für den anderen das wirklich Beste ist; aber – sie will es ihm nicht überstülpen, sondern ihm Begleithilfe geben, dass es sich aus ihm selber heraus entwickelt.

In diesem Zusammenhang mag es bedeutsam sein, sich daran zu erinnern, dass Jesus, wenn er Menschen begegnete, sie gelegentlich fragte: »Was soll dir geschehen? Was willst du, dass ich dir tue?« Dies tut er sogar in Situationen, in denen man stutzen möchte: Was soll die Frage? Es ist doch klar, dass dieser kranke Mensch geheilt werden will! Es war aber für Jesus offenbar sehr bedeutsam, dass die Menschen, denen er begegnete, selber entdecken und zum Ausdruck bringen, was sie wirklich wollen. Durch die Frage wird die Willenskraft, die Glaubenskraft, die Hoffnungskraft, die Potenz der Sehnsucht im Menschen geweckt.

(6) In Liebe begegnen

So wie das Gebot der Gottes- und Nächstenliebe »das ganze Gesetz« beinhaltet, so umfasst die Liebe auch das ganze Gesetz des Begleitens. Peter Faber, von dem Ignatius sagt, dass er wohl am besten im Geist der Exerzitien begleiten könne, schreibt einmal an Petrus Canisius Anweisungen für das Apostolat unter den Protestanten (in der Sprache seiner Zeit): »Als Erstes muss, wer den Irrgläubigen unserer Zeit helfen will, zusehen, dass er ihnen viel Liebe entgegenbringt und dass er sie in Wahrheit liebt, indem er seinen Geist von allen Überlegungen frei macht, die der Achtung vor ihnen abträglich sein können« (Faber, 374). – Welch respektvolle Anweisung in einer Zeit, in der es üblich war, sich auf die übelste Weise zu beschimpfen!

Liebe heißt keineswegs, einfach alles gutzuheißen. Wirkliche Liebe kennt auch notwendige, befreiende Konfrontation, aber es gilt immer, »in Liebe zu verbessern« und »nach allen angemessenen Mitteln« zu suchen, damit jemand zum »richtigen Verständnis gelange und so sich rette« (EB, Nr. 22). Dabei gilt es, nicht von außen her fremde und entfremdende Maßstäbe anzulegen, sondern mitzuhelfen, dass der Geist, der in jedem mit »unaussprechlichen Worten« spricht, zu Wort kommt.

Nur wenn der Begleiter gleichsam äußerer, menschlicher Repräsentant des großen inneren Gegen-Übers ist, geschieht Begegnung, die zu den kostbarsten Geschenken der Exerzitien gehört – Begegnung »von Angesicht zu Angesicht«.

Grundperspektiven des Begleitens

Sicher muss ein Begleiter auf vieles und auf viele Kleinigkeiten beim Prozess des Begleitens achten. Es gibt aber bei Ignatius einige Grundperspektiven, einige entscheidende Blickwinkel, die er nie aus dem Auge lässt.

(1) Die »Regungen« und »Bewegungen«

Für Ignatius geht es beim Begleitungsgespräch primär um die Frage nach den inneren Regungen und Bewegungen. Exerzitien vollziehen sich nicht auf der Ebene eines theologisch-spirituellen Gedankenaustausches, sondern es geht um die Regungen und Bewegungen des Herzens. Diese kommen in der Heiligen Schrift vor allem im Zusammenhang mit den Früchten des Geistes und des Ungeistes zur Sprache. Solche Regungen sind Friede, Unruhe, Leichtigkeit, Freiheit, Klarheit, Stimmigkeit, Angst, Unfreiheit, innere Zwänge, Hass, Angst, Ehrgeiz, Minderwertigkeitsgefühle und so fort.

Ein biblisches Urbeispiel für das Beachten von Herzensbewegungen sehen wir in Maria: »Und Maria *bewegte* all diese Worte *in ihrem Herzen*« (Lukas 2,19). Es geht also um Bewegungen, Regungen und Erfahrungen im Innern des Menschen. Dabei bleibt darauf zu achten, dass diese Erfahrungen nicht einfach identisch sind mit den Emotionen und Gefühlen. Regungen können sehr zart, sehr leise und doch sehr tief und umwandelnd sein. Sicher kann es manchmal sozusagen laut und dramatisch zugehen, oft aber geht es um Berührungen, die so zart und leise sind wie die Berührung Marias durch den Geist Gottes: »Die Kraft des Höchsten wird dich überschatten« (vgl. Lukas 1,26–38).

Gerade hier ist die Funktion des Begleiters, auf Leises, leicht Übersehenes, Überhörtes aufmerksam zu machen. Nicht immer spricht Gott in emotionalen Erdbeben, sondern – wie bei Elija – im Hauch des leisen Windes: Oft spricht der Geist Gottes ohne »Geräusch von Worten«, wie Ignatius einmal formuliert.

(2) Hilfe bei der »Unterscheidung der Geister«

Wozu braucht es den Begleiter in Exerzitien? Die Antwort kann schlicht lauten: um bei der Unterscheidung der Geister zu helfen. Etwa ein Drittel der zwanzig Anweisungen zu Beginn der Exerzitien und eine ganze Reihe von Regeln (vgl. EB, Nr. 313–336) handeln ausdrücklich von der Unterscheidung der Geister. Bei ihr lautet die entscheidende Frage: In welche Richtung führen die »Regungen und Bewegungen« des Herzens? In die Richtung des Geistes Gottes, dessen Früchte Glaube, Hoffnung, Liebe, Freiheit, Wahrhaftigkeit, Demut, Geduld, Friede, Freude … sind? Oder in die Richtung des Ungeistes, dessen Früchte Misstrauen, Resignation, Lieblosigkeit, Egoismus, Unfreiheit, Lüge, Wut, Hass, Eifersucht … sind?

Sicher muss der Begleitete von innen her die Unterscheidung erspüren und zu finden suchen. Aber hier gilt in besonderer Weise die Alltagswahrheit, dass vier Augen mehr sehen als zwei. Der Begleitende kann und braucht nicht blinde Augen öffnen und heilen, aber er kann »Sehhilfen« geben.

(3) Begleitung auf verschiedenen Wegetappen

Eng mit der Unterscheidung der Geister hängt die Notwendigkeit zusammen, beim Begleiten auf die verschiedenen Etappen des Exerzitienweges zu achten. So wie ein Begleitdienst anders aussieht bei einer Wanderung auf dem Land, anders bei einer Stadtführung, anders beim Weg durch die Wüste und noch einmal anders »auf grünen Auen«, so auch beim geistlichen Weg: Ob jemand das »Prinzip und Fundament« seines Lebens sucht, ob jemand Schuld und versöhnende Erlösung erfährt, ob jemand sich auf den Weg der Nachfolge gerufen weiß, ob jemand eine Sendung für sein Leben entdeckt, ob jemand in der Nähe des Kreuzes steht oder vor ihm flüchten will, ob jemand »mit Christus gestorben und auferstanden« ist – dies sind ganz verschiedene geistliche Landschaften für den Exerzitienpilger. Auf jedem geistlichen Wegabschnitt ereignen sich unterschiedliche Geschehnisse, wird für alles bei einer bestimmten Etappe ein bestimmtes Vorzeichen gegeben, äußern sich »die Geister« verschieden, sind die Versuchungen anders und gilt es in der Begleitung, auf je Unterschiedliches zu achten.

Ein Beispiel für die Notwendigkeit des Gespürs für die einzelnen Wegabschnitte, das heißt der »Wochen« in den Exerzitien zeigt etwa die Äußerung des Ignatius: »So nützlich ihm (dem Exerzitanten) die Regeln der ersten Woche sein werden, so schädlich werden ihm die der zweiten sein, wenn er noch in der ersten Woche ist« (EB, Nr. 9). Was in dem einen Zustand Gift ist, das kann in einer anderen Situation Medizin sein. Was dem einen hilft, kann für jemanden anderen bei einem anderen Wegabschnitt schaden. Was einmal notwendiges Erwachen des Gewissens sein kann, das mag in einer anderen Situation Skrupulosität sein, die bis zu Selbstmordgedanken gehen kann, wie es Ignatius selber erfahren hat. Wenn es für einen darauf ankommt, das Ja zum Leben, Gottes Ja zum Leben in Dankbarkeit aufzunehmen und nachzusprechen, so kann im gleichen Moment die Rede von Verzicht und Kreuzweg wirklich ab-wegig sein. Umgekehrt kommt jemand im Lieben und Leben nicht weiter, wenn er nicht bereit ist, Dunkelheit, Schmerz, Leere, Einsamkeit, Treue im Glaubensdunkel zu integrieren und so in die Tiefe zu wachsen. – Hinspüren und Unterscheiden nehmen kein Ende.

(4) Die Ganzheitlichkeit des Exerzitiengeschehens
Der Begriff der »Ganzheitlichkeit« gehört zu den spirituellen Modeworten, denen man jedoch ein langes Leben wünschen muss.

Ganzheitlichkeit meint, dass sich der ganze Mensch auf dem Weg befindet: mit Haut und Haar, mit Hirn und Herz, mit Gedanken und Erfahrungen, mit seiner ganzen Lebensgeschichte, mit Leib, Seele und Geist.

In dem bereits erwähnten Brief an die jesuitischen Konzilstheologen beschreibt Ignatius diese Auffassung in der Form eines fundamentalen Hinweises für Gespräche. Er würde versuchen, »die Gedanken, Gefühle und Absichten der Sprecher aufzufassen«. Die Formulierung, auf die Gedanken, die Gefühle und die Absichten des Sprechers zu achten, macht deutlich, dass Ignatius den ganzen Menschen im Blick hat. Vor allem aber zeigt die Vielfalt der Übungsmöglichkeiten, wie ganzheitlich das Exerzitiengeschehen ist. Sie sprechen alle Dimensionen der menschlichen Wirklichkeit an: Fantasie, Bilder, Geschichten, die Lebensgeschichte, verschiedene leibliche Haltungen, alle leiblichen und geistlichen Sinne, Gefühle, Regungen, die Herzmitte, den Personkern des Menschen. So wie Ignatius sagt, man solle Gott in allem suchen und finden, so könnte man sagen, man solle beten mit allen Kräften, die den Menschen ausmachen.

(5) Auf die äußeren Umstände, das »setting« achten

Nicht nur die inneren Regungen und Bewegungen sind von Bedeutung, sondern auch die äußeren Umstände und Bedingungen, in der Psychologensprache das »setting«. Zu diesem Äußeren gehören der Raum, das Klima, das Essen, die Zeiten, das Schlafen, die Spielregeln der Begegnung, die Vereinbarungen für den Ablauf und so weiter. Für alles finden sich im Exerzitienbuch entsprechende Hinweise.

Die Anmerkungen von Ignatius sind so vielfach und differenziert, dass man – nicht für Ignatius selber, aber für »unsereins« –

Exerzitien

fast schon wieder die Warnung aussprechen muss, nicht mit zu viel methodischem Aufwand den Erfolg der Exerzitien sichern zu wollen. Auch hier kann, wie überhaupt beim Exerzitiengeschehen, ein Blick auf Maria, besonders auf die Verkündigungsszene (vgl. Lukas 1,26–38), helfen. Sie antwortet auf die Zusage, dass Gottes Liebe in ihr ist und Gestalt gewinnen will, nicht mit der Frage »Und was soll ich da tun?« Sie fragt: »Wie soll dies geschehen?« So mag es angemessener sein, manchmal zu sagen: »Ich möchte Exerzitien geschehen lassen«, statt aktivistisch zu formulieren: »Ich mache Exerzitien!«

Konkrete »Interventionen«

Ignatius gibt nicht nur allgemeine Hinweise zu Grundhaltungen des Begleiters, sondern auch Hinweise für ganz konkrete Interventionen, für das Verhalten des Begleitenden. Wann und wie soll die Begleitperson »eingreifen«, reagieren, antworten?

(1) »Die Hinweise seien kurz«
Sicher haben Vortragsexerzitien, vor allem wenn in ihnen auch Raum zur Meditation gelassen wird, ihren guten Sinn. Für die Urform ignatianischer Exerzitien aber, für die Einzelexerzitien, gilt: Die Hinweise für die Betrachtung seien nur »kurz oder zusammenfassend« ausgeführt (EB, Nr. 2). Im Bild gesprochen: Der Begleiter darf und soll vom Brotlaib ein passendes Stück abschneiden und es dem Exerzitanten geben, aber er soll das Brot nicht vorkauen!

(2) Ermutigen zum Durchhalten und Weitergehen
Offensichtlich hat Ignatius oft die Erfahrung gemacht, dass jemand in Exerzitien mutlos wird, wenn er Durststrecken durchwandern

muss. Für diese Zeiten gilt: »Wenn derjenige, der die Exerzitien gibt, sieht, dass sich der Übende in Trostlosigkeit und Versuchung befindet, so benehme er sich nicht hart und rau gegen ihn, sondern mild und sanft, indem er ihm für das Kommende Mut und Kraft verleiht« (EB, Nr. 7). Der Begleiter soll zum Weitergehen anhalten und ermutigen, die festgesetzten Zeiten der Betrachtung durchzuhalten (vgl. EB, Nr. 12 f).

(3) Nachfragen nach dem Exerzitienablauf
So sehr Ignatius aus Erfahrung mit seelischen Trockenzeiten rechnet, so sehr ist er überzeugt, dass auf Dauer im Exerzitanten etwas »in Bewegung« kommt, wenn er konsequent auf dem Weg bleibt. Darum hält er den Begleiter an: »Wenn derjenige, der die Exerzitien gibt, spürt, dass beim Übenden keinerlei geistliche Bewegungen, wie zum Beispiel Tröstungen oder Trostlosigkeiten, in seiner Seele eintreten, noch dass er von verschiedenen Geistern in Bewegung versetzt wird, dann muss er ihn eindringlich über die Übungen befragen, ob er sie zu den festgesetzten Zeiten mache und auf welche Weise; ebenso über die Zusätze, ob er sie mit Sorgfalt beachte; über all diese Dinge soll er im Einzelnen Rechenschaft verlangen« (EB, Nr. 6).

Ignatius hat keine falsche Scheu, auf den »Exerzitien-Kontrakt« zu sprechen zu kommen. Freilich wird es entscheidend sein, ob die Nachfrage im unguten »Oberlehrerton« erfolgt oder im Ton des freien Wortes und sensiblen Helfens und Begleitens.

(4) Einsichten vermitteln helfen
Sehen und einsehen muss jeder selber, aber manchmal empfiehlt es sich, zu einer Einsicht zu verhelfen, auch in Exerzitien. Ignatius erwähnt dies im Zusammenhang mit der Unterscheidung der

Exerzitien

Geister. Der Begleiter soll helfen, die »Hinterlistigkeit des Feindes der menschlichen Natur« (EB, Nr. 7) aufzudecken. Zum Teil ist dies eine Charakterfrage, aber es sind doch nicht wenige, für die gelegentlich durch geistige Einsichten seelische Blockaden gegenüber der Meditation und dem Gebet abgebaut werden können: So kann beispielsweise die Einsicht, dass hinter Wut und Depressivität oft ein Schmerz liegt, helfen, näher an das Urgestein der Seele heranzukommen; oder die Einsicht, dass es gilt, die Worte der Schrift wie Maria »im Herzen zu bewegen«, kann zu einem freieren, existenzielleren und fruchtbareren Umgang mit ihr führen. »Logotherapie« wäre ein zu spezielles und schon anderweitig mit Bedeutung besetztes Wort, aber in einem tieferen Sinn geht es in Exerzitien auch um Logo-Therapie, um Sinnfindung und Heilung durch den Logos Gottes, der Fleisch geworden ist mitten in der menschlichen Geschichte.

Für den, »der die Übungen empfängt«

Bisher war die Rede hauptsächlich vom Exerzitiengeber und indirekt auch von dem, der Exerzitien empfängt, der sie »macht«. Für ihn gilt selbstverständlich vieles von dem, was über den Begleitenden gesagt wurde: die Bereitschaft zur guten Auslegung und Verinnerlichung dessen, was ihm gegeben und gesagt wird; vertrauensvolles Sich-Einlassen und so weiter. Es gibt aber darüber hinaus einige Bemerkungen, die in besonderer Weise auf den Exerzitanten gemünzt sind und Voraussetzungen für ein gutes Kommunikationsgeschehen bedeuten:

(1) Der Exerzitant soll sich, so das Exerzitienbuch, »*mit Großmut und Freigebigkeit*« (EB, Nr. 5) auf die Exerzitien einlassen. »Con

grande animo« und »liberalidad« heißt es im Spanischen, das heißt mit einer großen, weiten Seele und mit innerer Freiheit, die sich nicht mit eigenen Vorbedingungen gegen das Wirken des Gottesgeistes absichern.

(2) Das oft zitierte Wort der jüdischen Dichterin Nelly Sachs – »Alles beginnt mit der Sehnsucht« – passt genau zu einer Grunddynamik der Exerzitien. Immer wieder wird der Exerzitant eingeladen, die *Sehnsucht seines Herzens* wahrzunehmen und vor Gott auszudrücken, was er sucht. Die Sehnsucht ist so etwas wie ein Leitstrahl für den Exerzitienweg. Nicht jeder Wunsch, nicht jede Sehnsucht wird sofort erfüllt und nicht immer auf die Weise, die man vielleicht erhofft hat. Aber doch ist die Sehnsucht die Urbewegung, die zu Gott hinführt. Exemplarisch hat dies Augustinus in seinen Bekenntnissen in das Wort gefasst: »Unruhig ist unser Herz, o Gott, bis es ruht in dir« und ein andermal umgekehrt und noch unfassbarer formuliert: »Gottes Sehnsucht ist der Mensch.« In der Sehnsucht spielt sich Begegnen, Geben und Empfangen ab.

(3) Der die Übungen macht, muss bereit sein, mit dem Begleiter herauszufinden, was für ihn *»gerade dran«* ist. Dies zeigt deutlich die Anmerkung, dass man nicht jedem die gesamten vier Wochen der Exerzitien geben solle, weil sie damit entweder von ihrer Art oder von ihren zeitlichen Möglichkeiten her überfordert wären (vgl. EB, Nr. 18 f). Von diesen Hinweisen her haben sich die »Exerzitien im Alltag« gebildet, die auf die verschiedenen Situationen und Möglichkeiten der Exerzitanten eingehen.

(4) Der *Wille zum Ziel* gehört wesentlich zu dem, der sich auf einen Weg macht. Darum legt Ignatius auch bald das *»Prinzip und Fun-*

dament« (vgl. EB; Nr. 21.23) vor. In diesem Text geschieht eine Vergewisserung, worum es eigentlich auf dem Exerzitienweg geht und wie die Teilnehmenden spüren können, dass sie auf diesem Weg auf ihr Ziel zugehen. Ignatius spricht nicht von einem förmlichen »Kontrakt«, wie dies heute oft bei helfenden Gesprächen geschieht. Aber es ist ihm wichtig, dass dem Exerzitanten jedenfalls anfanghaft klar ist, worauf er sich einlässt. Überraschungen kommen noch genug und gehören zum Weg, aber eine gewisse Klarheit bei Beginn kann nur nützlich sein.

(5) Der *Wille zu den Mitteln* gehört für Ignatius ebenso wie der Wille zum Ziel wesentlich dazu: Die Ernsthaftigkeit des Willens zum Ziel bemisst sich nach dem Maß der Ernsthaftigkeit des Willens zu den Mitteln. Die Mittel, das sind in den Exerzitien die Übungen. Üben ist ein Akt der Hoffnung. Und für den, der Übungen macht, ist die *Bereitschaft zum Üben* entscheidend – auch dann, wenn es anstrengend wird (vgl. EB, Nr. 12). Diese Bereitschaft ist eine notwendige Voraussetzung, auch wenn sie in gewisser Weise gefährlich sein kann. Hinter ihr kann sich nämlich ein spiritueller Leistungswille verbergen, der zwar sozusagen für das »Anlassen« wichtig, später aber enorm hinderlich ist, wie wenn jemand während des Fahrens dauernd am Zündschlüssel herumdrehen würde. – Wenn Ignatius darauf hinweist, in Zeiten der Leere, der inneren Unwilligkeit »eher mehr als weniger« (EB, Nr. 12) im Gebet zu bleiben, so will dies Ausdruck der Ernsthaftigkeit des eigenen Suchens sein.

(6) Von entscheidender Bedeutung: das *tägliche Gespräch*. Hier ist Offenheit wichtig, obgleich man da auch mit sich Geduld haben darf: Es sollen geistliche Erfahrungen mitgeteilt und nicht Ge-

ständnisse abgelegt werden. Dass es dabei manchmal große Widerstände geben kann, ist verständlich. Sie werden aber oft eher durch einen verständnisvollen, sanften Umgang mit sich selber als durch Gewaltakte überwunden.

(7) Alles Mühen in den Exerzitien lebt von einer geistlichen Wahrheit, die Meister Eckhart einmal mit dem Wort ausdrückt: »Gott ist bereiter zu geben, als der Mensch zu empfangen.« Worauf der geistlich suchende Mensch vertrauen darf, ist das unendliche *Hingegeben-Sein Gottes.*

(8) Ohne *Bereitschaft zur Stille und zum Hören* geschieht keine Kommunikation in den Exerzitien. Oft werden heutzutage Meditationswochenenden mit Schweigen und »Exerzitien in vollem Schweigen« ausgeschrieben. Für Ignatius ist dieser Rahmen und Raum der Stille für die Exerzitien selbstverständlich. Bemerkenswert ist aber, dass er nicht von Stille spricht, sondern von der »Abgeschiedenheit« von »allen Freunden und Bekannten und von aller irdischen Sorge« (EB, Nr. 20). Es geht um »Entsorgung«, um Befreiung aus dem Netz der alltäglichen Verpflichtungen, um Konzentration und Aufmerksamkeit, um Verstummen des Lärmes, der Leises in der eigenen Seele übertönt.

Es gibt einen etwas makabren Witz, der aber Klärendes zur Bedeutung der Stille beitragen kann: Eine Frau äußert sich empört vor dem Scheidungsgericht, dass ihr Mann seit zehn Jahren kein einziges Wort mehr mit ihr gesprochen habe. Etwas ungläubig fragt der Richter den verschüchtert wirkenden Mann, ob dies denn wahr sei. Darauf antwortet der mit leiser Stimme: » Ja, Herr Richter, ich wollte meine Frau nicht unterbrechen!« – So könnte man vielleicht manche Gebetserfahrung ausdrücken und die Klage klären helfen:

»Gott spricht nicht im Gebet zu mir!« Könnte da die Antwort Gottes nicht lauten: »Es ist so schwer, dich zu unterbrechen, wenn du deine Anliegen, Sorgen und Lobpreisungen vorbringst«? Es gibt eine Weise des Sprechens, die kindliches, biblisches und auch erwachsenes »Herz-Ausschütten« meint. Es gibt aber auch einen geistlichen Wortschwall, der Begegnung erschwert oder gar verhindert. Die Erfahrung des Ignatius sagt hier: » Je mehr sich unsere Seele allein und abgeschieden befindet, umso mehr macht sie sich geeignet, ihrem Schöpfer und Herrn sich zu nahen und bei ihm anzukommen« (EB, Nr. 20).

Abkehr als Voraussetzung für Zuwendung, für tiefere Kommunikation, – darum geht es in Exerzitien.

Differenzierte Fragestellungen

Wer in der lebendigen Exerzitientradition steht, lernt immer neu dazu. Ein Zeugnis für den Wunsch nach Lernen und wachsender Achtsamkeit können einige Fragestellungen sein, die für Exerzitien wichtig sind und die etwas von deren sensibler und differenzierter Kommunikation zeigen.

(1) Mögliche Fragen im Vorgespräch
Wenn Exerzitien über längere Zeit stattfinden, dann gibt es inzwischen oft Vorgespräche oder wenigstens einen schriftlichen und/oder telefonischen Kontakt. Dabei sind Fragen wichtig wie:

 ◆ Was sind Ihre Hoffnungen und Erwartungen für die Exerzitien?
 ◆ Bringen Sie Befürchtungen in die Exerzitientage mit? Wie oft haben Sie schon Exerzitien gemacht?

- Was ist in den letzten Exerzitien für Sie wichtig gewesen, und wie ist dies weitergegangen?
- Wie steht es mit Ihrer seelischen Situation und Belastungsfähigkeit?
- Was ist in Exerzitien für Sie erfahrungsgemäß wichtig, hilfreich, eine Gefahr?
- Was möchten Sie über Ihr Gebetsleben sagen?
- Stehen größere äußere oder innere Entscheidungen an?
- Was ist für Ihre jetzige Lebenssituation besonders kennzeichnend?
- Gibt es sonst noch etwas, das Ihnen wichtig ist, zu sagen?

(2) Zur Vorbereitung auf das Gespräch in den Exerzitien
- Was hat mich besonders bewegt seit dem letzten Gespräch am Vortag?
- Welchen Übungsweg bin ich gegangen oder geführt worden?
- Wie fühle ich mich?
- Stört mich etwas auf dem Weg?
- Was empfand ich als besonders hilfreich? Fühle ich einen Widerstand gegen etwas? Fühle ich mich in eine Richtung zum Weitergehen eingeladen?
- Wohin zielt mein Wünschen und meine Sehnsucht?
- Gibt es eine Frage oder eine Störung im Blick auf das Begleitgespräch?

(3) Zur Reflexion für den Begleiter / die Begleiterin
- Was ist mein Gesamteindruck oder Grundgefühl vom Weg des Begleiteten?
- Fällt mir etwas besonders auf?
- Wo nehme ich Bewegungen des Geistes / des Ungeistes wahr?

Exerzitien

- Wo scheint es weiterzugehen, und wo scheint der Exerzitant stehen zu bleiben?
- Wie habe ich mich vor, während und nach dem Gespräch gefühlt?
- Fühlte ich mich blockiert oder innerlich frei?
- Bin ich zu sehr ins »Machen« geraten?
- Was ist mir in diesen Tagen neu über den Exerzitienweg aufgegangen?
- Was erlebe ich als wichtig für den Dienst der Begleitung?
- Gibt es sonst noch »Reste« in mir?

Sicher würde Ignatius zu dieser Liste an Fragen sagen: Wir können viel durch unser Mittun bewirken, aber nichts ohne Erfahrung und die Gnade des Herrn und seines Geistes.

5

Kommunikation mit sich selbst
Das Gebet der liebenden Aufmerksamkeit

Eines der vielen humorvollen und hintersinnigen Worte des Komikers Karl Valentin bringt die Frage der Kommunikation mit sich selber auf den Punkt: »Heut Abend, da möcht I mi bsuachn. Bin gspannt, ob I dahoam bin.« – Ist dies nicht eine exakte Beschreibung dessen, wie es »uns« nicht selten selber geht? Man ist »daheim«, man ist allein, – aber ist man wirklich bei sich? Man ist nicht nur »außer sich«, wenn man vor Wut explodiert, man kann auch außer sich, nicht bei sich sein, weil die eigene Aufmerksamkeit nur nach außen geht. Am deutlichsten wird dies, wenn jemand nicht sagen kann, wie es ihm geht, wie ihm zu Mute ist, wie er sich fühlt, was bei ihm abläuft. Nicht wenige Sensibilisierungs-Seminare wollen nichts anderes tun als helfen, dass jemand in Kontakt mit sich selber kommt. Auch für Ignatius war es ein langer Weg, bis er sich selber fand.

Entdeckung der Innenwelt

Es sind nicht nur erbauliche Geschichten, sondern es stimmt oft genug, dass ein Manager, ein Geschäftsmann oder auch eine viel beschäftigte Hausfrau erst während einer längeren, vielleicht lebensbedrohlichen Krankheit »zu sich« kommt. Die langen Stunden des ruhigen Daliegens ohne Ablenkung, ohne Gespräche, ohne Lektüre können helfen, den eigenen Innenraum und damit die

Möglichkeit zur Kommunikation mit sich selbst zu entdecken. Das hat auch Ignatius erlebt. Als er nach seiner Verletzung bei der tollkühnen Verteidigung der Festung von Pamplona auf dem Krankenlager lag, machte er seltsame und in der Folge weitreichende Erfahrungen. Er entdeckte bei sich unterschiedliche innere Regungen, Empfindungen und Gefühle. Das Entscheidende war dabei für ihn die Wahrnehmung eines Unterschieds zwischen verschiedenen Nachwirkungen von Tagträumen. Wenn er davon träumte, wie er Abenteuer im Dienst einer vornehmen Dame oder große, ritterliche Taten vollbrachte, dann war er begeistert, solange er in seinen Fantasien schwelgte. Danach aber empfand er eher einen faden Nachgeschmack.

Umgekehrt war es, wenn er nach der Lektüre der Heiligen Schrift oder von Heiligenlegenden davon träumte, in der Nachfolge Jesu und der Heiligen »barfuß nach Jerusalem« zu gehen: Da »erfüllte ihn nicht bloß Trost, solange er sich in solchen Gedanken erging, sondern er blieb zufrieden und froh, auch nachdem er von ihnen abgelassen hatte« (BDP, Nr. 8). Die Bedeutsamkeit dieses Unterschieds, den er zuerst gar nicht wahrnahm, wird aus seiner Bemerkung deutlich: »Dies war die erste Überlegung, die er über die Dinge Gottes anstellte. Als er später das Exerzitienbuch verfasste, begann er, von hier aus Klarheit über die Lehre von der Verschiedenheit der Geister zu gewinnen« (BDP, Nr. 8).

Wer mit der eigenen Gefühlswelt vertraut ist, für den mag dieses Geschehen kaum des Aufhebens wert sein. Es gibt jedoch genügend Menschen, die diesen Zugang zu ihrem eigenen Empfinden und Fühlen nicht kennen. Es kommt immer wieder vor, dass jemand, wenn er im Begleitungsgespräch von der Geschichte einer massiven Verletzung erzählt, nicht über seine Empfindungen und Gefühle sprechen kann. Auf die Frage, wie er sich fühle, folgt nicht selten die Antwort in der Weise, dass nur nochmals die Geschichte von der erlittenen Ungerechtigkeit und so weiter erzählt wird, aber das Vokabular für Ärger, Zorn, Wut, Angst, Traurigkeit, Bedrücktsein und Ähnliches zu fehlen scheint. – Ignatius lernte diese inneren Bewegungen kennen. Während einer seiner Brüder auf Schiffen in die Neue Welt fuhr – Amerika war soeben entdeckt worden –, machte Ignatius die Entdeckung ungeheurer, geheimnisvoller Innenwelten.

Der Kompass der Seele

Wo geht's denn hin? Wo geht's denn lang? – Dies sind normale Fragen, wenn jemand wissen möchte, wo ein Weg, ein Unternehmen, eine Planung hinführen. Fragen, die auch Ignatius stellte, als er elementar seine inneren Regungen und Bewegungen entdeckte. Er erlebte seine Gefühle nicht nur als bunte Farbkleckse auf seiner Seelentafel, sondern meist verbunden mit Fragen nach seinem Lebensweg: Was wollte er? Weiter den Karriereweg bei Hof gehen? Oder einer Spur nachgehen, wie sie sich ihm bei den Heiligen und den Jüngern Jesu zeigte? Was wollte Gott von ihm?

Ignatius war bemüht, in seinem Suchen auch die Welt seiner Empfindungen als Hinweise, Wegweiser und Antworten zu entschlüsseln. Die bedeutendsten Gefühlsregungen waren für ihn sicher die der Freude, des Trostes und der Begeisterung. Wenn er Begeisterung und anhaltende Freude verspürte, bewegte er sich in diese Richtung innerlich und äußerlich weiter. Vor allem beim Anblick des Sternenhimmels fühlte er in sich Trost, Jubel, Freude und das große Verlangen, dem Herrn des Universums zu dienen (vgl. EB, Nr. 11). Von diesem Verlangen, von der Begeisterung für Ideale »entflammt«, erlebte er sich geführt und getrieben.

Kommunikation mit sich selbst

Als einfache Grundregel mag gelten: Was einem auf Dauer tiefe Freude, Frieden, Freiheit, Liebe und innere Stimmigkeit bringt, das ist eine gute Wegspur. Wer diesen Impulsen folgt – auch gegen manche Widerstände –, der darf sich Wege des Lebens geführt wissen.

Irrwege und Unterscheidung

So einfach freilich ist es mit dem Kompass der Seele allerdings nicht immer. Bei Ignatius und in der geistlichen Tradition wird oft von der »Versuchung unter dem Anschein des Guten« gesprochen. Diese Erfahrung machte Ignatius vor allem in einer Lebensphase, während der er von Skrupeln heimgesucht wurde. Er fand und fand keine Seelenruhe, sooft er auch beichtete. Schließlich stand er vor der Versuchung, Selbstmord zu begehen: Er brauchte sich nur durch eine Falltüre in seiner Zelle in die Tiefe zu stürzen. Unter dem Anschein des Guten, das heißt unter der Einladung, immer feineren Bewegungen seines Gewissens zu gehorchen, wurde er von seinem Perfektionismus in eine seelische Sackgasse getrieben. Von dieser Erfahrung her stellt sich für Ignatius immer die Frage: In welche Richtung führen mich meine Gedanken, Vorstellungen und Gefühle? Vom Ziel her muss die Unterscheidung geschehen.

Die Ziele können bei ähnlichen oder fast gleichen Gefühlen in ganz verschiedene Richtungen führen: Es gibt eine innere friedliche Stimmung, die nur Anzeichen für einen faulen Frieden ist, für ein Abschotten gegenüber der »bösen Welt draußen«. Und es gibt einen Frieden, der einem Freude bereitet und Kraft schenkt für die Herausforderungen des Lebens. Ähnlich kann es mit dem Gefühl der Angst sein: Es gibt eine Angst, die dazu führt, sich zurückzuziehen und abzukapseln vor Begegnungen. Umgekehrt gibt es eine

Angst, die vor wirklichen Gefahren warnt beziehungsweise dazu führt, Beziehung aufzunehmen mit jemandem, der hilft.

Die für Ignatius so wichtige »Unterscheidung der Geister« achtet auf die inneren Gefühle und sucht herauszuspüren, in welche Richtung die inneren Bewegungen weisen: Führen sie in die Richtung von mehr Vertrauen, Glauben, Lieben, Hoffen, dann versteht Ignatius dies als Richtung zum Guten hin. Wenn er dagegen innere Lähmung, Resignation, Verzweiflung wahrnimmt, dann sieht er zerstörerische Kräfte am Werk. – Die ersten Jahre nach seiner Umkehr auf dem Krankenbett waren Jahre, in denen er die Kommunikation mit sich selber, mit seinem Fühlen und Wollen immer weiter kultivierte.

Das Evangelium des Lebens

Es ist fast überflüssig zu sagen, dass Ignatius nicht nur immer mehr mit sich selber kommunizierte und sich so in sein Ich eingeschlossen hätte. Diese Gefahr hat es sicher auch für ihn gegeben. Doch er war zu sehr auf der Suche nach Gott, und so geschah die Kommunikation mit sich selber immer auch als Kommunikation auf Gott hin. Anders ausgedrückt: Im Erkunden seines Lebens entdeckte Ignatius immer mehr das Leben selbst als Evangelium. Das Evangelium Jesu Christi war nicht nur eine Schrift, die im Gottesdienst vorgelesen wurde, sondern es ereignete sich mitten im Leben, und mitten im Leben suchte und fand er Gott. Diese Entdeckung machte Ignatius bei allem, was geschah. Er reservierte sich täglich eine besondere Zeit, um sein Leben und Gott ausdrücklich in Beziehung zu bringen. Für diesen Vorgang wählte er die Formulierung *»allgemeine Gewissenserforschung«* (vgl. EB, Nr. 43).

Ihr Sinn entschlüsselt sich leichter in Worten, die heutzutage eher gebraucht werden: »Tagesauswertung« beispielsweise bringt zum Ausdruck, dass es gilt, die Kostbarkeiten und die Gefährdungen eines Lebenstages zu entdecken. Die Formulierung vom »Gebet der liebenden Aufmerksamkeit« oder vom »Gebet der Achtsamkeit« zielt auf ein liebevolles Durchspüren des Tagesgeschehens: So wie man vielleicht durch eine Verpackung hindurch einen Gegenstand ertastet, so kann man durch das verhüllte Tagesgeschehen hindurch den Geist Gottes und sein Wirken zu ertasten suchen.

In der Urform der Gewissenserforschung gibt es bei Ignatius fünf Schritte:

◆ Im ersten Schritt lässt sich Ignatius zu Bewusstsein kommen, dass er in der *Gegenwart* des Gottes lebt, dessen Name lautet: »Ich bin der Ich-bin-da«. In dieser Gegenwart *dankt* er für all das, was er als Wohltat, als gut, als lebenschenkend erfahren hat. Er übt sich in das Danken ein, und zwar im Bewusstsein, dass Undankbarkeit, wie er einmal formuliert, die »Quelle alles Bösen« ist.

◆ In einem zweiten Schritt lässt er seine *Sehnsucht* laut werden, er möge Klarheit in seinem Leben gewinnen und frei werden von all dem Finsteren, Bösen, Sündhaften, das sein Leben und Lieben bedroht.

◆ Im dritten Schritt vergegenwärtigt er sich das *Geschehen des Tages* vom Morgen bis zum Abend. Er erinnert sich an Gespräche, Entscheidungen, Begegnungen und spürt hin, wo er innere Unklarheiten, Bewegungen und Regungen des Ungeistes in sich verspürte wie etwa falsche Ängste, Voreingenommenheiten, Fixierungen oder Ähnliches.

◆ Im vierten Schritt, der sich organisch daraus ergibt, öffnet er

Kommunikation mit sich selbst

sich für den Heiligen Geist, für den Strom der *Versöhnung,* für das Geschehen der Befreiung, für die Befriedung seiner Seele.

◆ Im letzten Schritt wendet er sich vertrauensvoll und in der Hoffnung auf Gottes Geist der *Zukunft* zu. Er gibt der Bewegung in sich Raum, dass die Kraft des Guten, der Sauerteig des Evangeliums, die liebevolle Vorsehung Gottes immer mehr sein Leben durchwirke.

Was Ignatius als fünf Punkte auflistet, trägt den Atem großer Worte in sich: Gott und Leben aus Dankbarkeit, Wahrheit und Freiheit, Leben und Lebensordnung, Umkehr und Versöhnung, Hoffnung und Wachstum. In der täglichen Pflege dieses Bewusstseins wird ein Mensch immer gottverbundener, wahrhaftiger, freier, versöhnter und hoffnungsvoller. Man darf dies wohl so zusammenfassen: Er reift zu einem Menschen, der immer mehr mit dem Leben kommuniziert und diese Kommunikation in der Gewissenserforschung mehr und mehr kultiviert.

Auf den Punkt gebracht

Neben der allgemeinen Weise der Erforschung kennt Ignatius die *»besondere Erforschung«* (vgl. EB, Nr. 24–31). Darin ähnelt er einem nüchternen Verhaltenstherapeuten, könnte man sagen. Er fragt sich klar: »Welche Änderung in meinem Leben suche ich?« Diese nimmt er sich zum Ziel und arbeitet daran. Über Wochen hin macht er sich zweimal am Tag auf einem entsprechend vorbereiteten Blatt eine kurze schriftliche Notiz, wie er mit seinem Vorsatz zurechtgekommen ist, und beobachtet die Entwicklung. Solche Fragestellungen und alltäglichen Lebensprojekte – früher sagte man »guter Vorsatz« dazu – können sein: am Abend den Bürotisch aufräumen; Menschen mit wichtigen Anfragen nicht ewig auf Antwort warten lassen; sich eine tägliche Gebetszeit nehmen; beim Abendessen die Kinder nach ihrem Schulalltag fragen; statt ausweichender Antworten lieber eine direkte, offene Ausdrucksweise wählen und so weiter.

Es kann sich dabei um Dinge handeln, die sich eher auf das äußere Verhalten richten, aber auch um solche, die tiefer gelegene Einstellungen betreffen. Manche von den angeführten Möglichkeiten mögen sich kleinkariert ausnehmen, und doch hat die Antwort eines alten Weisen an einen idealistischen jungen Weltverbesserer auf dessen Frage hin, was er denn tun könne für den Frieden in der Welt, einiges für sich: »Sie könnten damit anfangen, die Tür hinter sich etwas leiser zu schließen.«

Eine neuere Untersuchung – woher anders als aus Amerika – hat ergeben, dass diejenigen, die ihre Ziele und die Wege dazu schriftlich fixieren, beruflich deutlich erfolgreicher sind und mehr verdienen als Menschen, die ihre Pläne nur gedanklich im Kopf haben. Offensichtlich liegt in der schriftlichen Fixierung eine eigene Kraft: die Kraft der Klarheit, aber vielleicht auch ganz einfach die Kraft der Erinnerung. Ein asiatisches Weisheitswort sagt: Die blasseste Tinte ist stärker als das beste Gedächtnis.

All solches Üben kann als kreativer Versuch gesehen werden, die Kommunikation mit der Mitwelt zu verbessern. Als Vorbereitung dazu dient, mit sich selber ins Gespräch zu kommen und – für Ignatius wesentlich – sich immer wieder dafür zu öffnen, dass Gottes Geist im eigenen Inneren und in den Beziehungen wirken möge.

Aus der Praxis

Nicht selten sind Menschen über viele Jahre hin damit beschäftigt, sich mit der Erziehung durch ihre Eltern und die Umwelt auseinander zu setzen. Nicht ganz so häufig kommt es vor, dass jemand, nachdem er der elterlichen und schulischen »Fremderziehung« entwachsen ist, die Selbsterziehung in die eigene Hand nimmt. Die Gewissenserforschung, die Tagesauswertung, das Gebet der liebenden Aufmerksamkeit sind ein Weg, liebevoll und in innerer Freiheit am eigenen Wachstumsprozess mitzuwirken. Freilich stellen sich einem viele Widerstände entgegen. Eine Reihe von Beispielen soll zeigen, wie es gelingen kann, durch die betende Tagesauswertung die Kommunikation mit sich und der Mitwelt zu verbessern und mit auftretenden Schwierigkeiten umzugehen.

(1) »Aller Anfang ist schwer« oder: »Wie gewöhne ich mir eine Gewohnheit an oder ab?« – so könnte die *Startschwierigkeit* betitelt werden. Nicht wenigen hilft, wie so oft im menschlichen Leben, der »Leidensdruck«: »Ich habe einfach gemerkt, so geht es nicht mehr weiter! Ich werde mehr gelebt, als dass ich lebe! Das war für mich die entscheidende Motivation, mir täglich Zeit für mich selbst zu nehmen!«

Die erste Frage scheint tatsächlich die der *Motivation zu* sein. Warum will ich mir Selbsthilfe geben, wozu und mit welchen Mitteln?

(2) Neben der richtigen Motivation ist vor allem die *Frage nach den Mitteln* bedeutsam, denn man kann wohl zu Recht sagen: »Der Wille zum Ziel ist so entscheidend wie der Wille zu den Mitteln.« Die eigene Ernsthaftigkeit, ein Ziel zu erreichen, lässt sich daran

überprüfen, ob man konkrete Mittel dafür einsetzen will. Wenn jemand einen Gipfel besteigen will, aber vorher weder einen Klettergarten besucht noch für eine entsprechend gute Ausrüstung spart, hat er zwar Gipfelträume, aber keinen »Gipfelwillen«. Wie aber kann der Wille zur Selbsthilfe durch das Gebet der liebenden Aufmerksamkeit im eigenen Leben verankert werden?

(3) Das Erste ist wohl *die Wahl des richtigen Zeitpunkts und des Raumes:* Für manche sind die ersten Minuten nach dem Aufwachen genau richtig, für andere jedoch die unmöglichste Zeit. Wieder andere erleben die Zeit in der Straßenbahn oder im Zug als ideal. Jemand anderer setzt sich fünf oder zehn Minuten in die nahe gelegene Kirche oder auf eine Parkbank, bevor er wieder in die eigene Wohnung geht, oder er richtet sich im eigenen Zimmer eine kleine »Gebetsecke« her. Für andere ist die Zeit vor dem Schlafen am besten: »Ein ruhiges Gewissen ist das beste Ruhekissen!«, sagt der Volksmund. Daran ist viel Wahres.

(4) Hilfreich für eine Einübung mögen auch *fantasievolle Weisen der Gewissenserforschung* sein. Für manche Ehepaare kann das gemeinsame Sich-den-Tag-Erzählen ein guter Weg sein und zugleich das Wachsen in der Beziehung fördern. Beeindruckend ist die Praxis eines Ehepaares, das sich infolge der beruflichen Anspannung nur die Zeit des Frühstücks füreinander nehmen kann. In dieser kostbaren halben Stunde reden die beiden nur über sich und was sie betrifft. Sie sagen: »Wenn dann etwas Fremdes sich einmischt, fragen wir uns, ob in der Beziehung noch alles stimmt.« – Für jemand anderen kann die Tagesauswertung in Gestalt einer geistlichen Zigarettenpause hilfreich sein: »Ich mache das Fenster auf, zünde meine Zigarette an, lasse den Rauch aufsteigen und mit

Kommunikation mit sich selbst

dem Rauch meine Gedanken und die Erlebnisse des Tages. Das gestalte ich aus zu meinem ›Rauchopfer an den Herrn‹.« Natürlich ist hier die Botschaft angebracht: »Der Bundesgesundheitsminister warnt …«, aber es wird deutlich, dass eine stimmige Atmosphäre durchaus inspirierend ist.

Oder da sagt jemand: »Einen Therapeuten kann ich mir nicht leisten, aber Gott kann ich mir leisten, der macht es umsonst!« Hinter dieser Aussage liegt die Erfahrung: »Wenn ich im Bett liege, dann lasse ich einfach alle Gedanken und Gefühle kommen, mögen sie angenehm oder beschämend oder beängstigend sein. Gott kennt mich. Er weiß um mich und schaut liebevoll auf mich, er kennt mich. Unter seinen Blick lege ich mein Leben.« Diese Art, heilsamen »Seelennebel« aufsteigen zu lassen, ist vergleichbar mit dem Geschehen, das im Psalm 139 zum Ausdruck kommt: »Herr, du hast mich erforscht, und du kennst mich. Ob ich sitze oder stehe, du weißt von mir. Von fern erkennst du meine Gedanken. Ob ich gehe oder ruhe, es ist dir bekannt; du bist vertraut mit all meinen Wegen« (139,1–3).

(5) Dieser Psalm eignet sich auch dazu, eine einfache, *kontemplative Weise der Gewissenserforschung* einzuüben: Die Erforschung wird Gott überlassen. Sicher ist es sinnvoll, auf das eigene Leben zu schauen. Aber dürfen wir nicht auch die Tatsache berücksichtigen, dass wir uns nie ganz, ja oft nur zum kleinsten Teil durchschauen? Sind wir nicht wie eine Insel im Meer, von der nur der viel kleinere Teil aus dem Wasser herausragt? Und führen unsere Tauchversuche in Ufernähe meist doch nicht in die letzten Tiefen? Es kann eine wunderbare und heilsame Weise der Gewissenserforschung sein, alles aktive Erforschen zu lassen und nur da zu sein, dazusitzen, dazuliegen und sich dem liebenden Auge Gottes zu überlassen.

Kommunikation mit sich selbst

»Hier liegt dein Knecht, bewahr' ihn recht!« lautete das ganze Abendgebet einer Krankenschwester, das ihr in den Krankenzimmern auch noch von »rauhen Gesellen« abgenommen wurde.

(6) Für mich selber ist das Gebet der Aufmerksamkeit in der Form des *Pausengebetes* eine gute Hilfe. Richtig bewusst wurde mir diese Weise während meiner Jahre als Spiritual am »Germanicum« in Rom. Wenn die neuen Theologiestudenten kamen, gab ich ihnen zu Beginn immer fünf Tage Exerzitien – einschließlich eines täglichen kurzen Gespräches mit jedem Einzelnen. Das konnten in manchen Jahren um die fünfzehn Gespräche am Tag sein, neben den Hinweisen, der Eucharistiefeier und so fort. Am Schluss fragten gelegentlich Studenten mit einer Mischung aus Dankbarkeit, Verwunderung und Interesse: »Wie stehen Sie das durch, ohne dass Sie jetzt völlig erschöpft wirken?« Meine etwas ironische, aber durchaus ernst gemeinte Reaktion bestand in der Gegenfrage: »Haben Sie schon einmal eine Woche lang jeden Tag zwanzigmal eine Pause gemacht?«

Natürlich hatte das nie jemand getan. Dann konnte ich erklären, dass ich mir dies in den vergangenen Tagen genehmigt hatte. Nach jedem Kurzgespräch habe ich mir eine Minute oder auch mal fünf Minuten Pause genommen. Ein kurzes Hinspüren: »Wie fühle ich mich jetzt? Bin ich locker oder verspannt? Was bewegt mich vom letzten Gespräch her besonders?« Und dann den Atem ausströmen lassen und den Weg des Menschen, der bei mir war, dem Geist Gottes ganz überlassen. Vielleicht noch ein Dehnen und Strecken, ein Blick durchs Fenster in die Landschaft hinaus und dann wieder ein Warten auf das nächste Anklopfen, auf den, der als Nächster mit einem Stück seines Lebensgeheimnisses zu mir kommt.

Solch kleine spirituellen Pausen können eine Wirkung haben wie die Stoßdämpfer beim Auto, die Pufferzonen bei Eisenbahnwagen und die Knorpelscheiben beim Rückgrat. Wenn diese kleinen, elastischen Zwischenräume fehlen, dann kommt es irgendwann zu einem fürchterlichen Rumpeln und zu unausstehlichen Schmerzen. Also, warum sich nicht die tägliche Lockerungsgymnastik des Pausengebetes gönnen? Solche Pausen können auf dem Gang von einem Bürozimmer ins nächste, zwischen dem Zurücklegen eines Telefonhörers und dem Einschalten des Computers stattfinden. Die »schöpferische Pause« muss man nicht immer erst auf den nächsten Urlaub verschieben. Immer wieder ein Päuschen zwischendurch tut es oft auch.

(7) Für manche Menschen ist das *Gebet mit dem Terminkalender* zu einer geliebten Gewohnheit geworden. Am Morgen drei Minuten lang einen Blick in den Kalender, auf die verschiedenen Termine und die Zwischenzeiten. Was sehe ich heute auf mich zukommen? Was bewegt mich dabei? Welche Hoffnungen habe ich? Kann ich glauben, dass Gottes Geist in allem wirkt, oft genug im Kampf mit viel Ungeist?

Der große Apostel der Nächstenliebe, Vinzenz von Paul, erzählte einmal von einem Morgengebet, das ihm ein Gerichtspräsident anvertraute: »Wissen Sie, Monsieur, wie ich mein Gebet bete? Ich überblicke das, was ich im Laufe des Tages zu tun habe, und fasse, von hier ausgehend, meine Entschlüsse: Ich werde jetzt zum Justizpalast gehen. Ich habe dort diese und jene Sache zu führen und treffe vielleicht irgendeine Persönlichkeit der Gesellschaft, die mich aufgrund Ihrer Empfehlung zu bestechen gedenkt. Mit Gottes Gnade hüte ich mich davor. Vielleicht wird man mir irgendein sehr ansprechendes Geschenk machen: o ja – aber ich nehme es nicht an. Wenn ich entschlossen bin, irgendwelche Parteilichkeit von der Hand zu weisen, spreche ich ruhig und herzlich mit ihm.«

Vinzenz fragt nach dieser Erzählung dann noch: »Nun also, was halten Sie von dieser Art Morgengebet?«

Man dürfte wohl zum Schluss fragen: Nun also, was ist zu halten von einer solchen Art von Kommunikation mit sich selber, mit dem eigenen Leben und in all dem von der Kommunikation mit Gott?

6
Kommunikation und Kommunität

Bürgerinitiativen und Gesellschaften mit beschränkter Haftung, Parteien und Kirchen, Gewerkschaften und Kulturvereine, Gruppen und Gruppierungen, Ausflugsgesellschaften und Expeditionen, Banden und Organisationen, Ordensgemeinschaften und Cliquen, Kommunen und Kommunitäten – eine Unzahl von Begriffen, um verschiedene und verschiedenste Gestalten von Gruppen und Gemeinschaften zu kennzeichnen. Dass Gruppen und Gemeinschaften mit Kommunikation zu tun haben, ist evident. Ohne Kommunikation gibt es keine Gemeinschaft. Gemeinschaft ist Kommunikation. Es lohnt sich, bei Ignatius nicht nur auf die Kommunikation, sondern auch auf die Kommunität, auf seine Vorstellung von Gemeinschaft, von Ordensgemeinschaft zu schauen. Beides hängt zusammen: Gemeinschaft lebt von Kommunikation, und Kommunikation schafft Gemeinschaft.

»Freunde im Herrn« – Suchbild einer Gemeinschaft

Welche Art von Gemeinschaft lebten die ersten Gefährten mit Ignatius? Welches Selbstverständnis hatten sie? Die Antwort auf diese Fragen ist vielschichtig. Es kann hierbei die Vorstellung helfen, dass man eine Art »Phantombild« herstellt wie bei einer Täterfahndung. Dort werden verschiedenste Bilder von Augenzeugen zusammengetragen. Wenn man diese alle übereinander legt, dann kommt ein ungefähres »Durchschnittsbild« zustande. Welches sind solche verschiedenen Folien oder Schichten des ignatianisch-jesuitischen Verständnisses von Gemeinschaft und damit auch von Kommunikation?

Bevor wir die einzelnen Folien übereinander legen, soll zuvor eine Selbstbezeichnung zur Sprache kommen, die vor allem für die junge Gruppe um Ignatius herum wichtig wurde: Sie verstanden sich als »Freunde im Herrn«, auch wenn sie diese Bezeichnung nicht häufig verwendeten. Sie sahen sich als Freunde Jesu Christi, als Gottesfreunde und als Freunde untereinander. Anders formuliert: *Die Zugehörigkeit zu Jesus schuf die Zusammengehörigkeit untereinander.*

Auch als die erste Zeit vorbei war, die wie aller Anfang den »Zauber des Anfangs« in sich trug, blieb das entscheidende Selbstbild dieser Gemeinschaft erhalten. Als Großgruppe, als Orden nannte sie sich nicht »Freunde im Herrn«, aber Ignatius hätte nie einen anderen Namen als »Gesellschaft Jesu« zugelassen. Die Seinen sollten nicht »Ignatianer« heißen. Seine Gemeinschaft sollte sich auch nicht in erster Linie durch eine gemeinsame pastorale Zielfelderbestimmung definieren, sondern eine Beziehungsgemeinschaft sein, eben die Gesellschaft Jesu.

Sicher können die zusammengelegten Schichten und Folien nur ein »Phantombild« ergeben; manchmal führt aber auch dies zu einem »Fahndungserfolg«.

Suchgemeinschaft von Glaubenden

Die erste Folie ist die einer *Suchgemeinschaft* von glaubenden, religiösen Menschen. Die jungen Männer der jungen Gemeinschaft waren alle mehr oder weniger noch auf der Suche. Eine ganze Reihe von ihnen studierte an der berühmten Sorbonne in Paris. Niemand von ihnen fühlte sich am Ziel, weder mit seinem Leben noch mit seinem Glauben. Ihr Leben gärte wie junger Wein, und ihr religiöses Suchen ließ sie nicht zur Ruhe kommen. An diesem Punkt holte Ignatius sie ab und führte sie weiter und auch zusammen.

Partnerschaftliche Lebensgruppe

Die zweite Folie kann als *partnerschaftliche Lebensgruppe* in dem Sinne bezeichnet werden, dass die jungen Männer vieles in ihrem Leben miteinander teilten und sich mitteilten. Der spätere Sekretär der Gesellschaft Jesu, Juan de Polanco, beschreibt das Zusammenwachsen der Gruppe mit den Worten:

»Die zweite Weise, um diese Gefährten beieinander zu halten, war die gegenseitige Vertraulichkeit und die vielfältige gegenseitige Kommunikation. Da sie nicht in demselben Hause wohnten, hatten sie die Gewohnheit, bald bei dem einen, bald bei einem anderen wegen der gegenseitigen Zuneigung das Mahl einzunehmen und einander in geistlichen wie auch in zeitlichen Dingen beizustehen. So nahm die gegenseitige Zuneigung in Christus zu. Auch halfen diese Zusammenkünfte in nicht geringem Maße beim Studieren. Wer auf einem bestimmten Gebiet mehr Talente hatte als ein anderer, half dem, der weniger davon erhalten hatte« (Wilkens, 228 f).

Einfacher und konkreter kann das intensive Gruppenleben einer geistlichen, studentischen Gemeinschaft kaum beschrieben werden: Sie teilten miteinander, was sie hatten.

Gemeinsame geistliche Lebensweise

Die dritte Folie ist die der *gemeinsamen geistlichen Lebenselemente* und der *gemeinsamen Spiritualität*. Einer der ersten Gefährten berichtete einmal, die Gefährten hätten verwundert festgestellt, dass sie, noch bevor sie alle zusammengekommen waren, wesentliche Elemente ihres geistlichen Lebensstiles gleichermaßen lebten. »Kein Wunder«, wird man sagen müssen, weil sie alle durch die Schule des Ignatius gegangen waren: Für sie war geistliche Begleitung wichtig geworden; sie waren den Exerzitienweg gegangen; zu ihrem Leben gehörten das Gebet, die Gewissenserforschung und ein einfacher, ja armer Lebensstil; die Sakramente der Eucharistie und der Beichte hatten für sie immer mehr an Bedeutung gewonnen.

Der »priesterliche Charakter« – »Den Menschen helfen«

Ob der *priesterliche Charakter,* der für den Jesuitenorden kennzeichnend ist, wie päpstlicherseits gelegentlich mahnend betont wurde, für die Frage nach der Kunst der Kommunikation viel hergibt? Zumindest in *einem* Sinn: Ignatius verstand sein Priestersein als Dienst für die Menschen, als nichts anderes. Am greifbarsten wird dies in einer Formulierung aus dem »Bericht des Pilgers«. Hier sagt Ignatius über sich selber: »Seitdem der genannte Pilger erkannt hatte, dass es nicht der Wille Gottes sei, auf Dauer in Jerusalem zu bleiben, überlegte er beständig bei sich, was er nun tun solle. Schließlich kam er immer mehr zu der Überzeugung, er solle eine Zeit lang studieren, um den Seelen helfen zu können« (BDP, Nr. 50).

Ignatius sah und sagte sich: Ich kann unbehelligter über geistliche Fragen sprechen und predigen, ich darf Menschen die Versöhnung Gottes im Sakrament der Versöhnung schenken und mit ihnen Eucharistie feiern, also studiere ich und werde Priester! Von besonderen inneren Erfahrungen und Erleuchtungen – wie in vielen anderen Zusammenhängen – spricht Ignatius nicht. Er wird Priester, weil er glaubt, so Menschen mehr zu ihrem Heil dienen zu können. Es ist bezeichnend, dass Pater Nadal einmal einen Vortrag bei Mitbrüdern mit der Entschuldigung beginnt: »Ich muss nebenbei erwähnen, dass ich gestern vergessen habe, euch zu erzählen, dass Vater Ignatius zum Priester geweiht wurde« (O'Malley, 187). Ignatius selber erwähnt in den umfangreichen Satzungen des Ordens kein einziges Mal die Priesterweihe. So nüchtern dies klingen mag, so hat all dies Ignatius nicht »gehindert«, in jeder Messe zuinnerst, mystisch berührt zu sein.

Auch bei den Gefährten des Ignatius erscheint das Priestertum in einer eigenen Nüchternheit: Viele sind schon Priester oder auf dem Weg zum Priestertum, als sie sich Ignatius anschließen. Es ist für sie eine selbstverständliche Weise, in der Nachfolge Jesu und in der Kirche den Menschen zu dienen. Sie sprechen mehr über die Berufung zur Gesellschaft Jesu als zum Priestertum. Einige junge Jesuiten wollen sich nur weihen lassen, wenn der Obere es ihnen befiehlt, weil sie fürchten, das Priestertum bedeute die Gefahr einer Ehrenstellung.

So gesehen, hat das »Sonderthema Priestertum« vielleicht doch viel mit Kommunikation oder mit heutigen Kommunikationsschwierigkeiten in der Kirche zu tun. Ignatianisches Verständnis von Priestertum könnte vielleicht helfen, eines der kritischsten kirchlichen Themen, die mancherorts fast zerstörerische Spannung zwischen Laien und Priestern, zu entschärfen. Eine gelebte Dienstpraxis aller Christen müsste sowohl eine »kooperative Pastoral« wie eine entsprechende Theologie der verschiedenen Dienste und ihrer Einheit finden können.

Dienst- und Sendungsgemeinschaft

Die Gesellschaft Jesu versteht und verstand sich als *Sendungsgemeinschaft,* als eine *missionarische Gemeinschaft.* Nach dem Zeugnis von J. Polanco trägt die »Hoffnung, unter den Ungläubigen zu predigen oder für Christus zu sterben«, entscheidend zur Einheit der Gemeinschaft bei (Wilkens, 230). Gemeinsame Ziele sind für jede Gemeinschaft konstitutiv. Die »Arbeit im Weinberg des Herrn« ist ein stehender Ausdruck, der das gemeinsame Ziel kennzeichnet. Dass dabei an verschiedenen Stellen gearbeitet wird und der eine pflügt, ein anderer Reben beschneidet und ein Dritter erntet, das ist zweitrangig. Die Gemeinsamkeit liegt vor allem darin, dass alle im Dienste des gleichen Herrn und Gottes stehen. Von diesem Bild her wird auch deutlich, dass ein wesentlicher Sinn des Gehorsams nicht darin besteht, eine »schlagkräftige Truppe« zusammenzustellen, sondern Gehorsam hat Ignatius immer als Band der Einheit empfunden.

Eine eigene Bedeutung für das Selbstverständnis der jesuitischen Idee von »apostolischer Kommunität« hat es, wenn in der Anfangszeit des Ordens gesagt wird: »Unser Haus ist die Welt!« Damit ist weniger über den Ort des Bleibens, sondern vielmehr über die innere Beweglichkeit der Gemeinschaft ausgesagt: Unser Haus ist nicht ein Kloster, keine Residenz im Sinn von festem Wohnsitz, sondern das Ordenshaus ist eher einem Wohnwagen zu vergleichen. Unser Haus ist der Ort, wo der getane Dienst ausgewertet, wo in gemeinsamer geistlicher Entscheidung neue Aufgaben, neue Sendungsaufträge gesucht werden. Die strukturelle Gefahr dabei ist freilich, dass so ein Haus zum Ort der gemeinsamen Abwesenheit aller wird. Kennzeichnend aber bleibt: Es geht darum, beweglich zu sein und den Glauben mitten in der Welt zu leben, zu bezeugen und verkünden.

Pastorale Stilgemeinschaft – »Unsere Weise des Vorgehens«

Je mehr die Gefährten zusammenwuchsen, und je mehr sie in der Seelsorge standen, desto mehr wurden sie zu einer *pastoralen Stilgemeinschaft*. Es hat große Bedeutung, dass die Gefährten vom »noster modus procedendi«, von »unserer Weise des Vorgehens« sprachen. Dies bedeutet, sie hatten das Bewusstsein eines eigenen Stiles, durch den sie sich ein Stück weit von anderen unterschieden. Zu diesen Stilelementen gehörten:

- kein gemeinsames Chorgebet, um möglichst beweglich zu sein;
- Werke aufbauen und sie dann, wenn nötig, anderen zur Weiterführung überlassen;
- Seelsorge bei Jugendlichen, bei Armen und einfachen Menschen und ebenso bei den Reichen und Mächtigen;
- die »drängendsten Nöte« und die Sorge um die, um die sich niemand kümmert, sind vorrangig für den Dienst;
- eine von der Exerzitienspiritualität und den Exerzitien inspirierte Seelsorge, in der die Jesuiten sich als »Diener des Trostes« – so Pater Nadal – verstanden;
- Förderung von geistlichen Gesprächen in Gruppen;
- eigene Weisen von geistlicher Entscheidungsfindung wie etwa die gerade heutzutage oft genannte »deliberatio communitaria«, die gemeinsame geistliche Entscheidungsfindung;
- Vorgehensweisen, die sich an der Realität orientieren und immer danach fragen, was unter welchen Umständen und welchen personellen Konstellationen mehr hilft;
- in Predigt und Katechese nimmt der »Dienst am Wort« eine wesentliche Rolle ein.

Bei der Frage nach dem »Eigenstil« muss die *Bedeutsamkeit der geistlichen Gespräche* eigens erwähnt werden, weil sie zumeist nicht so bekannt ist. Von Pater Nadal wird überliefert, dass er die »from-

Kommunikation und Kommunität

men Gespräche« als Ursprung der Gesellschaft Jesu interpretierte (vgl. O'Malley, 135). Diese Art von Gesprächen war zunächst für die Jesuiten untereinander wichtig, wirkte sich dann aber auch stark in ihrer Pastoral aus. Sie förderten den Aufbau von geistlichen Gesprächskreisen, bei denen nicht immer ein Priester dabei sein musste, um das Gespräch zu moderieren und zu führen. Es konnte der Sakristan sein oder wer auch immer, der ein gutes Gespür für eine Gruppe und für Glaubensfragen hatte und den Gesprächskreis leitete. – Wenn man an manche Widerstände und Ängste denkt, die in den letzten Jahrzehnten gegenüber den immer mehr aufkommenden geistlichen Gesprächsgruppen anfangs bestanden, dann kann man sich wundern, was am Anfang der Gemeinschaftswerdung und der Pastoral der Jesuiten maßgebend war.

Kommunikationsgemeinschaft – das »fortdauernde Wunder«

Für ein vollständiges Bild von der Gemeinschaft muss eine eigene Folie mit der Überschrift *Kommunikationsgemeinschaft* aufgelegt werden. Sie stellt ein eigenes Charakteristikum ignatianischer Gemeinschaft dar. Im Zusammenhang mit den letzten Generalkongregationen der Jesuiten wird oft von »apostolischen Kommunitäten« gesprochen. In diesem Begriff liegt eine große Spannung. Eine apostolische Kommunität ist, wörtlich übersetzt, eine »ausgesandte Gemeinschaft«, sozusagen eine »Zusammenkunft von Ausgesandten«. Dies ausgewogen zu leben, ist eine Kunst oder sogar ein Wunder. In diese Richtung geht die Aussage eines Briefes, den der derzeitige Generalobere der Jesuiten, Peter-Hans Kolvenbach, an die Jesuiten schrieb: »In ihrer Beschäftigung mit der weltweiten Gesellschaft war sich die Generalkongregation bewusst, dass die Kommunität – jene Einheit von Menschen, die einander für ein lebenslanges Miteinander nicht ausgesucht haben – ein fortdauerndes Wunder darstellt.« Dieses Wunder verlangt immer auch ein lebenslanges Mühen um »die Kunst der Kommunikation«.

Kirchliche Gemeinschaft – »Das Fühlen mit und in der Kirche«
In ihrer Eigenart als Sendungsgemeinschaft versteht sich die ignatianisch-jesuitische Gemeinschaft wesentlich und ausdrücklich auch als *kirchliche Gemeinschaft,* und zwar in einem vielfachen Sinn. Sie verstand sich als Jüngergemeinschaft, und Kirche ist wesentlich Gemeinschaft der Jünger und Jüngerinnen Jesu. Kirchlich bestätigt existiert die Jüngergemeinschaft der Jesuiten aufgrund der Anerkennung als Ordensgemeinschaft, und sie verdankt der Gunst der Päpste mehr, als im Blick auf die zeitweilige Aufhebung der Gemeinschaft zwischen 1773 und 1814 durch Papst Klemens XIV. vermutet werden kann. Umgekehrt darf man auch sagen, dass der Orden mit seiner Eigenart auch der Kirche viel geschenkt hat. Nicht selten wurden die Jesuiten »preti reformati«, Reformpriester, genannt. Darin drückt sich ein Spagat aus zwischen kritischem Reformwillen und »dynamischer Treue« zur kirchlichen Gemeinschaft.

Die berühmt-berüchtigten 18 »Regeln für das wahre Gespür, das wir in der streitenden Kirche haben müssen« (vgl. EB, Nr. 352–370), bedürften einer eigenen, ausführlichen Interpretation. Dabei würde schnell auch der »Graben der Geschichte« deutlich, der ganze Jahrhunderte voneinander trennt. Wenn man die Botschaft der Regeln, die ja auch Kommunikationsregeln sind, aufs Knappste zusammenfasst, dann ist dies vielleicht mit drei Kernsätzen möglich:

♦ Kirchliche Gemeinschaft lebt aus dem Vertrauen, dass derselbe Geist Gottes in der Schöpfung, in den Geboten, in der Kirche und in der Herzensführung des Einzelnen wirkt – und auch

noch durch Konflikt und Konsens hindurch diese Wirkungs-
felder miteinander verbindet.

♦ Kirchliche Gemeinschaft lebt nur, wenn ihre Mitglieder im Innersten eine Dankbarkeit für diese Gemeinschaft spüren und
sie konkret zum Ausdruck bringen.

♦ Kirchliche Gemeinschaft lebt davon, dass notwendige Kritik
den Menschen gegenüber in einer Weise vorgebracht wird, die
Wirkung erwarten lässt.

Auch wenn die genannten Folien für das Suchbild Gemeinschaft nur Grobraster liefern, kann man doch ahnen, welch kom-
plexes Gebilde eine Gemeinschaft ist. Erlebnisse und Spielregeln,
Abneigungen und Freundschaften, Sympathie und Antipathie,
ständig wechselnde Situationen und feste Zielpunkte wollen gelebt,
durchlebt sein. Gemeinschaft ist ein Kunstwerk, Gemeinschaft ist
»ein Wunder«. Umso mehr zeigt sich in all dem die Bedeutsamkeit
der Pflege der Kommunikation.

Die Konstitutionen des Ordens – »Das Gesetz der Liebe«

Auch wenn das Latein längst nicht mehr die Unterrichtssprache der
Jesuiten ist, so gibt es immer noch einige lateinische Sprach-
fossilien, die mitten im Umgangsdeutsch vorkommen. Meist handelt es sich bei solchen Eigentümlichkeiten in der Sprache um
besonders bedeutsame Aussagen. Eines dieser wichtigen Wortre-
likte ist die Wendung »interna lex caritatis«: das »innere Gesetz der
Liebe«. Mutet die Wortverbindung vom »Gesetz der Liebe« schon
ein wenig fremd an, wie etwa die paulinische Formulierung vom
»vollkommenen Gesetz der Freiheit«, so ist der Ursprungsort dieser
Wendung noch bedeutsamer und sprechender: Vom »inneren Gesetz der Liebe« wird im Vorwort zu den Konstitutionen mit ihren

fast 700 Absätzen und Paragraphen gesprochen. In diesem Vorwort werden zwei Grundüberzeugungen ausgesprochen:

Die erste besagt, dass die »höchste Weisheit und Güte Gottes die Gesellschaft Jesu bewahrt, leitet und voranführt«. Und die zweite, »dass auf unserer Seite mehr als irgendeine äußere Satzung das innere Gesetz der Liebe und Güte, welches der Heilige Geist in die Herzen schreibt und einprägt, zum Weg und Wachsen der Gemeinschaften beiträgt« (SAT, Nr. 134). Wie ein Plus oder ein Minus vor einem Betrag anzeigt, ob es sich um Schulden oder um Gewinn handelt, so steht das Wort vom »inneren Gesetz der Liebe« als Vorzeichen für die ganzen Satzungen. Die Satzungen wollen Hilfestellung geben für eine Lebensform des Evangeliums, der frohen Botschaft. Alle Gesetze und Ordnungen wollen Ausdruck und Hilfe für die Lebensgestalt einer geistlichen Großgemeinschaft sein.

Da Ignatius – aus seinem eigenen Leben – um Ängstlichkeit und Skrupulosität weiß, verpflichtet er nicht zur Befolgung der Satzungen »unter Sünde«. Die Satzungen dienen dazu, einen Weg der Nachfolge in Gemeinschaft zur Weitergabe des Evangeliums zu beschreiben. Sie atmen den Geist der Gemeinschaft, den Geist der Seelsorge, den Geist der Nachfolge Christi. Sicher wurden auch diese Satzungen durch die Jahrhunderte hindurch und vor allem durch die letzten Generalkongregationen immer wieder angepasst, fortgeschrieben und ergänzt. Sicher atmen sie den Geist ihrer Zeit, aber ein Wort wie das vom »inneren Gesetz der Liebe« ist bleibend gültig, bildet ihre innere Dynamik und Lebenskraft und ist nicht nur eine fromme Präambel, nach der es dann zur Sache, das heißt zur Paragraphierung der Liebe überginge. Dass es in den Konstitutionen letztlich um lebendige Gemeinschaft und damit um Kommunikation geht, zeigt eine Formulierung, die erst

Kommunikation und Kommunität

seit kurzem immer wieder unter »Jesuitens« auftaucht: »Vom Ich der Exerzitien zum Wir der Konstitutionen.« Damit will gesagt sein, dass die Exerzitien in gewissem Sinn mehr den Einzelnen, seine Umkehr, seine Berufung vor Augen haben, die Konstitutionen dagegen das kollektive Selbstverständnis, die corporate-identity, das Wir der Gemeinschaft.

Umgang zwischen Vorgesetzten und Untergebenen

Wie es mit der Kommunikation in einer Gemeinschaft steht, zeigt sich besonders deutlich, wenn man das Rollenverständnis, wenn man verschiedene Positionen und Aufgabenstellungen in den Blick nimmt. Ein am 1. Dezember 1554 für die italienischen Mitbrüder und am 29. Mai 1555 an die Jesuiten in Spanien ausgestellter Brief kann als Schlüsseltext für das Gespräch zwischen zwei Jesuiten gelten, von denen der eine Oberer, der andere Untergebener ist. Die darin veröffentlichten Gedanken stellen Auszüge aus den Ordenskonstitutionen dar, sind also von großer Bedeutsamkeit und sollen ausführlich zu Wort kommen. Sie können auch das Klischee vom unterwürfigen »Kadavergehorsam« zurechtrücken.

»1. Wer einem Oberen eine Sache unterbreiten will, trage sie erst in reiflicher Überlegung mit sich selbst herum und bespreche sie mit anderen, je nach der Wichtigkeit. In unbedeutenden oder eiligen Dingen, wo die Zeit zu langer Besprechung oder Überlegung fehlt, bleibt es natürlich der Klugheit des Einzelnen überlassen, ob er auch ohne diese Vorbereitung die Sache dem Oberen unterbreiten soll.

2. Diese so bedachten und überlegten Fragen trage man mit ungefähr folgendem Wortlaut vor: Das und das habe ich mir überlegt (oder mit andern besprochen), und es kam mir (oder uns) in

den Sinn, ob es nicht so oder so gut wäre. Nie aber sage man dem Obern, wenn man mit ihm verhandelt: Das und das ist gut, sondern drücke sich bedingt aus, etwa: Wenn es so und so ist.

3. Nach dieser Aussprache ist es Sache des Obern, entweder gleich zu entscheiden oder Zeit zum Überlegen abzuwarten oder die Frage an den oder die zu überweisen, die sie bereits überlegt haben, oder jemand andern zur Prüfung und Begutachtung zu bestimmen, je nachdem die Sache dringend oder schwierig ist.

4. Wenn man auf die Entscheidung oder Andeutung des Obern etwas zu erwidern hat, was einem gut scheint, und der Obere bleibt trotzdem bei seiner Meinung, so gibt es einstweilen keine Einwände oder Gegengründe.

5. Wenn man nach dieser Entscheidung des Obern aber doch die Überzeugung hat, dass etwas anderes besser wäre, oder wenn man dafür einige Gründe zu haben glaubt, obschon man seiner Sache nicht ganz sicher ist: so kann man nach drei bis vier Stunden oder am folgenden Tag dem Obern erneut vortragen, ob nicht dies oder jenes gut wäre; nur muss man sich immer eines Tones und einer Ausdrucksweise bedienen, dass ein innerer Zwiespalt oder Verstimmung weder vorhanden noch bemerkbar ist, weshalb man die vorige Entscheidung am besten mit Stillschweigen übergeht.

6. Sogar wenn die Sache ein oder zweimal endgültig entschieden ist, kann man nach einem Monat oder später aufs Neue vorbringen, was man fühlt und denkt, wieder in der angegebenen Weise. Denn die Erfahrung lehrt mit der Zeit viele Dinge besser kennen, und diese ändern sich zum Teil auch im Lauf der Zeit.

7. Immer jedoch soll sich der Bittsteller nach dem Charakter und der jeweiligen Verfassung des Obern richten, deutlich, klar und mit verständlicher Stimme reden und womöglich zu Zeiten kommen, die dem Obern gelegen sind ...« (IB, 183 f).

Kommunikation und Kommunität

Wie das Schreiben über Kommunikation an die Mitbrüder auf dem Konzil von Trient, so ist auch dies ein Brief, bei dem man fast jeden Satz auf der Zunge zergehen lassen könnte. Welche Gesprächskultur in einer Ordensgemeinschaft, die besonders für den »blinden Gehorsam« berühmt, ja berüchtigt war. Ob jeder Chef und jeder Angestellte eines modernen Betriebs am Beginn des dritten Jahrtausends eine solche Gesprächskultur als sein Vorbild hat? Es ist nicht einmal klar, wem Ignatius da etwas mehr hinter die Ohren schreiben wollte, den Vorgesetzten oder den Untergebenen. Vermutlich beiden. Im Ausrufezeichenstil gesprochen: Welche Zumutungen an Gesprächskultivierung! Dies kann noch deutlicher werden, wenn die Aussagen des Briefes zu Spielregeln eines Gesprächs zusammengefasst werden:

- Platze nicht mit Ideen herein, sondern überlege gründlich.
- Berate dich nach Möglichkeit mit anderen, auch du brauchst die Erfahrung und den Rat anderer.
- Sprich nicht apodiktisch und im Ton der Unfehlbarkeit, sondern lass der Meinung des andern auch eine Chance.
- Bring zunächst alle Gründe, Argumente, Erwiderungen ein, auch wenn sie auf Widerspruch stoßen.
- Überlass die Entscheidung nach der Phase der Argumentation den Zuständigen.
- Prüfe als Vorgesetzter, auf welche Weise die Sache gut durchdacht und geprüft werden kann, bevor sie entschieden wird.
- Trage deine Meinung wiederholt vor, auch wenn eine Entscheidung vom Vorgesetzten getroffen wurde.
- Vertrau auf die Zeit und die wachsende Erfahrung. Dein Anliegen kann deutlicher werden. Die Vorgesetzten können dazulernen und du kannst noch einmal nach Wochen oder Monaten vorstellig werden.

Kommunikation und Kommunität

- Stell dich auf die Art und die Eigenart deines Vorgesetzten ein. Jeder braucht eine andere Behandlung. So erhöhst du die Chancen, dass dein Anliegen besser aufgenommen wird.
- Bring deine Anliegen deutlich, klar, verständlich und zu einem günstigen Zeitpunkt vor.

Im berühmt-berüchtigten Buch »Die Kleriker« zitiert Eugen Drewerman den Physiker und Nobelpreisträger Albert Einstein. Dieser formuliert im Blick auf den hirnlosen, soldatischen Gehorsam, dass dafür kein Großhirn nötig sei, sondern das Stammhirn genüge. Drewermann meint, damit zutreffend den ignatianischen Gehorsam gekennzeichnet zu haben. – Wie sich Ignatius mit den beiden wohl unterhalten hätte? Vielleicht wären sie von ihm überrascht gewesen.

Leitungsprofil des Generalobern:
Güte, Liebe, gutes Urteil und Wissenschaft

Es bedürfte eines eigenen Buches, um die Bedeutsamkeit und Aussagekraft der Konstitutionen für die Kommunikation darzustellen. Aber hier können wir uns auf die entscheidenden Perspektiven von Kommunikation in »personalisierter Form« konzentrieren, die Ignatius beschreibt, wenn er davon spricht, »wie der Generalobere sein soll«. Diese Beschreibung zeigt, welches Idealbild von Begegnung und Leitung Ignatius vorschwebt. Es gibt den Blick frei auf ein ungewöhnliches Bild von einer kraftvollen, urteilsfähigen, liebevollen Leitungspersönlichkeit, die in *hohem Maß* weltkundig und zutiefst gottverbunden ist. Es zeigt auch, dass nicht nur gute Strukturen wichtig sind, sondern vor allem einzelne Personen mit Charisma, Weisheit und Können:

- Der Generalobere soll in allem Handeln ganz mit Gott verbunden sein, als dem »Quell alles Guten«, so dass von dort her alles geprägt ist (SAT, Nr. 723).

- »Insbesondere muss in ihm die Liebe zu allen Nächsten ... und die wahre Demut« lebendig sein, »die ihn für Gott, unseren Herrn, und für die Menschen sehr liebenswert machen« (SAT, Nr. 725).

- »Er muss auch von allen Leidenschaften frei sein ..., damit sie ihm nicht innerlich das Urteil der Vernunft stören« (SAT, Nr. 725).

- Er sei »äußerlich so gesetzt und besonders im Sprechen so ausgeglichen, dass niemand bei ihm eine Sache oder ein Wort bemerken kann, das ihn nicht erbaute« (SAT, Nr. 726).

- »Zugleich soll er in solcher Weise die notwendige Geradheit und Strenge mit der Güte und Milde zu verbinden wissen, dass er sich weder von dem abbringen lässt, wovon er urteilte, dass es Gott, unserem Herrn, mehr gefalle, noch aufhört, das Mitgefühl zu haben, das für seine Söhne angebracht ist« (SAT, Nr. 727).

- »Großmut und Tapferkeit des Herzens« sind für ihn notwendig, um nicht bei »Widerständen den Mut zu verlieren, selbst wenn sie von großen und mächtigen Personen ausgingen« (SAT, Nr. 728).

- »Der für so viele Gelehrte verantwortlich sein wird« – so ahnt Ignatius schon – muss mit großem Verstand und Urteil begabt sein. Doch noch notwendiger sind »die Klugheit und die Erfahrung in den geistlichen und inneren Dingen, um die verschiedenen Geister zu unterscheiden« (SAT, Nr. 729).

- Damit er Dinge durchführen kann, muss er Initiativkraft, Sorgfalt und Beharrlichkeit besitzen (SAT, Nr. 730).

Kommunikation und Kommunität

◆ Er soll weder zu alt sein, weil für gewöhnlich die Mühen der Aufgabe die Kraft übersteigen. Und natürlich soll er nicht zu jung sein, weil ihm dafür »gewöhnlich … die Autorität und Erfahrung« fehlen, die er für sein Amt braucht (SAT, Nr. 732).

◆ Für den Umgang nach außen sind vor allem wichtig: »Vertrauenswürdigkeit und der gute Ruf« (SAT, Nr. 733).

Der Abschluss dieser Aufzählung, die jeden Vorgesetzten ins Schwitzen bringen kann, sei ausführlich zitiert: »Überhaupt soll er zu denen gehören, die sich am meisten in der Tugend ausgezeichnet haben, und er soll am meisten Verdienste in der Gesellschaft haben und am längsten als solcher bekannt sein. Und wenn ihm einige der oben genannten Eigenschaften fehlen sollten, soll ihm wenigstens nicht große Güte sowie Liebe zur Gesellschaft und ein gutes Urteil, begleitet von guter Wissenschaft, fehlen. Denn in dem Übrigen könnten die Hilfen, die er haben wird … mit der göttlichen Hilfe und Gunst viel ersetzen« (SAT, Nr. 735).

Instrumente des »Wir«

In diesem Buch geht es nicht in erster Linie um die Darstellung eines Management-Modells oder der jesuitischen Organisation, sondern um Kommunikation im »normalen« Sinn. Dennoch sollen nebenbei einige Stil- und Hilfsmittel und »Instrumente des Wir« genannt werden, die für Ignatius bedeutsam waren:

(1) Er gab seinen Gefährten oft genaue Zielbeschreibungen auf den Weg mit, die auch jeweils die Methode, den Weg zu den Zielen erläuterten. Eine ganze Reihe solcher Instruktionen sind noch erhalten und machen deutlich, wie sehr die Klarheit des Zieles für den Weg hilft. Bei kaum einer dieser Beschreibungen fehlt der Hinweis, dass man sich natürlich dann »vor Ort« genauer

Kommunikation und Kommunität

umsehen und jeweils den Umständen entsprechend entscheiden müsse.

(2) Für sich selber, für seine Entscheidungen stützte er sich auf Gutachten. Eine ganze Reihe solcher Gutachten beinhalten zehn, zwanzig und mehr Gesichtspunkte, Fakten und Regeln, die für den konkreten Umgang mit einer Frage ausschlaggebend waren.

(3) Die Beratungen in seinem Konsult gehörten zur täglichen Routine. Oft traf er sich zweimal am Tag mit seinen Beratern. Dabei blieb er streng beim Thema. Zum Zeichen, dass man bei einer Sache war und bleiben sollte, legte er eine Apfelsine auf den Tisch. Undisziplinierte Themenwechsel waren nicht erlaubt. Themen und Gesprächskonstellationen wechselte er auch selber nicht, »ohne einen um Erlaubnis zu bitten« (MEMO, Nr. 202). Was er von anderen wünschte, daran hielt er sich auch selber. Vor allem hörte er jedem aufmerksam zu: »Alle Patres des Konsults brachten ihre Papiere mit, wo sie aufzeichneten, was unser Vater wollte, dass sie es in der Angelegenheit täten. Er fragte dann der Reihe nach einen jeden und behandelte niemals mehr als eine einzige Sache. Und so hörte er zu und antwortete allen, bis die Uhr zu laufen aufhörte. Und nach Beendigung der Stunde erhob er sich und beendete den Konsult« (MEMO, Nr. 169). – Nicht zu übersehen ist bei diesem Stil der Konsultation: Es werden normalerweise keine einsamen Entscheidungen getroffen, es geht um die Meinung und Erfahrung jedes Einzelnen und aller, es geht konzentriert zur Sache, und es wird im Regelfall nur eine einzige Sache behandelt.

(4) Es lohnt sich, zum Abschluss dieses Abschnitts noch den Vorgang des *Delegierens* innerhalb einer Gemeinschaft kurz darzustellen. Pater da Câmara schreibt: Ignatius wollte, »dass die Provinziale in ihren Provinzen jede mögliche Freiheit in deren Leitung hätten, und dass sie nicht den Rektoren und übrigen Ortsoberen

gegenüber ihre einzelnen Untergebenen wegnähmen« (MEMO, Nr. 270).

In einem Brief an einen Provinzial schreibt Ignatius: »Es ist auch nicht Amt des Provinzials noch des Generals, sich so im Einzelnen mit den Angelegenheiten zu befassen. Selbst wenn er für sie jede mögliche Geschicklichkeit besäße, ist es besser, andere darin einzusetzen . ... Ich habe für mich diese Weise, und ich erfahre darin nicht nur Hilfe und Erleichterung, sondern auch mehr Ruhe und Sicherheit in meiner Seele. So habt also, wie Euer Amt es erfordert, Liebe, und befasst Euer Nachdenken mit dem universalen Wohl Eurer Provinz. Und für die Ordnung, die in den einen und den anderen Dingen zu geben ist, hört diejenigen, die nach Eurer Auffassung das beste Gespür dafür haben« (MEMO, Nr. 270).

Als Gründe für diese Konzeption von Leitung führt da Câmara an: Zunächst einmal ist es für den Generaloberen gar nicht möglich, »auf tausend einzelne Angelegenheiten« (MEMO, Nr. 271) einzugehen; »und wenn er darauf eingeht, wie ist es möglich, dass er Kenntnis von vielen Einzelheiten hat, die es dabei gibt, und von denen gewöhnlich die Auflösung der Sache abhängt? Wie kann der Provinzial durch Gesetze und allgemeine Regeln geleitet werden, wo es sich doch so verhält, dass jeden Tag so viele und so verschiedene Umstände vorfallen, die die Art der Angelegenheiten völlig verändern« (MEMO, Nr. 271).

Wissen und Macht, die für jede gute Leitung notwendig sind, sollen nahe beieinander bleiben, sonst tritt die paradoxe Situation auf: Derjenige, der wenig Ahnung von der konkreten Situation hat, entscheidet, und der, »der das Wissen hat und die Dinge mit der Hand berührt, hat keine Macht, um sie selber auszuführen« (MEMO, Nr. 272). Konkreter könnte das Dilemma einer Leitung, die Wissen und Macht trennt, nicht gezeichnet werden.

Kommunikation und Kommunität

Des Weiteren besteht die Gefahr, dass jemand, der alle Macht in seiner Hand behält, die jeweils untergeordnete Instanz dazu bringt, sich in den Verantwortungsbereich anderer einzumischen, weil ihr kein Wirkraum gewährt wird: »Denn wenn man den Provinzial einschränkt und nimmt, was seinem Amt gebührt, springt er auf das des Rektors, und der Rektor aus demselben Grund auf das des Ministers, und so die Übrigen, wobei die Ordnung der Leitung, welche der Heilige Geist unserem gesegneten Vater eingegeben hat, zum großen Teil gestört zurückbleibt« (MEMO, Nr. 272).

Schließlich sei noch ein interessanter theologischer Grund für die Nähe von Wissen und Macht angeführt. Die Konzeption von Leitung, die delegiert sowie Wissen und Macht sehr nahe beieinander hält, »gründet sich auch darin, dass Gott, unser Herr, dem unmittelbaren und niederen Oberen in den besonderen Dingen, die eigentlich und unmittelbar zu seinem Amt gehören, besonders beisteht. Diese Dinge einzugrenzen oder mit universalen Regeln leiten zu wollen, heißt, ihm das Oberenamt zu nehmen und folglich die Mitwirkung jener besonderen Gnade Gottes zu verhindern, die, weil sie sich auf einen einzelnen Handelnden bezieht, für derartige Angelegenheiten mehr Wirksamkeit als jede andere hat« (MEMO, Nr. 271).

Um den komplexen theologischen Satz auf eine kurze Aussage zu bringen: Lass Gott dort wirken, wo er wirken will – im Konkreten, in den Menschen, die er mit Würde und Kreativität ausgestattet hat! Nicht nur der Teufel sitzt im Detail, sondern Gottes Geist wirkt ganz konkret vor Ort und in jedem seiner Geschöpfe.

Konflikte und Konfliktlösungen

Dass Ignatius ein Meister der Kommunikation war, bedeutet nicht, dass er keine Schwierigkeiten im Umgang mit Menschen gekannt hätte: Er machte sich gelegentlich der Häresie verdächtig; er wurde in Prozesse verwickelt; er hatte Auseinandersetzungen vor allem mit Nikolaus Bobadilla, dem »enfant terrible« der ersten Gefährten; beim Gedanken an einen bestimmten Papstkandidaten zitterten ihm alle Knochen im Leib, und fast hätte er Simon Rodriguez, einen der ersten Gefährten, aus dem Orden entlassen müssen.

Was er an Kunst der Kommunikation und an kommunikativen »Kunstgriffen« anbringen konnte, das tat er. Beim Kapitel über die »Hilfen zur Kommunikation« werden viele solcher Schritte und Möglichkeiten sichtbar. Gelegentlich aber griff Ignatius auch zur »Ex-Kommunikation«, zur Entlassung eines Mitbruders. Manchmal ging dies für heutiges Empfinden sehr abrupt, entgegen seinem sonstigen langen und liebevollen Zuwarten. Offensichtlich hatte Ignatius aber auch die Erfahrung gemacht, dass es Situationen und Personen gibt, bei denen nur ein klarer Schritt und Schnitt hilft. Auch in einer Gemeinschaft kann es »Ansteckung« geben und Blockaden, die zu einer Lähmung des Gemeinschaftslebens führen können. Damit ist niemandem geholfen.

Ein Beispiel für eine solche Situation, so erzählt da Câmara, war »ein Deutscher, der Student der Gesellschaft in Wien in Österreich war und in eine solche Illusion verfiel, dass er sagte, unser Herr habe ihm den Geist des heiligen Paulus mitgeteilt. Und obwohl er in allem Übrigen verständig und geschickt war, brachte ihn der Teufel allein von diesem sehr üblen Prinzip her zu allem Ungehorsam. Denn er sagte, die Autorität, die die Gesellschaft habe, damit er ihr zu gehorchen habe, sei vom Papst als dem Nachfolger des heiligen Petrus abgeleitet. Und da nun der heilige Paulus, dessen Geist er habe, nicht geringer war als der heilige Petrus, blieb er nicht verpflichtet, der Gesellschaft zu gehorchen. Dieser Mensch beendete seinen Kurs in Wien sehr ruhig, ohne jemals irgendetwas kundzutun, und an dessen Ende kam er mit diesem. ... Es genügten keine Gründe noch Argumente, die wir ihm vorlegten, denn auf alle gab er sehr sicher und beherrscht diese selbe Antwort; und in allen anderen Stoffen sprach und argumentierte er sehr gut. Als dies unser Vater sah, entließ er ihn alsbald aufgrund eines Urteils aller« (MEMO, Nr. 283).

Gerade an den neuralgischen und kritischen Punkten wie der Aufnahme in eine Gemeinschaft und bei der Entlassung zeigt sich die Not und die Qualität einer Kommunikation in besonderer Weise. Als Prinzipien hierfür lassen sich formulieren: offen sein, ohne zu vereinnahmen; abgrenzen, ohne auszugrenzen; Profil zeigen und Identität wahren, ohne sich selber eine überheblich-elitäre Position aufzubauen.

Ignatius, der sich manchmal mit aller Kraft für das Verbleiben eines Jesuiten im Orden eingesetzt hatte, sagte dann doch gegen Ende seines Lebens: Wenn er noch einmal zu leben hätte, dann würde er viel strenger sein bei der Zulassung in die Ordensgemeinschaft.

7
Kommunikation und Organisation

Ob zwei Menschen bei einem Waldspaziergang miteinander
schweigen, ob zwischen Geschäftspartnern ein Vertrag ausgehan-
delt wird oder ob jemand vor dem Fernsehen seine politische
Auffassung vertritt, das macht einen großen Unterschied für die
Kommunikation aus. So ist es auch ein großer Unterschied, ob
Ignatius mit sich selber ins Gespräch zu kommen sucht, ob er sich
auf Gott hin im Gebet öffnet, ob er im Begleitgespräch behutsam
auf das Lebensgeheimnis eines Menschen lauscht oder ob er als
Architekt einer großen Ordensgemeinschaft auf den Plan tritt, die
bei seinem Sterben etwa tausend Mitglieder zählt. Im Folgenden
sollen einige Skizzen zur Organisation und Architektonik seiner
Gemeinschaft vorgestellt werden.

Das Sekretariat

Eine Gemeinschaft von Hunderten von Ordensleuten, die zu
tausenden Menschen Beziehungen hat, lebt nicht nur von der Ausstrahlung eines einzigen Mannes. Sie braucht eine kleine Gruppe,
die das Ganze im Auge hat, die Verbindungen aufrechterhält
und den Informationsfluss im Fließen hält. Diese Gruppe bildete
das erste Jesuiten-Sekretariat in Rom, heute gleich dem Vatikan
gegenüber gelegen. Das Sekretariat und seine Kommunikations-
arbeit in allen Einzelheiten zu beschreiben, ist nicht Aufgabe dieses

Buches. Aber es lohnt sich doch, einen kurzen Blick auf die ignatianisch-jesuitische Büro-Kommunikation zu werfen.

Ein ziemlich unbekannter Schriftsatz aus dem Jahr 1547 berichtet »Vom Amt des Sekretärs, der in Rom sein wird.« Dieser Text mit seinen 91 Abschnitten ist zugleich ein kleines *Handbuch für die Verwaltung, ein Leitfaden für Kommunikation und eine geistliche Perspektive für eine Spiritualität des Büroalltags.* Dieses Schriftstück ist ein erstes Ergebnis und Beispiel für die enge Zusammenarbeit zwischen Ignatius und seinem Sekretär Juan de Polanco, der das Amt des Sekretärs der Gesellschaft Jesu bis zu seinem Sterbejahr 1573 bekleidete.

Das Medium der Schriftlichkeit

Das »*Ziel des Sekretärs*«, schreibt Ignatius in diesem wohl großteils von Polanco selbst verfassten Papier, »ist dasselbe wie das des Oberen« (KNGT 830), das ihm gemäße Medium ist die »Schriftlichkeit«. Die Schriftlichkeit hat zwei Funktionen: Sie soll die räumliche Distanz zu Abwesenden und ebenso die zeitliche Entfernung überbrücken, für die das schwache Gedächtnis oft nicht ausreicht. Schriftlichkeit dient als Hilfe für die Kommunikationsnot, die mit Raum und Zeit gegeben sind. Diese kleine Büro-Philosophie bringt Ignatius in seiner Vorbemerkung gleich in Verbindung zum Geber aller guten Gaben: »Denn Gott hat uns mit dieser Abhilfe versorgt, da unsere Sprache nicht so weit reichen kann, wie diejenigen entfernt sind, denen etwas mitzuteilen ist, noch kann das Gedächtnis an so viele Dinge, an die sich zu erinnern notwendig ist, vollständig sein« (KNGT, 830). Briefe, Kurierdienste, Archive ermöglichen Erinnerung, Kontakte, Nähe, Kommunikation, Begegnungen, die sonst nicht oder so nicht möglich wären. – Keine Frage, dass Ignatius heutzutage die modernsten und besten Mittel der Büro und Geschäftskommunikation nützen würde, selbstverständlich nach sorgfältiger Kosten-Nutzen-Überprüfung.

Das Ziel: der Nächste und menschengerechtes Begegnen –
zur Verherrlichung Gottes
Als Hauptziel für den Sekretär und seine Mitarbeiter wird genannt: »Nutzen für die Nächsten, Stärkung, Einheit und Trost für die von der Gesellschaft« (KNGT, 830). Von dieser Zielbestimmung her darf und muss das ganze Arbeiten durchpulst sein, wenn es nicht zu einem seelenlosen bloßen Funktionieren werden soll.

Nach dieser großen Zielangabe sind vor allem Bemerkungen interessant, die zeigen, wie Ignatius darauf aufmerksam macht, dass man mit verschiedenen Menschen zu tun hat und dass deren Art immer zu berücksichtigen ist. Es lohnt sich wahrzunehmen, was Ignatius auf nicht einmal einer Seite alles über den differenzierten Umgang mit Menschen zu sagen weiß.

Fast jeden Satz in einem Abschnitt über das Briefeschreiben kann man sich auf der Zunge zergehen lassen. Wenn der Sekretär an einzelne Persönlichkeiten schreibt, dann ist es »notwendig, dass er, um klug zu schreiben, sich bemühe, die Person zu kennen, an die er schreibt, und auf ihre Eigenschaften zu achten, um sich diesen, soweit es möglich ist, anzupassen, sei es, dass sie von außerhalb der Gesellschaft ist oder zu ihr gehört. Wenn sie von außerhalb ist, verlangt die Klugheit, dass man an im Zeitlichen große Personen mit mehr Ehrfurcht schreibt; an schwierige und raue mit mehr Sanftheit und mehr zurückhaltend; an einfache und grobschlächtige offener; an geistreiche mit mehr Sorgfalt; an Gelehrte, dass es mehr nach Lehre schmeckt; an Beschäftigte kurz; an Unbeschäftigte ausführlicher, falls man wollte; an fröhliche Personen fröhlicher; an freundliche eher ohne Skrupel; an ernste mit mehr Ernst; an Traurige, indem man Traurigkeit zeigt; an bestimmte Freunde mit mehr Vertrauen; an Ungewisse vorsichtiger, und bei solchen muss man durch kurze Briefe ihren Willen erproben, indem man ihnen Liebe zeigt und so fort; an wenig Bekannte mit Ehrfurcht und entgegenkommend, ohne sich zu niedrig zu machen; an niedriger Stehende mit viel Freundlichkeit, nicht wie von einem hohen Ort, sondern gleich oder niedriger usw. Und man beachte, dass gewöhnlich bei den ersten Briefen mehr Umsicht notwendig ist, besonders gegenüber unbekannten Personen. Und man bemühe sich darum, dass der fromme Grund erscheine, der bewegt, ihnen zu schreiben« (KNGT, 836).

Wer Sekretär oder Sekretärin ist und wer fromme Stoßseufzer oder Litaneien liebt, der kann nach einer solchen kompakten Menschenkunde wohl fast nur rufen: »Heiliger Ignatius, bitte für uns!« – Wie viel Achtung vor den Menschen, mit denen man brieflich Kontakt hat! Wie viel Wahrnehmung an Unterschiedlichkeit; wie viel Fingerspitzengefühl im Begegnen!

Büroarbeit muss von ihrem letzten Ziel her bestimmt sein. Sie muss sich vergegenwärtigen, dass man trotz der vorwiegend indirekten Begegnungsweise wirklichen Menschen begegnet. Und Büroarbeit sieht Ignatius in der Perspektive des ganzen Lebenssinnes: Wenn der Sekretär sich an die Arbeit begibt oder bei besonders wichtigen Dingen »bemühe er sich, den Sinn zu Gott zu erheben, indem er zu seiner Verherrlichung und seiner Ehre darbietet, was er tun will ...« (KNGT, 848).

Bis zum »Sandstreuer« durchorganisiert

Büroarbeit bedeutet natürlich jeden Tag neu die Organisation von Akten, Sorge um Materialien, Postversand, Protokolle und so fort. Und so gibt es in der Handreichung auch eine Fülle ganz konkreter Anweisungen: Briefe zerreißen, die man nicht mehr braucht; bei wichtigen Briefen das Datum von Absendung oder Empfang einsetzen; die wesentlichen Punkte für den Oberen exzerpieren; alle geordnet aufheben; Punkte für einen Antwortbrief notieren; festhalten, was in den Schriftstücken »von den Personen durchscheint«; Abschriften machen und Wichtiges archivieren. Der Schreibstil sei »rein, aber ohne Gesuchtheit und Zurschautragen von vieler Mühe«; die »Schrift sei gut, wenigstens leserlich, deutlich und richtig«; »die Briefe verschließen und sie rechtzeitig schicken, und wenn notwendig mit Porto versehen«; und man soll »Freundschaft halten mit einigen, welche die Briefe weitergeben ...« (KNGT, 829–851).

Ein kompaktes Zitat kann noch einmal zeigen, wie Kommunikation bis ins letzte konkrete Detail geerdet ist, und zugleich Einblick in ein Sekretariat des 16. Jahrhunderts geben: »Es ist notwendig, dass er die toten Instrumente bereit hat, etwa gut geschnittene Federn, Papier, Tinte, Faden, Wachs, Messer, Schere, Siegel, Sandstreuer; und gut wäre eine Schreibstube, wo man die Papiere hätte, mit deren Abfertigung man befasst ist, und einige Säcke für Schriftstücke oder Briefe, die man gegenwärtig nicht braucht, und irgendein Kasten, um die Ausfertigungen und andere Dinge, die wichtig sind, aufzubewahren, wo sie mit ihren Titeln und geordnet sind; denn diese Ordnung ist sehr notwendig in diesem Amt« (KNGT, 848).

Briefkultur im Dienst des Apostolats, der Einheit und der Öffentlichkeitsarbeit

Ein kurzer Blick in die Schreibstube des Sekretariates der jungen Gesellschaft Jesu hat schon einiges über das Abfassen von Briefen gezeigt. Die Briefkultur ist aber bei Ignatius von so großer Bedeutung für die Kommunikation, dass hierzu einiges noch eigens ausgeführt werden muss. Zunächst die Tatsache, dass von Ignatius über 6000 Briefe erhalten sind, das größte Briefcorpus aus seiner Zeit. Viele sind von ihm selber verfasst, viele aber auch von seinem Sekretär vorbereitet und von Ignatius überarbeitet und unterschrieben.

Die erste Art von Briefen sind *persönliche Briefe,* die oft auch der geistlichen Beratung auf schriftlichem Wege dienen. Sie sind zudem ein Zeugnis seiner Treue, da zum Teil an Menschen gerichtet, die am Anfang seines geistlichen Weges standen. Hugo Rahner hat einen ganzen Band mit Briefen an Frauen herausgegeben. Die meisten dieser Briefe sind Antwortbriefe, das heißt: Ignatius reagierte auf Anfragen, Nöte, Sorgen und schrieb nicht einfach, um einen Briefverkehr aufrechtzuerhalten oder um zu plaudern. Der Briefkopf – ein eigenhändig geschriebenes kleines Kreuz und der Name Jesu – geben die geistliche Atmosphäre des ganzen Schreibens wieder. Zu Beginn steht häufig eine Wendung wie: »Die höchste Gnade und Liebe Christi unseres Herrn sei immer zu unserer beständigen Gunst und Hilfe« (KNB, 80). Hunderte dieser Briefe, wenn nicht Tausende schließen mit einer Wendung wie: »Ich schließe, indem ich Gott unseren Herrn bitte, er wolle uns um seiner unendlichen und höchsten Güte willen seine Gnade in Fülle geben, damit wir seinen heiligsten Willen verspüren und ihn vollständig erfüllen« (KNB, 81).

Kommunikation und Organisation

Sicher wären es diese mehr persönlichen Briefe des Ignatius wert, sie auf die darin sichtbare Kommunikationskultur, auf den Stil hin ... auszuwerten. Bei der Thematik zur Kommunikation und Organisation soll aber mehr zur Sprache kommen, was Ignatius vor allem im Zusammenhang mit dem offiziellen Briefverkehr bewegt. Eine ganze Reihe wichtiger, umfangreicher und an die ganze Ordensgemeinschaft gerichteter Briefe und Instruktionen befassen sich nur mit diesem Thema. Es gab drei Hauptanliegen für diese offizielle Briefkultur. Das Erste war, die Einheit der jungen, rasch anwachsenden und über die ganze Welt zerstreuten Gemeinschaft zu sichern. Dem zweiten Anliegen ging es darum, eine gemeinsame Pastoralarbeit durch den Informationsfluss gewähren zu können. Und drittens war die Frage der Öffentlichkeit und Öffentlichkeitsarbeit von großer Bedeutung.

1547, im ersten Jahr seiner Tätigkeit als Sekretär der Ordensgemeinschaft, stellt sich Juan de Polanco der Gemeinschaft vor und greift, natürlich im Auftrag von Ignatius, das Thema Briefkultur in seinem ersten Schreiben auf. Die Schrift sei das hauptsächliche Medium für den Kontakt untereinander und von höchster Bedeutung. In einem Appell, der an das Wort Jesu erinnert, die »Kinder dieser Welt seien klüger als die Kinder des Lichtes«, sucht er, seine Mitbrüder für häufiges Schreiben zu motivieren:

»Und gewiss scheint mir, dass die Kaufleute und anderen Geschäftsleute der Welt uns in dieser Hinsicht sehr beschämen: Über ihre erbärmlichen Interessen schreiben sie einander Briefe und führen ihre Bücher mit solcher Aufmerksamkeit und solcher Ordnung, um besser für ihre Nichtigkeiten vorzusorgen. Und wir sollten in den geistlichen Angelegenheiten, deren Interesse in unserem und unserer Nächsten ewigen Heil besteht und im Ruhm und der Ehre Gottes, mit Unlust ein wenig Sorgfalt und Ordnung im Schreiben auf uns nehmen, wovon wir wissen, dass es uns so sehr nützen würde« (KNB, 161).

Nach diesem allgemeinen und grundlegenden Motivationsversuch fährt Polanco eine ganze Batterie von Gründen für den Sinn der brieflichen Kommunikation auf, zwanzig (!) durchnummerierte Gründe und Motive: Die Einheit der Gemeinschaft, die sich aus der Einheit ergebende Stärke, die gegenseitige Liebe und Ermutigung und Korrektur, das Ansehen und Wachsen des Ordens, die Stärkung der Dankbarkeit über das viele berichtete Gute. – »Der zwanzigste und letzte Grund ist, dass damit der Ruhm und Lobpreis Gottes wächst, welcher das Ziel des ganzen Universums ist« (KNB, 164). Also wer jetzt immer noch nicht inhaltsreiche, ordentliche und erbauliche Briefe schreiben will …!

In der diesem Brief Polancos zum Briefschreiben beiliegenden Instruktion taucht zudem eine Fülle von Gesichtspunkten auf, die ein Zeugnis dafür sind, wie realitätsnah, wie situationsbezogen, wie konkret und sensibel briefliche Kommunikation zu geschehen hat. Inhalt der Briefe hat zu sein: Wer ist die Person und was die Aufgabe des Schreibers? Was ist die Frucht der Arbeit? Welche Hilfen geben einflussreiche Personen? Welche Anfeindungen gibt es? Welchen Ruf hat man im Volk? Welches sind die geistlichen Dienste, die getan werden? Welche staatlichen und kirchlichen Vorgänge sind von Interesse? Wer tritt in die Gemeinschaft ein, und was gibt es von den Eintretenden alles zu sagen über »körperliche Erscheinung, Alter, Gesundheit, Stand, Besitz, Sprache, Begabung, Lehre, Geist?« (KNB, 170). Wie geht es gesundheitlich? Wie steht es mit der Lebensweise? Und um ja alles einzuschließen, heißt es: »und allgemein alles, was ein Freund von einem anderen würde wissen wollen« (KNB, 171). Diese Formulierung ist wichtig und kostbar. Sie erinnert an das Selbstverständnis der ersten Jesuiten als »Freunde im Herrn«. Ohne diese Basis könnten einem all die genannten Richtlinien als bloße Kontrollmechanismen einer effektiv organisierten Firma vorkommen.

Im Stil einer Ehefrau

Für den ignatianischen Stil, der »die Liebe mehr in die Werke als in die Worte« (EB, Nr. 230) legen will, wie es im Exerzitienbuch heißt, ist kennzeichnend, dass es mehr um die Sache als um einen ausschweifenden Stil geht. In diese Richtung weisen eine ganze Reihe von Anmahnungen. So schreibt Polanco im Auftrag von Ignatius einmal an einen Robert Clayson aus Brügge, der sich einen gedrechselten, blumigen und langatmigen Stil angewöhnt hat: »Redegabe und Schönheit sind eine andere bei profaner Rede und eine andere bei religiöser. Wie bei einer Ehefrau ein sittsamer, Bescheidenheit ausdrückender Schmuck zu empfehlen ist, so billigen wir in der Redeweise, deren sich die Unseren im Sprechen oder Schreiben bedienen, nicht so sehr eine ausschweifende jugendliche Beredsamkeit als vielmehr eine ernste und reife, vor allem in Briefen, deren Stil seiner Natur nach gedrängt und gefeilt und eher an einer Fülle von Sachen als von Worten reich sein soll« (KNB, 720).

Immerhin, auch der Ehefrau wird vom Jesuitensekretär Polanco ein gewisser Schmuck zugebilligt und so auch den Briefen. Vor allem aber kommt es auf die Sache, nicht so sehr die Worte, nicht auf die Garnierung, sondern auf den nahrhaften, guten Braten selber an. Liebevoll und doch recht deutlich fügt Polanco an: »Eure Liebe möge es gut aufnehmen, was unsere Liebe nicht verschleiern zu sollen meint: Denn wir wagen es nicht, Eure Briefe, ohne sie sehr zu überarbeiten, irgendwohin zu schicken« (KNB, 720). Das ist saftige Hausmannskost, ein wenig mit Liebe garniert! Noch

Kommunikation und Organisation

herbere Kost wird einem anderen Vielschreiber serviert: »Das gute Vorangehen wird nicht durch die eleganten Worte, sondern durch die Tatsachen mitgeteilt. Und die Zeit, die man verbringt, gesuchte Vokabeln zu finden, sollte besser für andere, fruchtbarere Dinge eingesetzt werden. Und deshalb wird euch ausdrücklich angeordnet, dass die Briefe, die ihr jede Woche zu schreiben habt ... nicht über zwei Sätze lang sein sollen« (KNB, 917). – Ob der gute Pater sich sehr eingeengt fühlte? Mit zwei entsprechend konstruierten Sätzen kann man auch eine ganze Seite füllen.

Öffentlichkeitsarbeit – Der »erbauliche Hauptbrief«

Bei den in periodischen Abständen abgefassten Briefen der Jesuiten nach Rom wird vor allem unterschieden zwischen Hauptbrief und Beibrief. Diese Unterscheidung ist schon ausführlich in einem Brief 1542 an Peter Faber dargestellt worden. Der Hauptbrief soll öffentlich vorgezeigt werden können, sowohl in der Ordensgemeinschaft als auch in der Öffentlichkeit. Dies bedeutet, dass er sauber und gut durchdacht geschrieben sein soll. Um es konkret zu machen, schrieb Ignatius an Peter Faber: »Noch dieser Tage ist es mir geschehen, dass es für mich notwendig oder sehr angebracht war, Briefe von zweien der Gesellschaft zwei Kardinälen zu zeigen, die in Bezug auf das, was sie schrieben, Vorsorge treffen sollten. Und da in diesen Briefen Dinge standen, die nicht zur Sache gehörten und ohne Ordnung waren und nicht zum Vorzeigen, habe ich mich in großer Mühe befunden, sie teils zu zeigen und teils zu verdecken« (KNB, 82). Der Ärger ist verständlich. Ignatius passt das Versteckspiel nicht, mit dem Ärmel des Talars jeweils Abschnitte des Briefes verdecken oder aufdecken zu müssen. Ignatius war selber bereit, einen Brief gelegentlich mehrmals zu schreiben: »Denn, was man schreibt, muss man viel mehr anschauen, als was man sagt. Denn die Schrift bleibt und gibt immer Zeugnis und lässt sich nicht so leicht nachbessern noch erläutern, wie wenn wir sprechen« (KNB, 83).

Der Hauptbrief soll vorzeigbar sein. Er dient der Öffentlichkeitsarbeit. Daher muss er »erbaulich« sein. Dieses Wort klingt heutzutage zu »erbaulich«, bedeutet aber nichts anderes als »konstruktiv«. Die Briefe sollten dem Apostolat, der Einheit der Jesuitengemeinschaft und dem »Image« in der Öffentlichkeit dienen. Die Jesuitenmissionare gehörten durch Jahrhunderte hindurch zu den Pionieren der Neuentdecker von Völkern und Ländern. Ihre Nachrichten waren nicht selten sowohl Sensationen aus wenig bekannten Zonen der Welt und zugleich glühende missionarische Berichte. Besonders die Briefe des Fernost-Missionars Franz Xaver haben eine große Wirkung in ganz Europa gehabt.

Der Beibrief – »Die Töchterchen der Jesuiten«

Ein wenig anders als für die »konstruktiven Hauptbriefe« sieht die Sache für den Beibrief aus: »Für die Beibriefe lasse ich die übrigen Einzelheiten, die nicht zur Sache des Hauptbriefes gehören, oder was nicht erbauen könnte. In diesen Beibriefen kann ein jeder eilig aus der Überfülle des Herzens schreiben, geordnet oder ohne Ordnung. Aber im Hauptbrief darf das nicht sein; er muss mit einer besonderen und erbauenden Sorgfalt geschrieben sein, um gezeigt werden zu können und zu erbauen« (KNB, 83).

Die Unterscheidung des Hauptbriefes vom Beibrief war bei den ersten Jesuiten so bedeutsam, dass sich dafür ein Sprachspiel findet: Der Beibrief hatte bei den Mitbrüdern den Namen »hijuela«, »Töchterchen«, bekommen. Vielleicht, weil so ein Töchterchen sich etwas lockerer, unfrisierter, natürlicher, direkter, freundschaftlicher geben darf als der für eine größere Öffentlichkeit bestimmte

Hauptbrief. – Dies also zur unspektakulären Aufklärung für die Formulierung »die Töchterchen der Jesuiten«.

Die Unterscheidung der beiden Briefarten betrachtete Ignatius als wenig spaßhaft. Sie kostete ihn viel Kraft und Nerven. Er schreibt einmal: »Ihr braucht nur an einen zu schreiben, und ich muss an alle schreiben. Ich kann wahrheitsgemäß sagen, dass wir gestern Abend festgestellt haben, dass die Briefe, die wir jetzt überallhin schicken, die Zahl 250 erreichten. Und wenn alle in der Gesellschaft beansprucht sind: Ich bin überzeugt, wenn ich es nicht sehr bin, bin ich es nicht weniger als irgendeiner, und mit weniger leiblicher Gesundheit« (KNB, 84) – eine Briefstelle, in der persönliche Belastung, dringliche Bitte, ein wenig Ironie und das Leiden unter seinem oft kritischen Gesundheitszustand zum Ausdruck kommen.

Den heftigsten Kampf um die Briefkultur hatte er mit einem seiner ersten Gefährten zu bestreiten, Bobadilla. Ihm bietet er in einer Mischung aus Ernst und Ironie das Generalsamt an, wenn er denn meine, an der Generalskurie in Rom habe man mehr Zeit, Briefe zu schreiben, als er in seiner Aufgabe in Wien, oder wenn er glaube, es müsse da ein anderer Stil gepflegt werden (vgl. KNB, 97).

Der Kampf um die Briefkultur bedeutete für Ignatius eine der schwierigsten Erziehungsmaßnahmen. Aber er ließ an diesem Punkt nicht locker. Was er als wirklich notwendig erkannt hatte, davon ließ er sich nicht abbringen. Und er scheint gewusst zu haben: ohne Kommunikation keine Organisation, ohne Kommunikation und Organisation keine Gemeinschaft.

8
Hilfen für den Lernprozess Kommunikation

Ignatius wäre nicht Ignatius, wenn er nur eine Theorie der Praxis der Kommunikation gekannt hätte und nicht auch Hilfen zur Einübung in ihre Praxis. Eine Reihe solcher Übungsfelder und Hilfsmittel – die meisten von Ignatius selber, einige in seinem Geiste – müssen notwendigerweise ein wenig vorgestellt werden. Dabei ist klar, dass die eigentliche Hilfe nicht in der Darstellung des Übens besteht, sondern im Einüben selber.

Sprachspiele einüben – »Ein Wort gibt das andere«

Ein sprachlich und auch sonst etwas ungelenker Schwabe, der unversehens in heftiges Verliebtsein verfallen war, soll im Kreis der Seinen gefragt haben, wie er denn mit der Geliebten, die um ihr Glück bis dato nichts wusste, ins Gespräch kommen könne. Man meinte in der Familie, so schwer, wie er denke, sei das doch gar nicht, und der Vater riet ihm schließlich ermunternd: »Ein Wort gibt das andere!« Dies wollte wohl heißen, der frisch Verliebte solle zu dem Mädchen hingehen, einfach einmal zu reden beginnen, und dann käme das Sprachspiel schon in Gang. Nach seiner Rückkehr zeigte sich, dass das Gespräch offensichtlich ziemlich danebengegangen sein musste. Der Grund dafür offenbarte sich, als der verhinderte Liebhaber erzählte, er sei hingegangen und habe immer wieder, wie geraten, gesagt: »Ein Wort gibt das andere. Ein Wort gibt das andere …«, – aber das Mädchen sei trotz vieler Wiederholungen nicht auf dieses Gesprächsangebot eingegangen …

Abgesehen davon, dass Schwaben natürlich nicht so einfältig sind, wie hier erzählt, und abgesehen davon, dass dies ein Beispiel für ein klassisches Missverständnis ist, wird für die geneigten Leser – um auf der gewählten Sprachebene zu bleiben – deutlich: Die Sprache ist ein Instrument für den Umgang miteinander, mit dem man geschickt oder ungeschickt umgehen kann. Von unserem Sprechen, unseren Redewendungen, unserem Ton hängt oft genug der glückliche oder unglückliche Verlauf oder Ausgang eines Gespräches ab.

Die positive Seite an dieser Tatsache besteht darin, dass wir durch die Arbeit mit und an der Sprache viel für eine geglückte Kommunikation tun können. Dies wusste Ignatius ziemlich genau. Wer sich wie er in den Jahren seiner Ausbildung auf dem diplomatischen, höfischen Parkett bewegen wollte, ohne allzu oft auszurutschen, der musste höfische Sprache und höfische Etikette kennen lernen. Es gibt einige hübsche Episoden, die zeigen, wie er das Instrument Sprache gebrauchte. Eine davon stammt aus dem Memoriale des Pater da Câmara . Er beschreibt, wie Ignatius in wachsendem Maße gestuft, differenziert mit Menschen umgeht und dabei auch das Sprachspiel ändert: »Und so gibt der Vater, wenn er mit jemandem umzugehen beginnt, ihm zuerst alles und spricht mit ihm in einer Weise, dass er, auch wenn er sehr unvollkommen wäre, keinen Anstoß nehmen könnte. Danach, wenn er ihn allmählich besser kennt und auch er selbst Kräfte erlangt, nimmt er ihm allmählich immer mehr, so dass er ihm, ohne dass er es als gewaltsam empfände, das ganze Spiel verändert. Zum Beispiel: Es kommt ein Doktor zur Gesellschaft, wie etwa P. Olave, und unser Vater nennt ihn zuerst ›Herr Doktor‹ und ›Euer Gnaden‹; danach lässt er eines davon weg; danach belässt er ihn bloß mit ›Doktor‹; danach mit dem trockenen Namen, wie wenn er zunächst sagte: ›Herr Doktor Olave, wollen Euer Gnaden …‹, danach ›Doktor Olave, wollen Sie‹, danach ›Olave‹ …« (MEMO, Nr. 107).

Man kann eine solche Geschichte als bloß amüsante Anekdote lesen, aber genauso gut auch als Frage an sich selber verstehen: Wie sensibel bin ich für die Sprache im Spiel der Begegnung? Wie bewusst gehe ich mit dem Instrument Sprache um? Nütze ich die Chancen, die in einer bewussten Sprachgestaltung liegen? – Vielleicht kann ein alterndes Ehepaar ein Beispiel für die Bemühung von zwei Menschen über achtzig sein, durch Arbeit an der Sprache ihre Kommunikation zu verbessern. Immer wieder kam es zwischen den beiden zu Missverständnissen: »Ich habe doch gesagt! – Nein, du hast das nicht gesagt. – Doch, ich habe das gesagt! – Nein, du hast sogar ausdrücklich das Gegenteil gesagt!« Nachdem dieses Sprachspiel immer wieder nach dem gleichen fruchtlosen Schema abgelaufen war, beschlossen die beiden schließlich, künftig das nutzlose Hin-und-Her mit dem Satz zu beenden: »Einer von uns beiden täuscht sich jetzt!« So kann selbst die Wahrheit darüber, dass jemand sich täuscht, zum Boden von Einverständnis werden. Man sollte nicht glauben, dass man für solches Lernen zu früh schon zu alt ist.

Redewendungen als Wende des Gesprächs

Es gibt für mich ein Schlüsselerlebnis, das mir die befreiende Kraft von Redewendungen nahe gebracht hat und mir bis heute eine Hilfe ist. In einem Kreis von Studenten kam es immer wieder vor, dass der eine oder andere mit seiner scharfen Zunge wie mit einer

Sense die Wort-Wiese der anderen abmähte. Mir blieb da selber oft das Wort im Halse stecken. Ich bemerkte aber mit Erstaunen, wie einer der Gesprächsteilnehmer in solchen Situationen ruhig blieb, freundlich in der Runde umherschaute und mit großer Selbstverständlichkeit erklärte: »Ach, ich sehe das ganz anders!« Diese Sprachwendung ermöglichte dann zumeist, dass das Gespräch weiterlief. Ich habe diesen Satz mit leichten Abwandlungen in meinen Wortschatz aufgenommen: »Ich habe da eine andere Erfahrung gemacht ... Mir fällt dazu was anderes ein ... Ich empfinde dies etwas anders als du ...« Und erstaunlicherweise hilft dies zumeist, dass ich keinen Druck in der Magengegend habe und das Gespräch weitergehen kann.

In den letzten Jahrzehnten haben eine Reihe von Redewendungen oder Gesprächsspielregeln eine gewisse Sprachkarriere gemacht und sind in das Sprechverhalten von nicht wenigen Menschen übergegangen. Vielleicht ist die bekannteste Sprechregel die vom Ich-Sagen: »Sag ›ich‹ und nicht ›man‹, wenn du von dir selber sprichst!« – »Ich empfinde dies so und so ... Ich weiß nicht, wie ich da weiterkomme ... Ich möchte dies und jenes gerne ...« Was der Philosoph Martin Heidegger in berühmt gewordenen, kritischen Aussagen über das anonyme »Man« als Charakteristikum unserer Zeit gesagt hat, ist im »Ich-Sagen« auf die Weise einer schlichten Sprechregelung in gewissem Sinn aufgenommen worden. Es kann helfen, die Anonymität, die Namenlosigkeit, die Gesichtslosigkeit abzubauen.

Ein weiteres beliebtes Sprachbild ist die Wendung: »Diesen Schuh ziehe ich mir nicht an!« Damit ist die Erfahrung angesprochen, dass »man« gelegentlich direkt oder indirekt Vorwürfe bekommt und »man« diese manchmal unbesehen übernimmt, ihnen Recht gibt. Dabei tut man sich selber Unrecht an, statt klarzustellen: »So stimmt das nicht! Das erlebe und mache und deute ich anders! Diesen Schuh ziehe ich mir nicht an!«

Die Erfahrung, dass die Kultivierung von Sprache einem selber und anderen das Leben erleichtert, könnte einem die Frage eingeben: Warum haben wir nur als Kinder und Jugendliche die Sprache gelernt? Warum gehen wir als Erwachsene mit dem Instrument Sprache nicht sorgsamer um? Beim Erlernen von Fremdsprachen wird oft Wert darauf gelegt, nicht nur die Wörter zu lernen, sondern ganze Phrasen, typische Redewendungen, um sich in der fremden Sprache besser zu bewegen. Ob es sich nicht lohnte, Redewendungen liebevollen Begegnens bewusster in unseren Sprachschatz aufzunehmen, ja, sie richtiggehend einzuüben? Sollten wir uns als Erwachsene verbieten, dazuzulernen und es nur den Kindern überlassen?

»Uns trennen Welten!« – Die Einfachheit im Sprechen

Ort und Zeit der Handlung: das Ende einer anstrengenden Prüfung an einer jesuitischen Hochschule für Philosophie. Am Ende des mühsamen Examens macht der – österreichische – Student bei der Verabschiedung zum prüfenden Professor hin die abschließende Bemerkung: »Herr Professor, uns trennen Welten!«

Diese Geschichte fand vermutlich deshalb so viel Echo bei den Studierenden, weil sie manches studentische Gefühl auf den Punkt brachte. Sie bringt zudem eine allgemeine Erfahrung von vielen Menschen zum Ausdruck: Wir leben in verschiedenen Welten, mit verschiedenen Sprachen und Gedanken: die Welt des Berufs, die Welt der Politiker, die Welt der Lehrer, die Welt der Arbeiter, die Welt der Gläubigen, die Welt der »Kinder dieser Welt«, die Welt der Armen und die Welt der Reichen, die Welt der Wissenschaftler und der einfachen Menschen. Wer am Urlaubsstrand oder bei einem Volksfest Leute »aus einer anderen Welt« trifft, oder wem eine Zeitschrift für Akademiker oder eine Schülerzeitschrift in die Hand fällt, der merkt, wie sehr unsere Sprache verschieden ist; – so verschieden, dass manchmal das Verstehen fast unmöglich zu sein scheint.

Ignatius wusste aus ureigenster Erfahrung von diesen verschiedenen Welten: Er stammte aus der Welt des Adels, der Welt des Hofes und kam sein ganzes Leben über mit Königen, Botschaftern, Bischöfen, Diplomaten, Gebildeten in Kontakt. Aber er hatte ebenso auch viele Begegnungen mit Soldaten, einfachen Frauen, Gefangenen, Obdachlosen und Prostituierten. Er wusste und glaubte, dass dies auch »die Gesellschaft Jesu« war: Jesus von Nazaret traf sich mit Steuereintreibern und Zimmerleuten, mit reichen Frauen und armen Witwen, mit Pharisäern und »dem Volk, das vom Gesetz nichts versteht«. Jesus – im Johannesevangelium als »das fleischgewordene Wort« bezeichnet – wollte zu allen sprechen. Darum hören wir bei ihm immer wieder die Frage: »Womit soll ich das Reich Gottes vergleichen?« Und es heißt, dass er zumeist »in Gleichnissen« zu den Menschen gesprochen habe. Diese Sprache verstanden alle Menschen, die einfachen und die gelehrten.

Diese Verständlichkeit in der Kommunikation ist auch für Ignatius ein großes Anliegen. In einem eigenen Versprechen der Jesuiten kommt dies zum Ausdruck. Zumeist ist nur bekannt, dass die Jesuiten neben den »gängigen« Versprechen von Armut, Ehelosigkeit und Gehorsam noch ein besonderes Gehorsamsgelübde gegenüber dem Papst ablegen. Dieses Gelübde ist noch dadurch ein wenig geheimnisumwittert, dass es nach der öffentlichen Feier in der Sakristei abgelegt wird. Da geht es aber nicht um irgend-

welche dunklen Sondervereinbarungen, sondern neben der Bereit-
schaftserklärung bezüglich missionarischer Aufträge des Papstes um
das Gelübde, für die sog. »rudes«, das heißt die einfachen Menschen, da zu sein: für solche mit wenig Bildung, für junge Menschen, für »den Durchschnitt«, für die »Leute«. Die Jesuiten waren
nicht nur die manchmal berüchtigten Hofbeichtväter der Könige,
sondern genauso beziehungsweise noch mehr die »Leutepriester«.
Beim »Volk« kann nur sein und ankommen, wer, wie Martin
Luther sagt, »den Leuten aufs Maul« und ins Herz schaut. Dieses
Bemühen mahnt Ignatius auf vielfache Weise an: Er weist darauf
hin, dass man in dieser Hinsicht »bei den Neuerern« – gemeint
sind die evangelisch-protestantischen Prediger – viel lernen könne;
er schickt die Auszubildenden immer wieder zu Katechesen mit
Jugendlichen; er selber stand mit den Seinen auf dem Marktplatz
in den oberitalienischen Städten und winkte mit seiner Mütze die
Leute zusammen, um in einfachem Italienisch zu ihnen zu
sprechen; er drang unnachgiebig darauf, die Briefe an die Mitbrüder klar und verständlich zu schreiben, und schrieb manche
Briefe selber mehrere Male.

In der Nachfolge des Ignatius ließen die Jesuiten Kinder die
Glaubenswahrheiten in einfachen Liedern lernen und schrieb
Petrus Canisius einen schlichten Katechismus, der Jahrhunderte
hindurch als Grundlage für den Religionsunterricht an Schulen
zum Einsatz kam. In Jesuitenkirchen dienten die Gemälde und
Statuen als Bibel für die Armen, die nicht lesen und schreiben
konnten. Auch die Theateraufführungen mit Hunderten von Dar-
stellern, manchmal über Tage hin dauernd, dienten dem Anliegen
der »Popularisierung« der Glaubensbotschaft.

In unserer hochkomplizierten Welt von heute hat das Bemühen
um Verständlichkeit und Einfachheit eine neue Bedeutung ge-

Hilfen für den Lernprozess Kommunikation

wonnen. Wie soll Demokratie, also Beteiligung von vielen an Entscheidungen, gelebt werden, wenn die Sprache der Politiker, der gesellschaftlich Engagierten nicht verständlich ist? Sicher bleibt es unvermeidlich, dass es gerade in unserer sog. »hoch entwickelten Zivilisation« die Fachsprache, den Fachjargon gibt und geben darf. Aber ohne ständiges Bemühen um Verständlichkeit werden komplexe Ereignisse und Entscheidungen immer undurchsichtiger und bringen die Gefahr der Manipulation durch diejenigen mit sich, die das fachliche Sprachmonopol beherrschen. Talk-Shows und ähnliche Sendungen haben ihren guten Sinn. Sicher muss der »Journalismus« sich immer wieder vorwerfen lassen, dass er vereinfacht, auf Sensationen aus ist, und doch erfüllt er eine wichtige Aufgabe. Wie soll eine Politik »für das Volk« gemacht werden, wenn die Sprache des Volkes nicht geachtet wird?

Ob dies nicht auch auf ganz besondere Weise für die Theologie und die kirchliche Verkündigung gilt? Die Auflagenstärke mancher theologischer Bücher kommt nicht in erster Linie daher, dass da die Autoren nur allseits willkommene Häresien verbreiten würden, sondern daher, dass sie theologische und zugleich menschennahe Fragen und Anliegen in einer verständlicheren Sprache aufgreifen als andere Fachkollegen. Erneuerung der Verkündigung heißt vor allem auch Erneuerung der Sprache. Erneuerung der Sprache zielt auf Wirklichkeitsnähe, Menschennähe, Einfachheit. Menschennähe meint, aus der Begegnung mit Menschen heraus zu Menschen zu sprechen: »Und das Wort ist Fleisch geworden und hat mitten unter uns gewohnt«, heißt es im Johannesevangelium (1,14). Wo ein einfaches Wort der Verkündigung im Haus des Menschen Wohnung nimmt und hörende Menschen es aufnehmen, da werden diese sagen: »Wir können unmöglich von dem schweigen, was wir gesehen und gehört haben« (Apostelgeschichte 4,20).

»Man lobe« – Von der Kraft des positiven Redens

Ich erinnere mich, wie eine alte Schwester einmal sagte: »Pater, Sie haben keine Vorstellung, wie man mein 40-jähriges Ordensjubiläum gefeiert hat; was ich da an Lob und Ehrendem zu hören bekam, kaum zu glauben! – Wenn man das doch nicht alles auf einmal gemacht hätte, sondern auf die letzten 40 Jahre verteilt!« Dieser aus tiefem Herzen kommende Stoßseufzer sagt vieles. Er sagt vor allem, wie wichtig für einen Menschen Anerkennung und Lob ist. Anders und im Blick auf vielfache menschliche Erfahrung ausgedrückt, gilt wohl: Lob bedeutet für menschliches Werden und Reifen, was die Sonne für das Wachsen der Pflanzen bedeutet. Die Pflanze lebt nicht vom Tau und Wasser allein. Auch das braucht es. Aber genauso Licht und Sonne und Wärme. Menschen blühen geradezu auf, wenn ihnen Anerkennung und Lob geschenkt werden. Menschen entdecken Kräfte, Talente, Möglichkeiten in sich, von denen sie nicht zu träumen gewagt haben.

Die negative Gegenprobe bestätigt diese Erfahrung: Wie viel an Lebensmut, Lebensfreude, Lebendigkeit kann verloren gehen, wenn dauernd an dem, was wir tun und wie wir uns geben, herumkritisiert und herumgenörgelt wird. Viele Menschen resignieren daran. Sicher gibt es Kinder und Jugendliche, die sich zu Höchstleistungen aufschwingen, obwohl die Eltern auch bei guten und besten schulischen Leistungen immer noch nicht Zufriedenheit zeigen oder so etwas bei »ihrer« Tochter, bei »ihrem« Sohn als »selbstverständlich« voraussetzen. Das Maximum gilt bei so gearteten Eltern, Lehrern und Vorgesetzten als das Minimum. Aber man frage nicht, zu welchen seelischen Verspannungen es bei Menschen kommen kann, die ständig in einem solchen Klima leben und arbeiten müssen. Die Menschenseele braucht zu gesundem

Wachsen Lob und Anerkennung. Freilich müssen diese ehrlich sein. Wenn sich ein Lob als nur »pädagogisches«, strategisches Lob herausstellt, nützt es zumeist wenig. Kann man nicht ehrlich sagen: »Das hast du prima gemacht!«, wenn jemand von einer schlechten Benotung auf eine etwas bessere kam? Dies kann bedeutend mehr sein, als wenn aus einer »Eins« eine »Eins mit Stern« wurde. Echtes Lob bemisst sich zudem vor allem an den subjektiven Fortschritten, nicht nur am Erfüllen einer objektiven Leistungsnorm.

Lobende Worte sind nicht nur wichtig für einen einzelnen Menschen, sondern auch für eine ganze Gemeinschaft, für die Atmosphäre in einer Gesellschaft, für das Leben der Kirche. Dies wird bei Ignatius deutlich, um nicht zu sagen überdeutlich, in seinen Regeln für das wahre kirchliche Gespür. Zehnmal findet sich hier die Formulierung: »Man lobe ...« Sicher werden da manche Dinge als lobenswert aufgezählt – wie etwa die päpstlichen Aufrufe zu Kreuzzügen –, bei denen nicht wenige Christen der heutigen Zeit Fragen oder gar Magengrimmen bekommen; aber eines bleibt wohl gültig: Eine Gemeinschaft kann nur auf der Basis von dankbarem Einverständnis leben. Sicher können Unzufriedenheit und »konstruktive Kritik« wichtige Wachstumsfaktoren sein. Aber wenn alle bloß noch kritisieren, dann gibt es auch nichts und niemanden mehr, der die Kritik aufnehmen könnte. Wenn Unzufriedenheit »mit allem und jedem« auf längere Zeit überhand nimmt, dann bricht jede Gemeinschaft – vom Golfclub bis zur Partei, von der Kirche bis zum Staat – auseinander.

Es genügt freilich nicht, jemanden nur nicht dauernd zu kritisieren. Es ist zu wenig, wenn man sich darauf einigt, dass man »schon etwas sage, wenn einem etwas nicht passe«. Es bedarf immer wieder des ausdrücklichen Dankens und Lobens, damit

Lebendigkeit angeregt und verstärkt wird. Man kann leicht und schnell in einem Betrieb, in einer Gemeinschaft merken, wie die Kreativität oder auch die Produktivität zunehmen, wenn ein gutes »Betriebsklima« herrscht. Sicher hängt dieses zu einem guten Teil davon ab, ob Menschen und ihr Tun geachtet, respektvoll, dankbar, lobend wahrgenommen werden. Dies muss, wie die Eingangsgeschichte zeigte, nicht immer ein großer Staatsakt sein. Das alltägliche »Danke« oder »Prima« oder »Spitze« oder ein freundlicher Blick können genügen. Das großzügige Lob ist das Öl im Getriebe des täglichen Lebens.

Und – dies zu sehen ist bedeutsam – das Loben ist nicht nur eine Hilfe zur »Gewinnmaximierung«. Es wäre zu wenig, sich gegenseitig immer nur »positiv zu verstärken«, um dadurch besser bestimmte Ziele zu erreichen. Für Ignatius, für den glaubenden, den religiösen Menschen gehören Dankbarkeit, Lob und Preis zum Wesen des Menschen und nicht nur zu einer zwischenmenschlichen Gesprächsstrategie: »Der Mensch ist geschaffen, zu loben …«, schreibt er im »Prinzip und Fundament der Exerzitien«; geschaffen, »Gott zu loben«, aber sicher auch den Menschen, das Geschöpf des Gottes, der »alles gut gemacht hat«. Ein Abglanz davon findet sich in jedem Menschen. Und wie könnte der Mensch Gott wirklich loben, wenn er dessen Geschöpfe, dessen Söhne und Töchter nur ständig kritisierte – »Du wärst schon in Ordnung, aber deine Kinder …!«

Die Hüte der Jesuiten – Offenmütige Kritik

An etwa zwanzig Stellen im Memoriale des Pater da Câmara ist von einem Hut die Rede. Damit ist nicht der alte, schwarze Dreispitzhut jesuitischer Ordenstracht gemeint, sondern die Hüte, die

Ignatius seinen Mitbrüdern höchstpersönlich aufsetzte: Gemeint sind damit scharfe Zurechtweisungen, die er, bei aller sonstigen Liebenswürdigkeit, immer wieder einmal aussprach. Er konnte durchaus jemandem einen »Deckel« verpassen.

Eine der besten »Hut-Geschichten« bezieht sich auf eine Art des Sprechens, die Ignatius besonders gegen den Strich ging; da Câmara berichtet: »Jedoch eine Sache und Weise zu sprechen konnte er nicht ertragen, nicht nur bei denen vom Haus, sondern sogar bei den Auswärtigen, und zwar, wenn sie behauptend und dekretierend sprachen, wie wenn einer Gesetze und Dekrete erlässt, etwa wenn wir sagen würden: ›Es ist notwendig, dass diese oder jene Sache gemacht wird‹; ›dafür gibt es kein anderes Heilmittel als dieses‹; ›die Wahrheit ist diese‹ und andere ähnliche Sprechweisen. Und diejenigen, die diese anwandten, nannte unser Vater ›Dekretisten‹, und, wie ich sage, tadelte er sie. Und es schien ihm so schlimm, dass er sie sogar bei einem sehr bedeutenden Gesandten rügte, der der Gesellschaft Freund war und uns in Rom sehr gewogen.

Denn als er manchmal ins Haus kam, sprach er auf diese Weise und sagte: Der Papst müsse dies oder jenes tun; und es sei notwendig, dass dieser Kardinal jene andere Sache tue; in diesem Garten fehle dieses Stück; oder es sei erforderlich, dass man jenes machen lasse usw. Und aus diesem Grund antwortete ihm auch unser Vater auf dieselbe Weise, indem er ihm Dinge seines Amtes anriet oder ihn an sie erinnerte; und er sagte uns danach: ›Da er selbst Dekretist ist, soll er es ertragen, dass man ihm auch einige Dekrete gibt« (MEMO, Nr. 204). – »Typisch Ignatius!« zu sagen wäre vielleicht zu »dekretistisch« gesprochen, aber dass darin viel von ihm, von seiner Art, seiner Sicht der Kommunikation und seines Umganges mit Menschen aufleuchtet, darf wohl gesagt sein:

Hilfen für den Lernprozess Kommunikation

Wenn alle Dekretisten einen Hut tragen müssten, dürften vermutlich die meisten Hut-Garderoben bei vielen Gesprächen zu klein sein.

»Ich bin bloß mit!« – Geistliche Begleitung

Ignatius hat sich selber immer wieder als »Pilger« bezeichnet, das heißt als einer, der auf dem Weg ist. Oft genug ist er »allein und zu Fuß« gewesen, wie er schreibt. Aber ebenso häufig war er mit Gefährten auf dem Weg und erfuhr deren Hilfe oder war für sie eine Hilfe. Oft genug waren seine Weggefährten Zufallsbekanntschaften für ein paar Stunden, oder gelegentlich hielt eine solche Gefährtenschaft auch über lange Jahre. Die Erfahrung der Gefährtenschaft hat sich später auf vielfache Weise und in verschiedensten Zusammenhängen ausgeweitet. Auf seinem Pilgerweg fand Ignatius geistliche Begleitung und, weit mehr noch, gab er sie anderen. Von seiner Suche nach einer geistlichen Begleitung berichtet Ignatius in seinem Bericht des Pilgers von einer höchst aufschlussreichen Geschichte:

»Noch in Barcelona, bevor er die Seereise antrat, suchte er entsprechend seiner Gewohnheit alle Personen mit Erfahrung im geistlichen Leben auf, um sich mit ihnen zu besprechen, selbst wenn sie weit draußen vor der Stadt in einer Einsiedelei wohnten. Aber weder in Barcelona noch in Manresa konnte er in all der Zeit, die er dort verweilte, jemanden treffen, der ihm so geholfen hätte, wie er es selber wünschte. Höchstens jene Frau von Manresa, von der vorhin schon die Rede war, die ihm nämlich gesagt hatte, sie habe zu Gott gebetet, dass Jesus Christus ihm erscheinen möge: nur jene Frau also war nach seiner Meinung etwas tiefer in das geistliche Leben eingedrungen. Daher verlor sich nach seiner

Abreise aus Barcelona jenes ängstliche Drängen nach einem Zusammentreffen mit religiös interessierten Personen gänzlich« (BDP, Nr. 37).

Fast jeder Satz des Erlebnisses beinhaltet eine Botschaft und zeigt:

- wie wichtig für Ignatius der geistliche Austausch war, so dass er überall »nach seiner Gewohnheit« danach suchte, auch »weit draußen vor der Stadt«;
- wie es ihm in solchen Gesprächen nicht um spirituelle Theoriediskussionen ging, sondern um »geistliche Erfahrung«;
- wie schwer es ist, jemanden mit Erfahrung und Gespür zu finden;
- wie es eine Frau gewesen war, die ihm offensichtlich etwas sagen konnte;
- wie er selbstständiger wurde und wie sich ein »ängstliches Drängen«, das in seinem Suchen gewesen war, verlor – das ängstliche Drängen verlor er »gänzlich«, nicht aber die Freude über ein gutes, helfendes, geistliches Gespräch.

Wie sich Ignatius geistliche Begleitung vorstellt, das ist nirgendwo so deutlich wie in den Exerzitien, wenn er die Aufgabe dessen schildert, der die Übungen, die Exerzitien gibt. Die Grundlage all der differenzierten Weisen der Begleitung ist das *schlichte Dabeisein*. Dies machte mir in meiner Tätigkeit als Spiritual einmal ein Student mit einer kleinen Geschichte deutlich. Er erzählte vom kleinen Karlchen, das erstmals von der Mutter allein zum Einkaufen geschickt wird. Mit einer Mischung aus Stolz und Ängstlichkeit marschiert er mit Einkaufstasche, Notizzettel und Geldbeutel los. Unterwegs trifft er seinen Spielkameraden Otto, der ein wenig älter ist als er, und bittet ihn mitzukommen. Alles klappt bestens. Die Tasche ist voll, der Geldbeutel sicher verstaut, und ein Bonbon hat

Karlchen auch bekommen. Die Verkäuferin neigt sich dann über den Ladentisch und fragt Otto: »Na und du, was willst denn du?« Die kurze Antwort von Otto lautet schlicht: »Ich will nichts, ich bin bloß mit!«

Damit ist für geistliche Begleitung gesagt: Der begleitet, bestimmt nicht das Ziel und den Weg, aber er hilft mit all seiner Kraft und Klugheit, dass der Begleitete das Ziel und den Weg findet. Schon das bloße Dabeisein ist oft die größte Hilfe und sagt: Du bist nicht allein! Vier Augen sehen mehr als zwei! Ich bleibe bei dir, auch wenn es schwierig wird! Ich helfe dir, wenn du willst, mit meinen Erfahrungen! – Vielleicht ist es sehr hoch gegriffen, aber doch nicht ganz daneben, an den Ur-Namen Gottes zu erinnern: JHWH (Jahwe) heißt »Ich bin der Ich-bin-da«. Im besten Falle kann Begleitung etwas von der Präsenz Gottes für den Menschen widerspiegeln. Wenig ist dies nicht. Ist es nicht fast alles?

Beichte – Sakrament der Versöhnung – Diskretion

Eine Weise der Begleitung, die vor allem die katholische Kirche einem Christen mit auf den Weg gibt, ist der »Beichtvater«, dem man die eigene Schuld bekennt. Der Beichtvater ist Zeuge der Sehnsucht nach Umkehr und Heimkehr. Er ist Zeuge der Sehnsucht nach Vergebung, Versöhnung und Neuanfang. Er gibt einen Schutzraum, in dem die dunkelsten Seiten des Lebens ausgesprochen werden dürfen. Er gibt vor allem das Wort Jesu weiter: »Deine Sünden sind dir vergeben!« In diesem Wort ist vieles ausgesagt und zugesagt. Es heißt: »Du lebst wieder – also lebe!« – »Nimm deine Bahre, auf der du lebenslahm darniederliegst und geh!« – »Du bist wieder in die Gemeinschaft, in die Tischgemeinschaft aufgenommen!«

Hilfen für den Lernprozess Kommunikation

Freilich spiegelt nicht jede Erfahrung mit Beichte solche Situationen von Neuanfang und Versöhnung wider. Dies hat Ignatius selber zutiefst erfahren. In einer Phase der Skrupulosität, die ihn fast in den Selbstmord trieb, lief er von Beichtstuhl zu Beichtstuhl, bis er auf dem inneren Nullpunkt ankam. Dort machte er eine Erfahrung von Erlösung und bleibender Befreiung. Er hatte klar und von innen her erkannt, dass sein spiritueller Perfektionismus ihn zerstörte und vom Weg der Nachfolge auf dem Weg mit Jesus Christus abzubringen drohte.

Ignatius hat sein ganzes Leben hindurch häufig die spirituelle Hilfe des Sakramentes der Versöhnung in Anspruch genommen. Nicht immer war er über seine Beichtväter glücklich. Einen wechselte er sogar, obwohl er gegen einen häufigen Wechsel war. Pater da Câmara kennzeichnet diesen Mitbruder als »von beachtlicher Einfalt und Harmlosigkeit« (MEMO, Nr. 162). Sie zeigte sich darin, dass er »einige Dinge zum Lob des Vaters mit solcher Hervorhebung sagte, dass es Gelegenheit zum Anstoß sein konnte«.

Diese Geschichte macht über den verständlichen Ärger von Ignatius hinaus deutlich, dass eine Beziehung des Vertrauens von der Diskretion lebt. Ohne diesen Schutzraum ist Offenheit nicht möglich.

Die Beichterfahrung des Ignatius zeigt aber auch, wie sich jemand trotz dieser Heilshilfe in sich selber, in seine Skrupulosität oder auch Selbstgefälligkeit verstricken kann. Das Sakrament kann zur Falle werden. Aber es kann auch erzählen von jenem dankenden Glaubensbewußtsein, das sich in einem »Stoßseufzer« von Ignatius offenbart, den ein indiskreter Zuhörer nachts von ihm erlauschte: »Wie unendlich gut bist du, o Gott, dass du sogar einen Sünder wie mich erträgst.«

Ignatianisch: Syndikus, Admonitor, Kollateral, Konsultor, Supervisor

Die Wörter der Überschrift mögen einem »spanisch« vorkommen; in Wahrheit stammen sie aus dem Lateinischen und Griechischen und sind in besonderer Weise »ignatianisch«. Da Worte wie »Supervision« und »Gruppendynamik« inzwischen zum normalen Bildungsdeutsch gehören, ist der ignatianische Ausrutscher ins allzu fachwortlich Fremdsprachliche wohl nicht so schlimm. In Kürze sei die Aufgabe dieser »Rollen« genannt, die alle zeigen, wie wichtig Ignatius die Kommunikationshilfe durch andere Menschen, durch Gespräch und Beratung nahm.

Syndikus

Der Syndikus, der Mitwisser, sollte auf äußere Dinge wie das Einhalten der Verhaltensregeln achten und dann seine Beobachtungen an die Oberen weitergeben. Dies ging nicht allzu lange gut, und so wurde die Institution wieder aufgegeben. Trotzdem war sie in manchem hilfreich. Ein Syndikus wurde auch einem Einzelnen beigegeben, oder jemand konnte sich selber einen suchen, damit er ihm helfe, wenn er bei irgendeiner Verhaltensänderung weiterkommen wollte. Diesen Rat kann man getrost und oft mit Erfolg weitergeben: »Wenn du in einer dir wichtigen Sache weiterkommen willst, dann suche dir eine befreundete Person und bitte sie, ob du nicht für einige Zeit jede Woche nur kurz erzählen könntest, wie es dir mit deinem Anliegen geht!« Fünf oder zehn Minuten, ein Brief, ein kurzes Telefongespräch können da genügen: »Du, mit meinem Anliegen, meinem Vorsatz, meinem Projekt ging es die letzte Woche so und so, und ich möchte so oder anders weitermachen ...« – Die helfende Person muss gar nicht sehr erfahren sein in Gesprächsführung, Beratung und Begleitung. Es genügt das Zuhören, bei dem sich für den Sprechenden manches klärt. Und vor allem gilt, dass solche Gespräche über einige Wochen oder über Monate hinweg die beste Hilfe für das »Dranbleiben«, für die Kontinuität und Konsequenz sein können. Vieles von unseren Plänen, Vorhaben und Vorsätzen ist deshalb so fruchtlos, weil wir nur kurze Zeit dranbleiben. Das freundschaftliche »Kontrollgespräch« ist mit die beste Hilfe für ein Wachsen.

Admonitor

Der Admonitor ist der »Ermahner«, der »Aufmerksammacher«. Er ist vor allem dem Generaloberen der Jesuiten beigegeben, aber auch Verantwortlichen auf Provinzebene. In den »ergänzenden Normen« der 34. Generalkongregation der Jesuiten wird er beschrieben: »Er soll ein guter Ordensmann sein, mit Gott im Gebet verbunden, in fortgeschrittenem Alter, mit gutem und reifem Urteil, in unserem Institut und den Angelegenheiten der Gesellschaft erfahren, mit großem Eifer für unser Institut, aber zugleich mit der Gabe der Unterscheidung, nicht leichtgläubig und nicht schüchtern, derart, dass man erwarten kann, der Generalobere werde ihn gern annehmen, der Admonitor werde aber nicht wegen irgendwelcher menschlicher Rücksichten seine Amtspflichten oder das Wohl der Gesellschaft vernachlässigen« (SAT, 433 f).

Man mag nach dieser Beschreibung vielleicht fragen, ob man überhaupt einen solchen Mann findet, aber auf jeden Fall kann einleuchten: Es fördert das Wohl einer Gemeinschaft, wenn es jemanden gibt, der dem Vorgesetzten gegenüber eine Instanz bildet, die ihn wohlwollend-kritisch begleitet und zu der man jederzeit kommen kann. – Ich denke an einige, die in eine kirchliche oder gesellschaftliche Verantwortung kamen und mir erzählten, sie hätten dringlichst einen Freund gebeten: »Bitte, tu mir den Dienst, mir mitzuteilen, wenn ich abhebe, wenn ich nicht mehr genügend Bodenhaftung und Verbundenheit mit der Basis habe. Wir können uns jetzt nicht mehr so oft sehen wie früher, aber tu mir jetzt auf diese Weise den Dienst der Freundschaft. Wenn du von Leuten Kritisches hörst, wenn du liest, ich sei selbstherrlich und für Vorschläge nicht mehr offen, ich hörte nicht mehr zu und immunisiere mich gegen Kritik – dann, spätestens dann komm' bitte zu mir und sprich offen mit mir!« Es ist oft schlimm, wenn manchmal alle »es« wissen, nur der Hauptbetroffene nicht. Man muss sicher nicht höherer Oberer in der Gesellschaft Jesu sein, um Fehler zu machen und demzufolge Menschen brauchen zu können, die einen darauf aufmerksam machen.

Kollateral

Der Kollateral, das heißt der einem »zur Seite Gegebene«, hat neben der Aufgabe der kritischen Hinweise auch die der Mitarbeit. Und, so heißt es in den Satzungen, der Kollateral soll »sich bemühen, soweit es möglich ist, die Untergebenen untereinander und mit ihrem unmittelbaren Oberen in Einverständnis zu bringen, indem er wie ein Engel des Friedens unter ihnen geht« (SAT, Nr. 661). Wenn es auch diese spezifische Rolle nur in der ersten Zeit gab, Friedensengel braucht es immer noch, ob offiziell eingesetzt oder ohne Auftrag gratis dazugegeben.

Konsultor

Eine wichtige Rolle spielen auch heute noch die *Konsulte* und die *Konsultoren*. Ihre Funktion ist die eines Beratungsgremiums. Der ehemalige Generalobere der Jesuiten, Pedro Arrupe, hat einmal erzählt, wie unterschiedlich er sich selber und seine Rolle erlebte, ob er als Generaloberer mit seinem Beratungsorgan, dem Konsult, zusammensaß, oder ob er selber bei anderen Gemeinschaften zur Beratung hinzugezogen wurde. Als Berater könne er sich oft freier, entschiedener und kreativer äußern. Für Vorgesetzte sind viel leichter Bremsklötze im Blickfeld: wie vermeintliche oder wirkliche Realitäten, Personalprobleme, Finanzfragen, Notwendigkeit von Diskretion und so fort.

Supervisor, Praxisberater, Praxisgruppe

Auch die heutzutage übliche Form von Supervision und Praxisberatung hat Ignatius selber geübt. Gelegentlich ließ er sich von seinem Mitbruder da Câmara jeden Tag erzählen, wie es ihm in der Begleitung eines Exerzitanten gehe, und gab ihm Hinweise für den weiteren Fortgang – wohl eine der wirksamsten Hilfestellungen für das Erlernen guten Begleitens. Lernen durch Praxisbegleitung kann noch verstärkt werden, wenn eine Gruppe sich regelmäßig über ihre Erfahrungen austauscht. Diskretion ist dabei eine der wichtigsten Spielregeln.

Wie sehr die verschiedenen Kommunikations-Rollen, die Ignatius geschaffen hat, für das Kommunikationsspiel der Jesuiten im einzelnen wirkmächtig oder weniger wirksam waren, sei dahingestellt. Deutlich ist eines: Ignatius hat versucht, die Entscheidungs- und Kommunikationskultur mit vielen Mitteln zu fördern. Der Erfolg scheint ihm Recht zu geben, und von nicht wenigem könnte man heute noch einiges lernen.

Offener geht es nicht mehr – Die Gewissensrechenschaft

Muss eine Frau beim Einstellungsgespräch dem Arbeitgeber sagen, dass sie schwanger ist? Wie viel an Offenheit ist verpflichtend, wie viel muss dem freien und fairen Gespräch überlassen bleiben? Diese Frage war vor Jahren ein Entscheidungsproblem für ein deutsches Arbeitsgericht.

Wenn in den Satzungen des Ignatius von der Gewissensrechenschaft gesprochen wird, dann geht es um eine größtmögliche, freiwillige Offenheit dem Oberen, dem Vorgesetzten gegenüber. Die Bereitschaft, von den eigenen Schwächen, Stärken, Vorlieben, Ideen, Krisen, Lebenssituationen und so weiter zu sprechen, findet ihre Motivation darin, möglichst gut und möglichst wirksam den Dienst der Verkündigung tun zu können. Ein Text der 32. Generalkongregation mag den Sinn dieses anspruchsvollen Geschehens deutlich machen: »Beide aber, der sendende Obere und der gesandte Mitbruder, haben eine größere Gewissheit darüber, dass eine Sendung wirklich Gottes Wille ist, wenn ein besonderes Gespräch oder eine Gewissensrechenschaft der Sendung vorausging. Denn in der Gewissensrechenschaft erhält der Obere eine innere Kenntnis des Untergebenen und erfährt, was dieser Ordensmann tun und nicht tun kann und welche Unterstützung durch Ratschläge oder Hilfsmittel er braucht, um das durchzuführen, was er tun kann. Der Mitbruder aber erkennt den Sinn der übernommenen Sendung und sieht, was er tun muss, um seiner Verantwortung zu entsprechen. Je vollständiger und aufrichtiger eine Gewissensrechenschaft ist, desto authentischer erkennen wir Gottes Willen, und desto vollkommener finden wir im Geist und in den Herzen zu jener Einheit, aus der unser Apostolat seine Kraft schöpft. Fehlen in einer Kommunität Aufrichtigkeit und Gemeinschaft in den gegenseitigen Beziehungen, dann erstarrt sie schnell entweder in rein formalen Strukturen, die nicht mehr den Erfordernissen der Zeit gerecht werden, oder löst sich völlig auf« (GK, 275 f).

Hilfen für den Lernprozess Kommunikation

Das für alle Beteiligten anspruchsvolle Geschehen der Gewissenseröffnung kann nur seine Frucht entfalten, wenn es im Geist der Freiheit, des Vertrauens, der Diskretion, ja der Liebe geschieht. Wenn diese Weise der Kommunikation gegeben ist, dann kann ein Leitungsstil gelebt werden, der sich gleichermaßen optimal auf den Einzelnen wie auf die allgemeine Aufgabe ausrichtet.

»Geschwisterliche Zurechtweisung« – Feedback und »correctio fraterna«

Man muss nicht Psychologie studiert oder einen gruppendynamischen Kurs besucht haben, um ungefähr zu wissen, was Feedback meint. Jemandem ein Feedback geben heißt, ihm eine Rückmeldung machen, wie er als Person, wie sein Verhalten, sein Reden, sein Tun im eigenen Fühlen, Empfinden, Urteilen ankommt. Wenn jemand in der Straßenbahn aufschreit und sagt: »Au, Sie stehen mir auf den Zehen!« – dann beherrscht er schon das kleine Einmaleins des Feedback, das heißt: Er verbeißt sich nicht seinen Schmerz, sondern meldet ihn zurück. Natürlich könnte der genannte »jemand« auch mit dem Ausdruck »Du Elefantentrampel!« reagiert haben. Dies dürfte dann allerdings die Wahrscheinlichkeit erhöhen, dass sich ein kleiner Streit in der Straßenbahn entwickelt. Und dies wiederum könnte im günstigen Falle zu der Einsicht führen: Zum Feedback gehört nicht nur die Fähigkeit, sein Empfinden zu äußern, sondern auch die Notwendigkeit, die eigenen Äußerungen sprachlich zu kultivieren.

Augustinus äußerte einmal, dass die »brüderliche Zurechtweisung« – in Klöstern als »correctio fraterna« bekannt – einer der größten Dienste christlicher Nächstenliebe sei. Dabei dürfte sich Augustinus heute wohl gleich eine weitere »correctio« einhandeln, nämlich die, bitte nicht mehr von einer brüderlichen Zurecht-weisung, sondern von einer »geschwisterlichen Zurechtweisung« zu reden. In vielen Noviziaten gab es früher den so genannten »Angelusdienst«, den *Schutzengeldienst*. Bei diesem Dienst mach-ten sich für einige Zeit jeweils zwei Novizen auf Dinge aufmerk-sam, die ihnen während der vergangenen Woche aneinander auf-gefallen waren. Da gab es manchmal läppische Dinge und zumeist nur eher kritische Beobachtungen und nicht auch positive, aber es gab sicher auch hilfreiche Rückmeldungen. Positiv ausgedrückt: Es geht um die Frage, ob man in einem echolosen sozialen Raum lebt oder in einem Raum mit guter menschlicher Akustik.

Im ignatianischen Schlüsseltext über die Kommunikation, in seinem Brief an die drei Jesuiten, die zum Konzil von Trient zogen, wird ausdrücklich über eine Form des »sozialen Echos«, das Feedback in Gemeinschaft, gesprochen. Die entscheidenden Aus-sagen stehen unter der Überschrift »Um einander mehr zu helfen«:

»Jeweils an einem Abend soll einer alle anderen bitten, ihn in allem, was ihnen gut scheint, zu verbessern; und der so verbessert wird, soll nicht erwidern, wofern man ihm nicht sagt, er solle Rechenschaft über die Sache geben, derentwegen er verbessert worden ist. Der Zweite mache dasselbe an einem anderen Abend; und so in der Folge, damit alle einander zu größerer Liebe und zu größerem Wohlgeruch für alle Seiten helfen« (KNB, 115).

Sicher könnte man in diesem Text den »Wohlgeruch« in »gute At-mosphäre« oder »guter Ruf« übersetzen. Sicher könnte man aus dem Wort »verbessern« etwas allzu »Lehrmeisterliches« herauslesen. Wer aber dem Text einigermaßen wohlwollend begegnet, wird zunächst einfach sehen können, dass hier die »brüderliche Zurechtweisung« in einem guten Sinn vorgestellt und für das Wachsen in der Kommunikationsfähigkeit als hilfreich angesehen wird.

Die Versuchung liegt nahe, hier wieder im Ausrufezeichenstil zu schreiben: Welche Bedeutsamkeit hat hier Kommunikation und ihre Pflege! Wie sehr wird dies auch als ein Geschehen gesehen, das der sorgsamen Wahrnehmung und Einübung bedarf! Wie deutlich wird hier, dass es erstlich und letztlich nicht um das reibungslose Funktionieren geht, sondern um das Pflegen einer guten Atmosphäre und um das Wachsen liebevollen Begegnens! Und schließlich: Welches Erfahrungswissen drückt sich in dieser Spielregel aus, das Feedback zu erbitten und es nicht gleich mit Erwiderungen und Richtigstellungen zu kommentieren, sondern es zuallererst zuhörend wahrzunehmen.

Man darf sich einmal die Fantasie und die Frage erlauben: Was käme aus Konzilien, Synoden, Provinzkongregationen, Pfarrgemeinderatssitzungen, Bischofskonferenzen, Parteitagen … heraus, wenn es zu ihrem Stil gehörte, dass die Beteiligten in kleinen Gruppen auf diese Weise ihr Miteinander zu kultivieren suchten?! Freilich verlangt ein solcher Umgang innere Voraussetzungen: Es darf kein grundsätzliches Misstrauen untereinander vorherrschen, und man muss bereit sein, sich auf einige konstruktive Spielregeln des Feedbacks zu verständigen. Zu solchen inzwischen durch viele Erfahrungen bewährten Spielregeln gehören:

- ◆ Das Feedback ist von beiden Seiten *erwünscht*.
- ◆ Das Feedback soll *konkret* formuliert sein, das heißt sich auf genau angebbare Situationen beziehen: »Damals, gestern als du die Tür zugeschlagen hast … als du zu mir ›Du Blödmann‹ sagtest … Wenn du auf eine Frage von mir einfach schweigst … »und so fort.

- Das Feedback soll sich auf einen *überschaubaren Zeitraum* beziehen, weil dann die Erinnerung nachvollziehbar bleibt.
- Das Feedback soll *vom eigenen persönlichen Erleben her* gegeben werden, und zwar ohne Deutungen, Begründungen und Bewertungen. Wendungen wie: »Das löst in mir aus … das empfinde ich so … da entsteht in mir das Gefühl, die Frage, der Eindruck« können hilfreich sein.
- Für das Annehmen eines Feedbacks ist es wichtig, nur *aufmerksam zuzuhören* und höchstens eine Rückfrage zu stellen, wenn man etwas nicht genau verstanden hat. Es darf nicht um eine Rechtfertigung gehen, sondern allein darum, das Empfinden und die Auswirkung des eigenen Verhaltens im anderen wahrzunehmen.
- Für das Feedback braucht es genügend *Zeit und Ruhe* und anschließend eine Pause zur Verdauung.
- Man kann im Nachhinein auch einmal ein *Feedback zum Feedback* geben, also zurückmelden, was die Feedback-Mitteilung mit einem gemacht hat.

Die einzelnen Spielregeln – sei es im Zweiergespräch oder in einer Gruppe, einem Gremium etc. – sollte man miteinander suchen und vereinbaren, wenn allen Beteiligten klar ist, worum es beim kreativen Feedback geht und worum überhaupt nicht: Es geht nicht darum, einfach nur ein Ventil zu finden für angestauten Ärger, auch wenn solche Gespräche dafür hilfreich sein können. Es geht auch nicht darum, eine Person ummodeln zu wollen nach eigenem »Bild und Gleichnis«. Es geht vielmehr für den Hörenden darum zu erfahren, wie das eigene Verhalten auf andere wirkt, und für den, der das Feedback gibt, darum, dem anderen einen Dienst zu tun hinsichtlich des je persönlichen Wachstums. Aus solchem Dienst einerseits und der größeren Selbsterkenntnis andererseits kann eine kreativere, offenere und auch freundschaftlichere Weise der Begegnung und der Zusammenarbeit erwachsen. – Es lohnt sich, noch einige weitere Punkte zu beachten:

Man braucht Feedback-Gespräche nicht immer offiziell anzuberaumen. Wichtig ist es, dass man sich im *alltäglichen Miteinander* wie selbstverständlich Rückmeldungen davon gibt, was einen freut, womit man Schwierigkeiten hat, was einem hilft …

Andererseits kann es hilfreich sein, wenn man es sich *zur Gewohnheit* macht, gelegentlich miteinander zurückzuschauen, um dabei nicht nur über die Arbeit zu sprechen, sondern auch darüber, wie es einem miteinander geht. Bei solch regelmäßigen Gesprächen verringert sich die innere Hemmschwelle immer mehr, und man muss nicht immer erst eine Hürde überspringen wie nicht selten dann, wenn man ein Feedback-Gespräch »extra« anberaumt, weil sonst das »Fass überläuft«. Dann ahnt und schwant einem Schlimmes, und die Angst mindert die Fähigkeit, offen zuzuhören.

Was man zumeist übersieht – auch bei Ignatius ist dies nicht in seinen Hinweisen zu finden: dass man auch *die positiven Eindrücke und Gefühle,* die man hat, zurückmelden darf und soll. Es geht uns ja nicht nur schlecht mit den Mitmenschen. Sie geben oft genug auch Anlass zu Dankbarkeit und Anerkennung! Was Ignatius nicht selten tat, und was sicher wirksam war: Er sagte zu einem von zwei Bekannten oder Befreundeten Gutes, das er beim anderen wahrnahm – wohl wissend, dass dies weitergesagt würde.

Eine wirksame Form dieses indirekten positiven Feedbacks. »Du, Ignatius hat mir gestern gesagt, dass ihm deine Predigt ganz hervorragend gefallen hat und dass der Gesandte von Spanien ihm dies auch rückgemeldet hat …« Solch ein indirektes Feedback ist wie »Salböl für das Haupt«.

Vielleicht hat die nicht selten anzutreffende Scheu vor Feedbacks auch darin ihren Grund, dass in den Orden negative Rückmeldungen häufig die einzige institutionelle Form von Feedbacks waren: das so genannte »Schuldkapitel«, in dem man vor den anderen die eigene Schuld bekannte. Ich erinnere mich noch an die so genannte »lapidatio«, an die Steinigung während des Noviziats. Bei ihr sagten einem zwanzig Mitbrüder eine halbe Stunde lang nur negative Dinge, die sie an einem wahrnahmen. Das konnte zwar auch ein Härtetraining sein, aber es war nur die halbe Wahrheit über einen Menschen. Der Mensch lebt nicht von seinen Fehlern oder vom Bewusstsein seiner Fehler, sondern von der ganzen Wahrheit seines Leben und seiner Person.

Im neuesten »Praktischen Lexikon der Spiritualität« wird die geschwisterliche Zurechtweisung unter »Kritik, konstruktive« abgehandelt. Feedback soll ausschließlich konstruktiv, aufbauend sein und leben helfen! Dieser Imperativ steckt schon im Wortsinn, denn »Feedback« heißt wörtlich übersetzt »zurück-füttern«, also Nahrung zu empfangen und Nahrung zurückzugeben. Sicher meint Feedback nicht, sich nur Honig um den Mund zu streichen, aber ganz sicher auch nicht, sich gegenseitig das »Maul zu stopfen«. Feedback heißt nicht, biblisch gesprochen, den Splitter im Auge des andern zu sehen und den Balken im eigenen nicht (vgl. Matthäus 7,1–3), sondern: sich das Geschenk der gegenseitigen Wahrnehmung zu machen.

Die Zunge zähmen – Schriftlich klagen

In einer sehr bildhaften biblischen Stelle spricht der Apostel Jakobus in seinem Brief über die Schwierigkeit und die Notwendigkeit, die Zunge zu zähmen: »Wenn wir den Pferden den Zaum anlegen, damit sie uns gehorchen, lenken wir damit das ganze Tier. Oder denkt an die Schiffe: Sie sind groß und werden von starken Winden getrieben, und doch lenkt sie der Steuermann mit einem ganz kleinen Steuer, wohin er will. So ist auch die Zunge nur ein kleines Körperglied und rühmt sich doch großer Dinge. Und wie klein kann ein Feuer sein, das einen großen Wald in Brand steckt! Auch die Zunge ist ein Feuer, eine Welt voll Ungerechtigkeit. Die Zunge ist der Teil, der den ganzen Menschen verdirbt und das Rad des Lebens in Brand setzt; sie selbst aber ist von der Hölle in Brand gesetzt. Denn jede Art von Tieren, auf dem Land und in der Luft, was am Boden kriecht und was im Meer schwimmt, lässt sich zähmen und ist vom Menschen auch gezähmt worden; doch die Zunge kann kein Mensch zähmen, dieses ruhelose Übel, voll von tödlichem Gift. Mit ihr preisen wir den Herrn und Vater, und mit ihr verfluchen wir die Menschen, die als Abbild Gottes erschaffen sind. Aus ein und demselben Mund kommen Segen und Fluch. Meine Brüder, so darf es nicht sein« (3,3–10).

Die Wirklichkeit, die Jakobus hier kraftvoll und bildhaft anspricht, ist schmerzhaft: Wie viele Menschen in der großen und kleinen Politik wurden durch Gerüchte fertiggemacht? Wie viele leiden unter falschen Gerüchten, die unkontrolliert und mit Freude am Übertreiben weitererzählt werden: »Hast Du schon gehört: Die hat das und jenes getan oder gesagt?« Wie viele gerichtliche Vorgänge gibt es und wie viele Dementis werden gegeben, um Sachverhalte, Aussagen oder anderes richtigzustellen! Wie schwer ist es, einen bestimmten Ruf wieder loszubekommen: »Etwas bleibt immer hängen«, heißt es.

Ignatius hat offensichtlich darum gewusst und war so sehr gegen das Weitererzählen von Negativem, dass von ihm gesagt wurde: »Der Vater glaubt nie etwas von dem, was man Übles von einem anderen erzählt, nicht einmal Polanco« (MEMO, Nr. 358). – »Nicht einmal Polanco« will sagen: Nicht einmal seinem Sekretär, seiner rechten Hand, der die meisten seiner Briefe aufsetzte, nahm er unbesehen negative Äußerungen über Menschen ab. Und wie bei vielen anderen Dingen ließ er sich solches schriftlich geben, »damit einer ruhiger und ohne Leidenschaft sage, was er weiß oder gehört hat« (MEMO, Nr. 358).

Wie würde sich die Atmosphäre einer Gemeinschaft wandeln, wenn man es sich zur Regel machte: Wenn ich über jemanden etwas Negatives weitererzähle, dann muss ich gute und angebbare Gründe dafür haben. Wäre es nicht eine fruchtbare Kontrollfrage: Warum rede ich jetzt – vielleicht oft – zu anderen *über* eine Person und nicht zuerst – oder gar nie – zu ihr und mit ihr selbst?«

Die Zähmung der Zunge – sie wäre ein ganz typischer Fall für die so genannte »besondere Gewissenserforschung«, das heißt für eine persönliche Verhaltenstherapie, bei der man selber der Therapeut ist. Sicher würde Ignatius jemandem raten, der merkt, dass seine Zunge manchmal einer »Giftspritze« gleicht, er solle über Wochen und Monate jeden Tag mit dieser »Giftschleuder« leben und sich schriftlich Rechenschaft geben über seine Fortschritte. Die dafür erforderliche Motivation könnte der Wunsch nach besserer Kommunikation sein, nach einer weniger verpesteten Atmosphäre, nach einem angenehmeren Betriebsklima. Für Jakobus gilt letztlich eine spirituelle Begründung als ausschlaggebend: Es ist ein Widerspruch, mit derselben Zunge Gott zu preisen, aber den Mitmenschen, das Geschöpf Gottes, zu verfluchen. Nicht selten wird solches Verhalten manchen besonders frommen Kirchenbesuchern vorgeworfen. Ob immer zu Recht? Man müsste es schriftlich haben, und selbst dann muss es nicht immer stimmen ...

Das Dreiergespräch

Zu den unangenehmsten Situationen gehört es, wenn man dunkel das Gefühl hat, dass hinter dem eigenen Rücken geredet wird. Das war Ignatius geradezu ein Dorn im Auge. Darum machte er es so, dass er Mitbrüder einander gegenüberstellte, wenn ihm mündlich oder schriftlich eine solche negative Situation berichtet worden war. Er sah dies sozusagen als ärztliche Pflicht für den kommunitären Gesundheitszustand an: »Er pflegt sie gegenüberzustellen und lässt niemals etwas Fistelartiges, ohne es aufzudecken, wenn nicht ad tempus (zeitweise) bei einigen sehr Unheilbaren« (MEMO, Nr. 359).

Sicher gibt es Situationen, bei denen man noch zuwarten muss, weil die »Eiterung« noch nicht »reif« genug ist oder weil es noch einer behutsamen Vorbereitung bedarf. Aber der Normalfall soll sein, dass man über Schwierigkeiten direkt und *miteinander* redet. Das Gegenteil, die Verweigerung der direkten Kommunikation, trägt die Beweislast.

Die direkte Konfrontation hat sehr viel mit biblischer Spiritualität zu tun. In dem vom Lateinischen herkommenden Wort »Konfrontation« steckt ja die Bedeutung, dass zwei einander die Front, das heißt die Stirn (lat.: frons), das Angesicht zeigen. Nach dem Sündenfall fragt Gott: »Adam, wo bist du?« Vor dem Brudermord fragt JHWH Kain: »Warum überläuft es dich heiß, und warum senkt sich dein Blick? Nicht wahr, wenn du recht tust, darfst du aufblicken …« (Genesis 4,6f). Und eine konkrete Ausdrucksweise für die gefährdete Beziehung zwischen JHWH und seinem Volk Israel drückt sich in den Worten aus: »Warum kehrt ihr mir den Rücken zu und nicht das Angesicht?« (Jeremia 2,27). Der Weg zur Erlösung ist der Weg zur offenen Begegnung. Paulus beschreibt die Vollendung mit den Worten, dass wir »dann« nicht nur in rätselhaften Umrissen und wie in einem Spiegel sehen, sondern dann »schauen wir von Angesicht zu Angesicht« (1 Korinther 13,12).

Es gibt ein Konfrontationsgespräch, das Jesus bei seinen Jüngern geradezu provoziert hat. Er fragt die heimkehrenden Jünger, worüber sie denn unterwegs geredet hätten (vgl. Markus 9,33–37). Ihre Antwort: »Wir haben über die Platzverteilung im Reich des Himmels gesprochen; wer den ersten Platz bekommt und wie die andern verteilt werden.« Vielleicht war Jesu Frage den Jüngern peinlich. Vielleicht schien es ihnen sozusagen »scheinheilig«, dass Jesus so gefragt hat. Warum ausgerechnet heute und nicht gestern fragt er so, als sie möglicherweise darüber gesprochen hatten, wie sie vorbehaltlos ihr Leben für ihren Herrn und Meister hingeben würden? Wie dem auch sei, offenkundig ist, dass Jesus die Frage der Machtverteilung offen angesprochen hat und dass er auch eine deutliche Entwicklungsrichtung angab: Es soll euch nicht wie den Herrschern der Welt um Machtpositionen gehen, von denen aus ihr andere unterdrückt. Es geht darum, dass ihr eure ganze Kraft und Macht einsetzt, einander menschlich, aufbauend, helfend, dienend, »lebenssteigernd« zu begegnen.

Ein Konfrontationsgespräch zu dritt kann eine gute Hilfe zur »Lebenssteigerung« sein. Ich erinnere mich an ein gutes Gespräch vor vielen Jahren, bei dem wir zu dritt einige Stunden unterwegs waren. Ich stand innerlich und auch äußerlich in der Mitte und hatte nichts anderes zu tun, als dafür zu sorgen, dass jeder von den beiden in Ruhe ausreden konnte, dass angesprochene Fragen nicht vorschnell beiseite geschoben wurden, dass »alles« zur Sprache kommen konnte. Sicher wurden zwischen den beiden Beteiligten nicht alle Probleme beseitigt, aber doch eine gute Hilfe für gegenseitiges Verstehen gegeben. Es ist schön, wenn man sich wenigstens aus den Augenwinkeln ansehen kann. Das Dreiergespräch kann dafür eine Hilfe sein.

Einen Emmausgang machen

Vor einem Dreiergespräch ist im Normalfall ein Zweiergespräch sinnvoll. Dabei kann es – vor allem in verfahrenen Situationen – hilfreich sein, einige Spielregeln zu beachten:

♦ Die erste und wichtigste Regel ist, dass der eine Partner nur zuhört. Eine halbe Stunde, eine Stunde, zwei Stunden. Höchstens eine Verstehensfrage ist erlaubt. Dies ist wichtig. Oft genug haben sonst Konfliktgespräche zur Folge, dass die beiden Beteiligten sich nur mehr hochschaukeln, rechtfertigen, beschuldigen und entschuldigen und alles noch schlimmer wird als zuvor.

♦ Derjenige, der spricht, hat darauf zu achten, dass er nur erzählt, wie er die Situation, die Beziehung erlebt. Es geht also nicht um Schuldzuweisungen, um Urteile, sondern um das subjektive Erleben: »Wenn du sagst beziehungsweise dies und jenes tust und so weiter … dann habe ich drei Stunden lang danach Magenschmerzen … dann kann ich nicht mehr schlafen … dann geht mir durch den Kopf … dann frage ich mich …«

♦ Zwischen einzelnen Mitteilungen darf minutenlang Stille sein. Vielleicht kommt dann wieder etwas anderes hoch.

♦ Ein paar Tage darauf kann das Gespräch mit verteilten Rollen laufen. Der Zuhörer vom Vortag teilt sein Erleben mit, und der andere hört zu.

♦ Wenn man viel Zeit hat, oder wenn es nicht um ein sehr intensives, vielleicht erstes Problemgespräch geht, mag auch noch am gleichen Tag, im Anschluss an den ersten Gesprächsteil – allerdings erst nach einer gewissen Verdauungspause – der Rollentausch möglich sein.

♦ Oft ist es hilfreich, wenn ein solches Zweiergespräch auf einem Spaziergang stattfindet. Manches löst sich da leichter. Es scheint übertrieben, wenn Blaise Pascal einmal sagt, im Gehen löse sich jedes Problem, aber es ist doch einiges an dieser Aussage dran. So war etwa für die Geheimgespräche zwischen Palästinensern und Israelis in Norwegen, die zum Wiederbeginn des jetzt so gefährdeten Friedensprozesses führten, ein psychologisch wichtiger Faktor, dass die Beteiligten immer wieder Gespräche bei Spaziergängen in der freien Natur führten.

Im Blick auf den Spaziergang wurde als Überschrift und Bezeichnung das Wort vom »Emmausgang« gewählt. Es erinnert an die eindrucksvolle Geschichte aus der Bibel (vgl. Lukas 24, 13–35), als zwei der Jünger Jesu in fast völliger Hoffnungslosigkeit nach seiner Kreuzigung in ihre Heimatstadt Emmaus zurückgehen. Unterwegs kommt es zu einer Begegnung mit dem auferstandenen Christus, in der er sie nach dem Grund ihrer Traurigkeit fragt. Auf die Reaktion der Jünger hin, ob er als einziger in ganz Jerusalem nicht wisse, was geschehen sei, reagiert er nicht: »Halt, mal leise; wenn hier überhaupt jemand weiß, was da geschehen ist, dann bin ich es!« Er stellt sich zunächst wie dumm und fragt: »Was denn? – Was ist denn aus eurer Sicht, in eurem Erleben geschehen?« Daraufhin erzählen die Jünger all ihre Not, all ihre Fragen. Dies schafft den Boden dafür, dass ihr Blick freier wird und sie für einen Augenblick die neue Gegenwärtigkeit Jesu wahrnehmen können. Für glaubende Menschen kann dieses Geschehen auf dem Weg nach Emmaus im Hintergrund eines eigenen schwierigen Beziehungsgespräches stehen. Auch da kann es sich manchmal um

Tod und Auferstehung einer Beziehung drehen oder wenigstens um ein Gesunden und Heilwerden. In diesem Sinn kann ein solches Zweiergespräch auch zu einem Dreiergespräch werden: in der Gegenwart des im Geist gegenwärtigen Christus.

Wenn ein direktes Gespräch (noch) nicht möglich ist, dann kann es oft schon helfen, in der Fantasie mit einem Partner, einer Partnerin ein solches Gespräch zu führen. Auch dann, wenn jemand verstorben ist und noch innere Versöhnung ansteht, kann ein Emmausgang weiterhelfen. Vor allem wird der erste Teil dieses Weges möglich sein, dass man sich das eigene innere Erleben von der Seele redet. Es sei allerdings empfohlen, sich dann noch eine Schweigezeit zu nehmen und auf das unsichtbare Gegenüber zu lauschen. Manchmal kann man aus der Stille, aus der Unsichtbarkeit heraus eine Antwort vernehmen. – Es mag die Erfahrung anderer ermutigend sein, die ich bezeugen kann, dass in der Weise des Emmausganges Menschen wieder miteinander ins Gespräch kommen konnten, bei denen dies jahrelang nicht mehr möglich war.

Die Ankommrunde

Es gibt viele Weisen eines Zusammenkommens, bei denen eine »Ankommrunde« eine gute Basis für das weitere Gespräch aufbaut. Alle Beteiligten können zwei, drei oder fünf Minuten erzählen, was seit der letzten Zusammenkunft für sie wichtig war oder woher man am heutigen Tag kommt und was man noch innerlich abgeben möchte, um besser präsent zu sein. Dies kann eine persönlichere Atmosphäre schaffen, die für das weitere Gespräch hilfreich sein wird. Wichtig dabei für die Leitung ist, dass der Zeitrahmen im Blick auf die Größe der Runde und die zur Verfügung stehende

Zeit genau vereinbart und eingehalten wird, sonst kann dieser Teil möglicherweise allzu sehr ausufern.

Der Anhörkreis

In nicht wenigen Gruppen hat sich in den letzten Jahren der so genannte »Anhörkreis« etabliert. In ihm wird versucht, wie Ignatius sagt, »beim Zuhören zu lernen«. Obwohl – oder weil – dieses kommunikative Stilmittel sehr einfach ist, kann es sehr große, manchmal fast unglaubliche Wirkungen haben. Es stellt sicher, dass sich alle Beteiligten reihum zum angegebenen Thema äußern können. Sonst kann es geschehen, dass die allbekannten Wortführer ein Gespräch beherrschen, damit aber wichtige Gesichtspunkte nicht zur Sprache kommen, nicht alle wirklich beteiligt sind und die Ergebnisse auch nicht entsprechend mittragen. Eine Gemeinschaft kann sich schon so sehr an Wortführer-Gespräche gewöhnt haben, dass gar nicht mehr das Bedürfnis aller da ist, an den eigenen Beitrag zu denken. Man lässt das Diskussionsspiel wie in einer Arena vor sich ablaufen, interessiert, gelangweilt, im schlimmsten Fall abgestoßen.

Es mag ermutigend sein zu wissen, dass allein durch solche Anhörkreise Gespräche möglich werden und Entscheidungen, die vorher über lange Jahre nicht möglich waren. Die Gesprächsleitung hat nur die Aufgabe, darauf zu achten, dass wirklich alle zur Sprache kommen. Es dürfen ruhig Wiederholungen geäußert werden, und niemand sollte glauben, dass der eigene Beitrag zu unbedeutend sei, um ihn noch zur Sprache zu bringen. Benedikt hat – zur Freude aller Jungen bis ans Ende der Weltzeit – in seine Regel hineingeschrieben, dass manchmal vom Jüngsten, vom Einfachsten die weiterführendsten Beiträge kommen können.

Hilfen für den Lernprozess Kommunikation

Oft kann es sinnvoll sein, einen Anhörkreis zu wiederholen, zum Beispiel einen Anhörkreis zu einem Anhörkreis zu machen mit der Frage: »Was hat das, was ich vorher gehört und in einer Zwischenzeit des Verdauens durchdacht habe, in mir an Gedanken und Reaktionen ausgelöst?« Auf diese Weise wird oft ein großes Lebens- und Erfahrungswissen abgerufen, das selbst der intelligenteste und erfahrenste Einzelne nicht kennt: »Vier Augen sehen mehr als zwei«, lautet die entsprechende Volksweisheit.

Sicher ist ein solches Vorgehen bei anstehenden Schnellentscheidungen etwas zeitaufwändig, aber auf die Dauer lohnt sich eine solche Kommunikationsmethode, wenn sie am richtigen Ort, zur richtigen Zeit und in der richtigen Dosierung eingesetzt wird.

Entscheidungskultur – Alternativensuche, Abwägen von pro und contra, Gefühlsbalance

Ignatius hat verschiedenste Modelle von Entscheidungssuche praktiziert: geistliche Entscheidungsfindung in Gemeinschaft; Entscheidung durch eine gut ausgewählte Gruppe, die stellvertretend für andere eine Entscheidung sucht und trifft und Ähnliches. Dies ausführlich darzustellen, wäre die Aufgabe einer eigenen Abhandlung über die Leitungs- und Entscheidungskultur des Ignatius. Da diese aufs Engste mit der Kommunikationskultur verbunden ist, mag es angemessen sein, wenigstens kurz wichtige Elemente ignatianischen Entscheidens zu nennen. Auch wenn nur die wenigen, im Folgenden skizzierten Elemente praktiziert werden, können dies in manchen Entscheidungsgremien einen Quantensprung an Entscheidungskultur bedeuten.

◆ Normalerweise gibt es immer verschiedene Lösungswege für ein Problem. Darum gehörte es als Erstes zur ignatianischen

Entscheidungsweise, mehrere Alternativen zu suchen. Dann ist der Denk- und Handlungsspielraum von vornherein weiter angelegt.

◆ Der zweite Schritt besteht darin, dass Ignatius immer die Beteiligten alle Möglichkeiten durchbesprechen ließ, und zwar indem er alle Argumente pro und contra, für und gegen jede der Alternativen suchen ließ. Damit war sachlich und psychologisch klar: Es geht nicht darum, irgendeine Alternative – oder die subjektiv bevorzugte – durchzusetzen. Es ging nur um das eine: Gewichte sorgfältig abzuwägen und dann die bestmögliche Handlungsalternative zu wählen.

◆ Das dritte Element – vielleicht das in »normalen« Entscheidungsgremien am meisten vernachlässigte – besagt: durch Gebet, Gespräch, Meditation sich innerlich von Ängsten und Vorlieben und fixen Ideen frei zu machen. Entscheidungssuche ohne psychische Elastizität der Beteiligten – ignatianisch gesagt: ohne »Indifferenz«, ohne Gleichmut, ohne »engagierte Gelassenheit« (Teilhard de Chardin SJ) – führt zu gegenseitiger Bekämpfung, zu Siegen und Niederlagen, nicht zu freien Entscheidungen und gemeinsam Errungenem.

Hören – Unterscheiden – Antworten

Die schlichten und bekannten Schritte »*Sehen – Urteilen – Handeln*«, vom späteren Kardinal Cardijn, dem Gründer der christlichen Arbeiterjugend (CAJ) in breiten Umlauf gebracht, bilden ein wichtiges Grundschema für die Suche nach Entscheidung und Verwirklichung. Ein wenig mehr an den ignatianischen Sprachgebrauch angelehnt ist die Terminologie der »Gemeinschaft Christlichen Lebens« (GCL) in Deutschland: *Hören – Unter-*

scheiden – Antworten. »Unterscheidung« ist für Ignatius ein grundlegender Vorgang für den Weg zu handlungsorientiertem Entscheiden. In einer Gruppe etwa, in der sich ein Mitglied bei einer
Entscheidung von den anderen helfen lassen möchte, kann die fol-
gende Vorgehensweise – manchmal »gemeinsame revision de vie«
genannt – fruchtbar sein:

(1) Im ersten Schritt, dem Sehen oder *Hören,* wird versucht, der
Wirklichkeit nahe zu kommen. Dabei können Fragen wichtig sein
wie:

◆ Wie sieht die spontane Beschreibung der Situation aus?

◆ Wie kam es zu dem Ereignis, der Fragestellung?

◆ Welche Personen (Einzelne, Gruppen) sind daran beteiligt?

◆ Welche Reaktionen wurden bei dem/den Betroffenen ausgelöst?

◆ Welche Tendenzen sind erkennbar?

◆ Was muss unbedingt gesagt werden, damit die Sachlage klar
   wird?

(2) Der Schritt der *Unterscheidung* geschieht zunächst in einer Stille, in der man das Mitgeteilte nachwirken lässt und daran Fragen
stellt wie:

◆ Was fällt mir besonders auf?

◆ Wo kommt mir noch eine Nachfrage?

◆ Welche Sachverhalte und Sachgründe sind bei der Entscheidung zu erwägen, und welches Gewicht messe ich ihnen bei?

◆ Wo scheinen Tendenzen zu sein, die mehr in Richtung Freiheit,
   Kommunikation, Leben, Liebe führen? Und wo sehe und spüre
   ich Tendenzen, die mehr in die Gegenrichtung von Resignation, Verlogenheit, Wirklichkeitsverkürzung, Unfreiheit, Egoismus, Gewalttätigkeit zu führen scheinen?

- Wo sind Zeichen des Leidens, der Angst, der Hoffnung?
- Welche Worte, Taten, Fragen Jesu kommen mir spontan beim Gehörten in den Sinn?

In einem Anhörkreis teilen nach einer Zeit der stillen Überlegung alle mit, was ihnen in den Sinn gekommen ist.

(3) Der dritte Schritt wird dem *Antworten* gewidmet. Auch hier ist wichtig, zuerst in einer Stille innerlich wahrzunehmen und zu sortieren, was zuvor von den anderen im Anhörkreis gesagt wurde. Eine Reihe von Impulsfragen können auch hier noch eine bündelnde und zielführende Wirkung haben:

- In welche Richtung scheinen sich mir eine Antwortmöglichkeit oder Antwortmöglichkeiten anzuzeigen?
- Was betrachte ich auf jeden Fall als wichtig, gleich in welche Richtung sich ganz genau die konkrete Antwort entwickelt?
- Welche Antwort scheint mir eher dem Geist des Evangeliums, der Botschaft Jesu zu entsprechen?
- Worin sehe ich Konsequenzen für den Betroffenen?
- Welche Auswirkungen sind für die Umwelt und welche Reaktionen von ihr zu erwarten?
- Was müsste wohl noch geklärt werden?
- Was könnte hilfreich sein für das Weitergehen?
- Wo sehe ich noch Schwierigkeiten?
- Wer und was könnte mir auf dem Weg helfen?

Wieder findet ein Anhörkreis statt mit der Möglichkeit zu Rückfragen, die der Klärung helfen sollen. Die Entscheidung oder die Suche nach weiterer Klärung liegt bei dem, der die Fragestellung eingebracht hat.

Dieses Modell einer gemeinsamen Mit-Hilfe für eine Entscheidung mag anspruchsvoll klingen, aber es hat Bewährungs-

Hilfen für den Lernprozess Kommunikation

proben bestanden. Es wird in Gruppen, die bereits ein ganzes Stück Weg gegangen sind, kreativ praktiziert. Erfahrungsgemäß hilft solch gemeinsames Suchen nach einer Entscheidung dazu, dass die Gruppe noch mehr zusammenwächst und ihr Wert für die Mitglieder noch tiefer erfahrbar wird.

Sehr nahe den Schritten von *Hören – Unterscheiden – Antworten* ist eine Wortreihe, die in pädagogischen Institutionen der Jesuiten seit einer Reihe von Jahren als *»ignatianisches pädagogisches Paradigma«* bezeichnet wird: »Erfahrung – Reflexion – Handeln«.

Voll ausgefaltet müssen in der pädagogischen Praxis immer fünf Schritte zum Tragen kommen: *Kontext – Erfahrung – Reflexion – Handeln – Auswertung.*

In Frageform ausgedrückt:

◆ Was sind das Umfeld, die Situation, die äußeren und inneren Vorgänge und Voraussetzungen, das heißt der Kontext des pädagogischen Geschehens?

◆ Wie kann zu ganzheitlicher Erfahrung verholfen werden und wie kann sie zur Sprache gebracht werden?

◆ Wie können Vorgaben und Erfahrungen tiefer erfasst, verspürt und verstanden werden?

◆ Wie kann gewonnene Einsicht in der Entschlossenheit zur praktischen Lebensgestaltung, in Engagement und Dienst für die Menschen fruchtbar werden?

◆ Und wie kann schließlich regelmäßig die eigene Praxis überprüft, neu befragt, ausgewertet und verbessert werden?

Verschiedene Faktoren haben dazu beigetragen, dass die Jesuiten über lange Zeit als führende Bildungskraft in Europa galten. Ein entscheidender Faktor war sicher eine pädagogische Dynamik, wie sie in den genannten Schritten zum Ausdruck kommt.

Gemeinsame Tagesauswertung

Entscheidendes Hilfsmittel ist für Ignatius die regelmäßige persönliche Gewissenserforschung, das »Gebet der liebenden Aufmerksamkeit«. Bei längeren Tagungen und Entscheidungszeiten – aber auch gelegentlich im Alltag einer Gemeinschaft – empfiehlt sich für das Zusammenwachsen einer Gruppe, täglich eine gemeinsame Tagesauswertung zu praktizieren. Diese besteht darin, dass man – in einem religiösen Kontext – mit einem kurzen Gebet beginnt, das den Tag mit den Augen des Geistes Gottes anschaut und von daher einen Ausblick auf den weiteren Weg gewinnt.

◆ Man beginnt am besten mit einer kurzen Stille und lässt dann den Tag und die einzelnen Ereignisse, Begegnungen, Gespräche usw. gegenwärtig werden. Was lief alles? Wie hat es mich bewegt? Was habe ich bewegt oder zu bewegen versucht? Wo habe ich ein gutes Gefühl? Wo fühle ich Blockaden? Wo habe ich Fragen? Was ist mir eine besondere Kostbarkeit des Tages gewesen?

◆ Nach einigen Minuten der stillen Besinnung kann man reihum etwas von dem, was einem aufgefallen ist, mitteilen.

◆ Danach ist nochmals eine Stille angebracht, um mit den Augen der anderen nochmals den Tag aus einem erweiterten Blickwinkel zu sehen.

◆ Am Schluss kann ein kurzes Bitten und Danken aller stehen.

Ob in einem ausgesprochen religiösen oder einem anderen Kontext, das Ergebnis bleibt gleich: Mehr Klarsicht und mehr Gemeinschaft und damit auch mehr gemeinsames Suchen und Finden wird sich einstellen.

Exerzitien und persönliche Tagesauswertung

Der Hinweis auf die Exerzitien als Hilfe für das Wachsen in der Beziehungsfähigkeit hätte natürlich an erster Stelle genannt werden können. Andererseits sind Exerzitien normalerweise nicht eine Hilfe, die am Anfang eines geistlichen Weges steht. Wesentliches vom Zusammenhang von Exerzitien und Kommunikation kam schon in einem eigenen Kapitel zur Sprache. Hier sollen noch einige komprimierende Bemerkungen gemacht werden. Zunächst einmal sei ein Zeugnis von Ignatius selber über die Wichtigkeit und Wirksamkeit der Exerzitien erwähnt. Er schreibt im Jahr 1536 einen Brief an seinen ehemaligen Beichtvater in Paris und versucht, ihn zur Teilnahme an Exerzitien zu motivieren, »da es doch das Allerbeste ist, was ich in diesem Leben denken, verspüren und verstehen kann, sowohl dafür, dass sich der Mensch selber nützen kann, wie dafür, Frucht zu bringen und vielen anderen helfen und nützen zu können« (EB, Nr. 655).

Es gibt immer wieder Menschen, die die Erfahrung machen, dass Exerzitien zum Besten ihres Lebens gehören. Eine Frucht von Exerzitien zeigt sich oft darin, dass Menschen sowohl auf ihrem ausdrücklichen Glaubensweg als auch in ihrem psychischen Wachsen gefördert werden, ohne dass seelische Reifung und Gesundung der erste und einzige Zweck von Exerzitien wären.

Wenn beispielsweise Grundhaltungen des Misstrauens abgebaut werden, wenn menschliche Versöhnung geschieht, dann werden damit Grundlagen für Kommunikation und Begegnung sozusagen neu verlegt. Und doch sind Exerzitien kein einfaches Wunderrezept, und normalerweise ist es sinnvoll, sich zunächst mit biblischen und meditativen Wochenenden, mit Kurzexerzitien, Exerzitien mit Gemeinschaftselementen, Exerzitien im Alltag und

Ähnlichem Weghilfen zu suchen. Wer sich auf den Weg macht, wird spüren, wann ein nächster Schritt ansteht.

Nach den nächsten Schritten zu fragen, gehört für Ignatius zum ABC der täglichen, wachen Lebensführung: Die Gewissenserforschung, die Tagesauswertung, das »Gebet der liebenden Aufmerksamkeit« sind eine Art »Exerzitien für den Alltag«, »Exerzitien im Kleinformat«: Jeden Tag neu gilt es, mehr »auf die Welt zu kommen«, präsenter zu werden, aus den Quellen der Dankbarkeit zu leben, sich versöhnen und wandeln zu lassen und sich hoffnungsvoll nach vorne auszustrecken.

Was kann am Ende von vielen Hinweisen auf Hilfsmöglichkeiten zum Wachstum der Kommunikationsfähigkeit anderes gesagt werden als der ur-ignatianische Hinweis: Tu, was dir am meisten entspricht und am besten hilft!

Und vielleicht ist nach so vielem, das zur »Kenntnis gebracht wurde«, auch der – wenn man so will, ignatianische – Satz von Otto Friedrich Bollnow angebracht: »Vom Kennen zum Können führt nur – das Üben.«

9
Die Liebe besteht in der Kommunikation
»El amor consiste en comunicación«

Der Satz der Überschrift ist so monumental, dass er im Original zitiert werden muss: »El amor consiste en comunicación« – »Die Liebe besteht in der Kommunikation«. Und wenn der Satz zu Ende zitiert wird, muss es heißen: »Die Liebe besteht in der Kommunikation von beiden Teilen« »El amor consiste en comunicación de las dos partes«. Diesen Satz darf und muss man fast wie ein Hochamt mit Weihrauch zelebrieren. Er ist fundamental für die Bedeutsamkeit der Kommunikation bei Ignatius. Warum? Weil er auf dem letzten Gipfelpunkt der Exerzitien steht, in der so genannten »Betrachtung zur Erlangung der Liebe«, am Ende der vier Wochen der Exerzitien. Er fasst zusammen, worum es Ignatius zuerst und zuletzt und in allem und in jedem Einzelnen geht: Um die Liebe. Und Liebe besteht in Kommunikation – El amor consiste en comunicación!

»Mehr in die Werke als in die Worte« – Lieben im Tun

Zwei Vorbemerkungen macht Ignatius zu seiner großen und großartigen Betrachtung zur Erlangung der Liebe. Die erste lautet: *»Die Liebe muss mehr in die Werke als in die Worte gelegt werden«* (EB, Nr. 230). Ein typischer Satz für eine Sammlung von Ignatius-Aphorismen. Ignatius ist weniger wortgewandt als lebensgewandt. Er weiß, wie oft Worte nur Wörter, Gespräch nur Geschwätz und Versprechungen leere Versprechen sind. Darum: Die Liebe gilt es zu *tun, zu leben.* Diese Aussage lässt sich leicht nachvollziehen: Wirkliche Gemeinschaft besteht nicht darin, dass man pausenlos über Gemeinschaft und Beziehung redet, sondern dass man Gemeinschaft konkret lebt. Nicht selten ist das Reden über Gemeinschaft ein Ausdruck dafür, dass eine Gemeinschaft sich in einer Krise befindet und man nach einem Ausweg sucht. Sicher mag das Reden darüber immer wieder sinnvoll und notwendig sein, entscheidend aber ist, was geschieht, was gelebt, was getan wird.

Die nonverbale Kommunikation ist sozusagen die Deckung der verbalen Kommunikation, so wie Gold und Waren Deckung des Papiergeldes sind. Exemplarisch führt dies Jesus in einer seiner Geschichten vor. Er stellt uns einen Sohn vor Augen, der auf die Bitte seines Vaters, etwas zu tun, mit »Ja, ja« antwortet, aber sein Versprechen nicht hält. Der zweite Sohn sagt zuerst »Nein!« und tut dann aber doch das, worum er gebeten wurde. Die Frage Jesu, wer in Gemeinschaft mit dem Vater gelebt hat, erübrigt sich, weil die Antwort klar ist: »Der, der den Willen des Vaters getan hat!« Gemeinschaft geschieht, wo man füreinander da ist. Gemeinschaft geschieht, wo jemand dem anderen kostbare Zeit schenkt, wo jemand auf die Bedürfnisse und Nöte eines anderen eingeht, wo jemand sein Leben, Stücke seines Lebens mit einem anderen teilt.

Partnerschaftliches Lieben

Die Formulierung »wo jemand sein Leben mit anderen teilt« weist auf die zweite Vorbemerkung von Ignatius zum »Thema Liebe« hin: *»Die Liebe besteht in Mitteilung von beiden Seiten: nämlich darin, dass der Liebende dem Geliebten gibt und mitteilt, was er hat,* *oder von dem, was er hat oder kann; und genauso umgekehrt der Geliebte dem Liebenden. Wenn also der eine Wissen hat, wird er es dem geben, der es nicht hat; wenn Ehren; wenn Reichtümer; und genauso gegenseitig«* (EB, Nr. 231).

Mit diesen Worten ist gesagt, dass es im Lieben auf Kommunikation und im Kommunizieren auf das Teilen und Mitteilen ankommt. Gemeinschaft lebt aus der Fähigkeit zu teilen. Dies bekommt auf besondere Weise Gestalt, wenn einem bewusst wird, dass dem Wort »Partnerschaft« das lateinische Wort »partiri«, teilen, zugrunde liegt. Das Wort Partnerschaft hat in den letzten Jahrzehnten weltweit eine Sprachkarriere gemacht. Es ist zu einem der wichtigsten Worte geworden, wenn man von Beziehung spricht. In diesem Wort schwingt normalerweise mit: Partner ist, wer eigenständig ist; partnerschaftlich zeigt sich jemand, der dem andern seine Freiheit lässt und ihn ernst nimmt. Aber wer denkt daran, dass diesem Wort ursprünglich der Wortsinn von »Teilen« zugrunde liegt? Partner ist, wer teilen kann. Wer nicht teilen kann oder teilen will, ist unfähig zur Gemeinschaft.

In einer Ehe, einer Familie, einer partnerschaftlichen Beziehung ist es unübersehbar, dass alle bereit sein oder fähig werden müssen, miteinander zu teilen: das Zimmer, den Kuchen, die Zeit, das Gespräch, die Arbeit. Eine menschenfreundliche Pädagogik wird sich daran ausrichten, wie alle Be-teil-igten lernen, sich mit-zu-teilen, miteinander zu teilen. Dort, wo »die Trennung von Tisch und Bett« geschieht, da wird die Aufkündigung der Gemeinschaft des Teilens sinnenfällig.

Nicht nur in der Familie, auch in einer Groß-Gesellschaft ist Teilen ein grundlegender Vorgang. Mitbe-teil-igung, Partizipation, Teil-nahme sind Worte mit politischem Gehalt. In der Zeit nach dem Fall der Mauer, die Deutschland zerteilt hatte, als die

Die Liebe besteht in der Kommunikation

Deutschen anfingen, unter manchen Schwierigkeiten wieder zu-
sammenzuwachsen, sagte der Politiker Lothar de Maizière ein ein-
prägsames Wort: »*Teilung wird nur durch Teilen überwunden.*«
Dies ist nicht nur eine gelungene Formulierung für einen Ab-
reißkalender, sondern eine tiefe Lebenswahrheit, die sowohl für
eine Einzelbeziehung als auch für Gruppen und für Staaten gilt.
Anders ist die wachsende Spannung zwischen Individualität und
Solidarität nicht zu überbrücken und zu leben. Teilen ist gelebte
Solidarität und Partnerschaftlichkeit von Menschen. In einer Zeit,
in der die zwischenmenschlichen Beziehungen in den Familien
und in der gesamten Gesellschaft gefährdet sind, erweist sich die
Fähigkeit zu teilen als der Ernstfall und Testfall von Gemeinschaft.

Lieben als Selbstmitteilung

So sehr die Formulierung ansprechen mag, dass Liebe im Teilen
besteht, so mag doch jemand, der sehr sensibel ist, noch fragen:
Besteht Liebe in ihrem Kern wirklich nur darin, dass man teilt, dass
man etwas gibt, abgibt von sich? Ist dies nicht zu wenig? Dass dies
für Ignatius noch nicht den Kern der Liebe trifft, wird im weiteren
bei der »Betrachtung zur Erlangung der Liebe« deutlich. Er lädt
ein, die Wohltaten Gottes und seiner Schöpfung zu betrachten:

»*Die empfangenen Wohltaten von Schöpfung, Erlösung und besonderen Gaben ins Gedächtnis bringen, indem ich mit vielem Verlangen
wäge, wie viel Gott, unser Herr, für mich getan hat und wie viel er
mir von dem gegeben hat, was er hat, und wie weiterhin derselbe Herr
sich mir nach seiner göttlichen Anordnung zu geben wünscht, so sehr
er kann*« (EB, Nr. 234).

Hier ist unüberbietbar klar gesagt: All die Gaben der Liebe sind sozusagen »nur« Zeichen dafür, dass Gott sich ganz geben will und gibt. Gottes Liebe ist Ganzhingabe Seiner selbst in die Schöpfung hinein, »so sehr er kann«.

Von hierher wird auch klar, dass das bekannte Hingabegebet – das sog. »Suscipe-Gebet« – von Ignatius nicht Wort, sondern Antwort ist. Erst im Blick auf das unfassbare Hingegebensein Gottes bietet dann Ignatius an:

»Nehmt, Herr, und empfanget meine ganze Freiheit, mein Gedächtnis, meinen Verstand und meinen ganzen Willen, all mein Haben und mein Besitzen. Ihr habt es mir gegeben; Euch, Herr, gebe ich es zurück. Alles ist Euer, verfügt nach Eurem ganzen Willen. Gebt mir Eure Liebe und Gnade, denn diese genügt mir« (EB, Nr. 234).

Wenn das Hingabegebet Antwort auf das vorgängige Hingegebensein Gottes ist, dann könnte man geradezu ein Hingabegebet Gottes formulieren, der »sich mir zu geben wünscht«: »Nimm hin, Mensch, mein Ja zu dir in der Annahme deines Lebens. Nimm hin, Mensch, meinen Logos, mein Schöpfungswort, in dem und auf den hin alles geschaffen ist. Nimm hin meine liebende Sehnsucht nach dir. Nimm die Gaben der Schöpfung und schaffe und arbeite und erfinde mit ihr. Nimm hin, Mensch, meine Ewigkeit, ich will mit dir Geschichte haben. Nimm hin, Mensch, meine Freiheit im Gefesseltsein Jesu. Nimm hin mein Leben bis in das Sterben und in die Auferstehung Jesu hinein. Gib mir, Mensch, nur deine Liebe. Das genügt mir!«

Es ist an dieser Stelle angemessen, an eine der wichtigsten Aussagen des großen Theologen Karl Rahner zu erinnern, die der Gnadentheologie eine neue Perspektive gaben. Es ist das Verständnis von Gnade als »Selbstmitteilung« Gottes. Damit hat Rahner

Die Liebe besteht in der Kommunikation

die personale Dimension allen gnadenvollen göttlichen Begegnens in den Mittelpunkt gerückt. Gnade ist nicht ein »Gnadenpaket«, eine »heilige Sache«, die gegeben wird, sondern ist im Kern Gott selber und seine Selbstmitteilung. Der ignatianische Ursprungsort für diese Sicht – was oft nicht gesehen wird – ist exakt der Mittelpunkt der Betrachtung zur Erlangung der Liebe: dass »der Herr sich zu geben wünscht, so sehr er kann«.

Was hier über die Beziehung von Menschen und Gott gesagt wird, das gilt auch für die Begegnung von Mensch zu Mensch. Wer sich wirklich personal begegnet, der möchte nicht nur »etwas« von sich geben, sondern sich selber. Alles will in liebender Begegnung Ausdruck davon sein, dass man »von Angesicht zu Angesicht«, von »Mensch zu Mensch« sich begegnet.

Stufen liebender Selbstmitteilung

Schenken und Sich-Verschenken in der Lebens-Kommunion kennt verschiedene Stufen, Farben, Ebenen, Dimensionen, Wegabschnitte. Der große Religionsphilosoph und Theologe Romano Guardini, der sowohl für die liturgische Bewegung als auch für den erwachenden Gemeinschaftssinn der Jugendbewegung in Deutschland eine bedeutende Persönlichkeit war, beschreibt einmal im Rückblick die Erfahrung von Stufen der Gemeinschaft: In einer ersten Phase der Begeisterung hätten sie geglaubt, Gemeinschaft sei, alles miteinander zu teilen. Später sei immer deutlicher geworden, dass dies Gemeinschaft zu sehr einenge; Gemeinschaft sei, einander zu verstehen, auch wenn man nicht alles miteinander teilen könne. Und schließlich habe sich eine letzte Stufe als Kern aller Gemeinschaft aufgetan: die Achtung vor dem Lebensgeheimnis des anderen, des Du.

Es gibt je nach Ausgangspunkt und Zielsetzung verschiedene Weisen, Phasen von Gemeinschaft zu benennen. Fast geläufig geworden für Stufen des Werdens einer Gemeinschaft sind die Unterscheidungen von Orientierungsphase, Intimitätsphase, Phase des Machtkampfes und der Differenzierung.

Bei Ignatius kommen wesentliche Schritte des Wachstumsweges in Gemeinschaft hinsichtlich des Exerzitienweges in den Blick, der in der »Betrachtung zur Erlangung der Liebe« seinen Gipfel hat. Und was für den Weg des Einzelnen in den Exerzitien gilt, kann abgewandelt und übertragen auch für das Verständnis des Weges in einer Zweierbeziehung und einer größeren Gemeinschaft Bedeutung haben.

»Die Sehnsucht ist der Anfang von allem«
(Nelly Sachs)

Ohne Sehnsucht, ohne Wünschen, ohne Wollen ist nichts lebendig und kommt nichts in Bewegung. Wer sich für nichts interessiert, nicht offen ist für andere, nicht einmal einen Leidensdruck in seinem Leben verspürt, der dämmert dahin und lebt nicht eigentlich. Er ist unfähig zur Begegnung mit der Wirklichkeit. Er hat die Wahrheit des Satzes »Alles wirkliche Leben ist Begegnung« (M. Buber) noch nicht erfasst. Damit es zu einer lebendigen Beziehung, zumal einer freundschaftlichen, kommt, bedarf es der interessierten Offenheit und muss sie geweckt werden. Der spanische Philosoph Ortega y Gasset sagt einmal: »Die Verliebtheit ist ein Phänomen der Aufmerksamkeit.« Aus einer Gruppe von Menschen, die einem alle gleichgültig oder »gleich gültig« sind, tritt eine Person in den Brennpunkt der Aufmerksamkeit des Herzens, wird bedeutsam. So beginnt Verliebtheit, gesteigerte Beziehung. Damit etwas weitergehen kann, bedarf es der Pflege der Aufmerksamkeit

Die Liebe besteht in der Kommunikation

und damit der freien Zeit füreinander. In den Vorbemerkungen des Exerzitienbuches heißt dies: Erfahrungen machen, sich vorbereiten, meditieren, beten, »verkosten der Dinge von innen«, Freigebigkeit, Risikobereitschaft und Zeit, sich Zeit zu nehmen. Wo Ähnliches in einer Beziehung fehlt, wächst keine Gemeinschaft.

Liebe als Sinn von Sein

Ausdrücklich oder unausdrücklich stellt sich dem Menschen immer wieder die Frage nach dem Sinn seines Tuns, seines Lebens und nach dem Sinn allen Seins. Die Antwort des Exerzitienbuches lautet schlicht und groß zugleich: aus Gott, auf Gott hin und in Gott leben und das eigene Leben frei gestalten aus dieser Beziehung heraus.

Es gibt drei Grundvollzüge, die zeigen, was Leben, Begegnen und Gemeinschaft sinnvoll macht: ein Leben aus dem Loben heraus, ein Leben in Ehrfurcht und ein Leben im Dienen (vgl. EB, Nr. 23). Dies ist zunächst auf die Beziehung zu Gott hin gesagt, aber der einfache Blick auf geglückte Gemeinschaft bestätigt die Bedeutsamkeit dieser Grundvollzüge auch für menschliche Beziehungen: Es gibt keine Gemeinschaft ohne Verdanktsein und Danken, ohne Anerkennung und Lob. Es gibt keine Gemeinschaft ohne *Ehrfurcht* vor dem Lebensgeheimnis und ohne Achtung vor der Würde des anderen. Es gibt keine Gemeinschaft ohne ein »Dasein-für-einander«, was gegenseitiges Dienen heißt. Nichts zeigt die Gültigkeit dieser Aussagen so sehr wie eine negative Gegenprobe: Was zerstört wirkliche, wahre, geglückte Gemeinschaft mehr, als wenn sie nicht mehr als Geschenk erfahren wird? Was zerstört Beziehung mehr, als wenn der andere in seinem Anderssein nicht gesehen und übergangen wird? Kann eine Gemeinschaft zustande kommen oder gar wachsen, wenn jeder in der

Die Liebe besteht in der Kommunikation

Ich-Isolation lebt und nicht aus dem helfenden Dasein-füreinander?

Der Zielsatz im Exerzitienbuch (vgl. EB, Nr. 23) macht deutlich: Wenn ein Leben, wenn eine Beziehung, eine Freundschaft wachsen will, dann gilt es, sich des gemeinsamen Fundaments, der gemeinsamen Werte, der gemeinsamen Ziele zu vergewissern. Sonst kommt kein gemeinsamer Weg zustande: Wer verschiedene Ziele hat, der muss auf verschiedenen Wegen gehen. Nicht wenige Beziehungen scheitern, weil sie lediglich auf einem Gefühl gegenseitiger Anziehung beruhen und nicht auf der Ausrichtung auf ein gemeinsames Sinnziel.

Ebenso scheitern Beziehungen oft daran, dass man zwar gemeinsam träumt, gemeinsam fantasiert, aber nicht den Schritt zur gemeinsamen Verwirklichung tut. Darum betont Ignatius in der Zielbestimmung der Exerzitien, dass es auf die Gestaltung, die »Ordnung« des Lebens ankommt (vgl. EB, Nr. 21).

Es ist entscheidend wichtig, dass die Suche nach der Verwirklichung der Träume in einer inneren Freiheit, der »Freiheit des Geistes«, der »Indifferenz« erfolgt.

Wenn Menschen bewusst danach streben, dass ihre Beziehung wächst, dann ist es gut, sich immer wieder einmal Fragen zu stellen wie:

- Welches Sinnziel hat eigentlich unsere Beziehung?
- Haben wir gemeinsame Fundamente und Werte?
- Wie erleben wir das gegenseitige Spiel von Schenken und Beschenktwerden, von Anerkennen und Anerkanntwerden?
- Pflegen wir ein achtungsvolles Begegnen?
- Wie leben wir das gegenseitige Füreinander-Dasein?
- Wie steht es mit der Freiheit und der Angst in unserem Begegnen?

Die Liebe besteht in der Kommunikation

- Wie leben wir die Spannung zwischen Traum und Wirklichkeit in unserem Begegnen?
- Können wir das Anderssein des anderen positiv erleben?

Leben heißt sich versöhnen

Gibt es menschliches Leben und Begegnen, ohne dass man sich gegenseitig Möglichkeiten des Wachsens vorenthält? Ohne dass man ein Ungenügen verspürt, ja dass man schuldig wird aneinander? Es mag große Unterschiede geben zwischen einer Krise in einer Beziehung und einem offenen Verrat, der auf eine Zerstörung der Beziehung hinzielt. Die Formulierung von Jean Paul Sartre, »Die Hölle, das sind die anderen«, mag abgenutzt sein, sie mag zur Gegenformulierung reizen: »Der Himmel, das sind die anderen«, es liegt aber auch immer noch ein Stück Wahrheit und menschliche Lebenserfahrung darin.

Der Exerzitienweg – ein Weg zur Vertiefung von Begegnung – führt bewusst in dunkle Schluchten, an Grenzen des eigenen Wesens, an Abwege der eigenen Geschichte, an Belastungen aus der Familienkonstellation, an Traumata, an Abgründe von Minderwertigkeitsgefühlen und Depressionen, in die »Hölle des Egoismus«, in Ahnungen von Sinnlosigkeit und Gottlosigkeit, in die schreckliche Angst um sich selber und die seltsame Angst vor dem, wonach jeder und alle sich zuinnerst sehnen: zu lieben und sich lieben zu lassen.

Wachstum in Gemeinschaft hat immer auch zu tun mit Bewältigung von Krisen, mit Neubelebung, Heilung, Verzeihen, Versöhnen. Es liegt viel Wahrheit in dem Wort von Marie von Ebner-Eschenbach: »In der Verzeihung des Unverzeihlichen ist der Mensch der göttlichen Liebe am nächsten.«

Die Liebe besteht in der Kommunikation

»In guten und in bösen Tagen«

Lange bevor die Scheidungsrate der Ehen nach oben schnellte, gab es im katholischen Ritus der Trauung die Formulierung, dass die Brautleute versprechen, sich »in guten und in bösen Tagen« die Treue halten zu wollen. Fast ein störender dunkler Wolkenfleck am sonst meist weiß und rosarot getönten Hochzeitshimmel, aber gerade damit eine Aussage, die den Realismus einer Beziehung unübersehbar in den Blick rückt. Hier wird gesehen und gesagt: Wir Menschen, wir Christen wissen, dass eine Beziehung schweren Belastungen ausgesetzt sein kann; wir sehen eine einzigartige Wachstumsmöglichkeit der Liebe, wenn sie immer wieder versucht, Krisen zu meistern; wir verstehen unter der Liebe nicht nur eine Schönwetter-Liebe, sondern eine, die versucht, auch gegen den Wind zu segeln; wir verstehen uns gegenseitig immer wieder als Zumutung, als Herausforderung; wir glauben, dass unsere Liebe sich gegenseitig steigert, wenn wir »in guten und in bösen Tagen« unseren Weg miteinander gehen. Dass es trotzdem in einem menschlichen Leben einen Schiffbruch geben kann, nimmt der Suche nach der »All-Wetter-Liebe« nicht ihren Sinn.

Im Exerzitienbuch ist dies auf die Gemeinschaft mit Jesus Christus hin gesagt, es gilt aber ebenso für jede sonstige Beziehung. Und es gilt auch für jede Beziehung, dass die Verliebtheit ein »Phänomen des Anfangs« ist und die Liebe, die Selbstmitteilung in einer Lebensgemeinschaft, ein Geschehen des alltäglichen Lebens und Einübens.

»Stark wie der Tod ist die Liebe«
(Hoheslied 8,6)

Eine letzte Steigerung der Liebe geschieht im Angesicht des Todes: Wenn ein lieber Mensch stirbt, wenn das eigene Leben seinem

Ende zugeht, wenn eine Liebe bis über die Grenzen des Verstehens hinaus zum Lieben gefordert wird. Die entsprechende biblische Aussage lautet: »Gott hat die Welt so geliebt, dass er seinen einzigen Sohn hingab ...« (Johannes 3,15). Es gibt wohl kaum einen stärkeren Ausdruck der liebenden Verbundenheit als die Bereitschaft, sein Leben für jemanden einzusetzen und hinzugeben.

Ein Text auf einer Todesanzeige versucht, das Geheimnis der Liebe und der liebenden Verbundenheit mit den Worten zu beschreiben: »Bald aber werden wir sterben, und alles Andenken wird dann von der Erde geschwunden sein, und wir selbst werden für eine kleine Weile geliebt und dann vergessen werden. Doch die Liebe wird genug gewesen sein; alle diese Regungen von Liebe kehren zurück zu der einen, die sie entstehen ließ. Nicht einmal eines Erinnerns bedarf die Liebe. Da ist ein Land der Lebenden und der Toten, und die Brücke zwischen ihnen ist die Liebe – das einzig Bleibende, der einzige Sinn.«

Was biblisch-theologisch als Geheimnis des Glaubens, als Geheimnis von Sterben und Auferstehung verstanden wird, ist auch das Geheimnis der Liebe, die im Ende zur Vollendung kommt. So kann der Satz, alles wirkliche Leben sei Begegnung, umformuliert werden: Alles wirkliche Leben, alle wirkliche Gemeinschaft, alle wirkliche Liebe ist ein Sterben und ein Auferstehen, ein Loslassen und Freilassen von Leben, um Leben zu gewinnen. All diese Worte liegen an der Grenze von unsagbarer Schönheit und Wahrheit und können doch auch als bloße Feiertagsworte, als Sonntagsreden, als Kalendersprüche verblassen.

In der »Betrachtung zur Erlangung der Liebe« wird die Liebe in ihrer unfassbaren Tiefe, aber auch in ihrer alltäglichen Greifbarkeit vor Augen gestellt in einem Bild von einem Gott, der die »Liebe von oben« ist und der doch im feinsten Stäubchen und in jedem alltäglichen Ereignis arbeitet und sich abmüht für uns: »Erwägen, wie Gott sich in allen geschaffenen Dingen auf dem Angesicht der Erde für mich müht und arbeitet, das heißt, ›sich in der Weise eines Arbeitenden verhält‹, wie in den Himmeln, Elementen, Pflanzen, Früchten, Herden usw., indem er Sein gibt, erhält, belebt und wahrnehmen macht usw. … Schauen, wie alle Güter und Gaben von oben herabsteigen, etwa meine bemessene Macht von der höchsten und unendlichen von oben, und genauso Gerechtigkeit, Güte, Freundlichkeit, Barmherzigkeit usw.; so wie von der Sonne die Strahlen herabsteigen, vom Quell die Wasser usw.« (EB, Nr. 236 f).

Solche Worte sind ein Zeugnis für die universale und mystische Dimension von Gemeinschaft, die mitten in aller menschlichen Gemeinschaftswerdung gegenwärtig und in der alle menschliche Gemeinschaft aufgehoben ist.

In solchen Worten leuchtet auch auf, was Marie Luise Kaschnitz in ihrem Gedicht »Auferstehung« sagt:

Auferstehung

Manchmal stehen wir auf
Stehen wir zur Auferstehung auf
Mitten am Tage
Mit unserem lebendigen Haar
Mit unserer atmenden Haut.

Nur das Gewohnte ist um uns.
Keine Fata Morgana von Palmen
Mit weidenden Löwen
Und sanften Wölfen.

Die Liebe besteht in der Kommunikation

Die Weckuhren hören nicht auf zu ticken
Ihre Leuchtzeiger löschen nicht aus.

Und dennoch leicht
Und dennoch unverwundbar
Geordnet in geheimnisvoller Ordnung
Vorweggenommen in ein Haus aus Licht

Marie Luise Kaschnitz, »Auferstehung«,

aus: Dies.: Überallnie. Ausgewählte Gedichte 1928–1965

© Claasen Verlag in der Ullstein Buchverlage GmbH Berlin

Die Liebe besteht in der Kommunikation

10

Kommunikation mit Gott
Das Gebet

Können wir mit Gott in Verbindung treten? Wie geschieht Begegnung mit Gott? Ist Kommunikation mit Gott möglich? Wie sieht Kommunikation mit Gott aus? Wie geht Glauben und Leben zusammen? So oder ähnlich fragen immer wieder glaubende, suchende, religiöse Menschen.

Viele stellen die Frage nach der Kommunikation mit Gott als Frage nach dem Gebet: Wie können wir beten? Wie sollen wir beten? Wie antwortet Gott auf unser Rufen und Fragen und Loben?

Weil das Gebet nach einem Wort von Walter Kardinal Kasper auch als »Ernstfall des Glaubens« angesehen wird, stellen sich hier die Fragen nach der Kommunikation mit Gott besonders deutlich. Die Antworten von Ignatius auf diese Fragen führen in viele Richtungen und haben verschiedene Botschaften.

»Sich umarmen lassen« – In allem Gott

In der fünfzehnten Vorbemerkung im Exerzitienbuch findet sich die vielleicht schönste Beschreibung des Zieles der Exerzitien: Die begleitende Person solle den Exerzitanten ganz frei lassen und nicht auf seinem Weg manipulieren. Als Begründung lesen wir, es sei »in diesen geistlichen Übungen beim Suchen des göttlichen Willens angebrachter und viel besser, dass der Schöpfer und Herr selbst sich seiner frommen Seele mitteilt, indem er sie zu seiner Liebe und seinem Lobpreis umfängt und sie auf den Weg einstellt, auf dem sie ihm fortan besser dienen kann« (EB, Nr. 15).

Seinen Charme und seine Zartheit bekommt dieser Text besonders, wenn man auf den spanischen Text zurückgeht. Dort beginnen zwei Worte besonders zu sprechen. Wenn es im Deutschen heißt, dass Gott sich mitteile, so heißt es im Spanischen »se communique«, das heißt: Das in unserem Zusammenhang grundlegende Wort von der Kommunikation leuchtet hier auf. Und ein zweites Wort beginnt besonders zart zu sprechen. Wenn es im Deutschen heißt, Gott »umfängt zur Liebe hin« oder auch »entflammt zur Liebe«, so kann man im Spanischen mit dem Wort »abrazandolá« noch konkreter »Umarmung« spüren. In der göttlichen Umarmung wird menschliches Lieben geweckt. In diesem Urbild von Beziehung, der Umarmung, geschieht Communio, drückt sich Gemeinschaft aus. Hier von einem bloßen Kommunikationsvorgang zu sprechen, klänge unangemessen. Im Kern der Exerzitien geht es um gott-menschliche Kommunikation als Ausdruck von Liebesgemeinschaft. Genau darum geht es Ignatius in seinem ganzen seelsorglichen Dasein und Wirken, dessen Kern die Exerzitienspiritualität bildet.

Es wäre nun ein völliges Missverständnis, aus dieser Kernaussage im Exerzitienbuch schließen zu wollen, die Begegnung mit Gott geschähe vornehmlich oder gar ausschließlich in Exerzitien. Man könnte fast behaupten, dass es umgekehrt sei: Exerzitien sind »nur« dazu da, dem Menschen zu helfen, dass Begegnung mit Gott »in allem« geschehen kann. In dem ignatianischen Satz »Gott in allen Dingen suchen und finden« stehen wir in der Mitte seiner Spiritualität. Und auch ein wichtiger frömmigkeitsgeschichtlicher Akzent wird hier gesetzt: In Ignatius verdeutlicht sich sozusagen der

Ausbruch Gottes oder eigentlich des Menschen aus dem klösterlichen Sonderraum mitten hinein in alle Welt. Ich denke an den Ruf nach einer »weltlichen Frömmigkeit« seit dem 20. Jahrhundert, der von vielen Gläubigen und spirituellen Abenteurern wie Teilhard de Chardin SJ ausgesprochen und gelebt wurde. Sie alle haben im Ignatius des 16. Jahrhunderts einen Verbündeten und »Lebemeister«.

Es gibt Zeugen und Zeugnisse dafür, dass die Berührung mit Gott auch in unserer Zeit und mitten in dunkelsten Situationen geschieht. Ein Zeuge für die Nähe Gottes, der auch vom Alleinsein, von dunklen Nächten wusste, begegnet uns in dem Jesuiten Alfred Delp. Er wurde während des Dritten Reiches verhaftet und zum Tode verurteilt, weil er Kontakt zu Kreisen des Widerstandes gegen Adolf Hitler hatte. Am 17. November 1944 schreibt er, kurze Zeit vor der Verhandlung, die ihm das Todesurteil bringen sollte:

»Das eine ist mir so klar und spürbar wie selten: Die Welt ist Gottes so voll. Aus allen Poren der Dinge quillt uns dies gleichsam entgegen. Wir bleiben in den schönen und in den bösen Stunden hängen. Wir erleben sie nicht durch bis zu dem Punkt, an dem sie aus Gott hervorströmen. Das gilt für das Schöne und auch für das Elend. In allem will Gott Begegnung feiern und fragt und will die anbetende, liebende Antwort. Die Kunst und der Auftrag ist nur dieser, aus diesen Einsichten und Gnaden dauerndes Bewusstsein und dauernde Haltung zu machen beziehungsweise werden zu lassen. Dann wird das Leben frei in der Freiheit, die wir oft gesucht haben« (Delp, 26).

Ein solches Zeugnis zeigt, dass das Wort von Ignatius, man könne Gott »in allen Dingen«, das heißt in allen Situationen suchen und finden, nicht nur eine »fromme Phrase« ist, sondern eine wirkliche geistliche Erfahrung und Wegweisung.

Kommunikation mit Gott

Gott – Im Hingegebensein

In der schon erwähnten fünfzehnten Anmerkung im Exerzitienbuch spricht Ignatius von der »anima devota«, der »hingegebenen
Seele«, die Gott liebend umarmt. Das Wort »devoción«, zumeist
mit »Andacht« übersetzt, spielt bei Ignatius eine zentrale Rolle für
ein Leben in der Gegenwart Gottes. Mit Devotion ist nicht eine
komische Sonderandacht gemeint, sondern das ganze Hingegebensein des Menschen. Devotion meint Kommunikation ohne
Vorbehalt. Andacht ist vollständige Achtsamkeit und Achtung. Im
früheren geistlichen Sprachgebrauch sprach man vom »Holocaust«
im Sinne eines Hingegebenseins, das bis in die Hingabe des Lebens im Sinne des Martyriums gehen kann. Und die geistliche Erfahrung wusste genug vom Leben, um immer wieder auch von
einem »unblutigen Martyrium« sprechen zu können.

Was ist mit dieser hingebungsvollen Andacht gemeint? Welche
Bedeutung hat »die Andacht« bei Ignatius? Wer früher Kinder-
beichten gehört hat, weiß etwas von der Bedeutung des Wortes Andacht. Wenn Kinder beichteten, dann konnte man oft ein Schema
aus dem Religionsunterricht herauszuhören: Ich war ungehorsam gegenüber den Eltern, ich habe Süßigkeiten genascht, ich war
beim Gebet unandächtig. Beim Gebet unandächtig zu sein will
sagen: Ich war mit meinen Gedanken anderswo als beim Beten: Ich
habe in der Kirche ans Fußballspielen, an die Puppenküche, an die
Schule usw. gedacht. Ich habe mit den Lippen geplappert, aber mit
meinem Inneren, meinem Herzen, war ich anderswo.

Andächtig sein heißt, ganz aufmerksam zu sein: aufmerksam
wie ein Kind, das ganz in ein Spiel versunken ist. Aufmerksam wie
zwei liebende Menschen, die sich anschauen. Aufmerksam wie ein
Forscher, der fasziniert auf eine Entdeckung unterm Mikroskop

schaut. Aufmerksam wie ein Wanderer, der im Wald auf einer Lichtung Ausschau hält, ob sich ein Tier zeigt.

Die Aufmerksamkeit der »Andacht« meint nicht nur eine Aufmerksamkeit der Augen, sondern vor allem die Aufmerksamkeit des Herzens, das Hingegebensein des ganzen Menschen. Für diese Haltung gilt, was Jesus von der Gottesliebe sagt: »Du sollst den Herrn, deinen Gott, lieben mit ganzem Herzen und ganzer Seele, mit all deiner Kraft und all deinen Gedanken« (Lukas 10,27). Die Haltung des ehrfurchtsvollen, liebenden Hingegebenseins ist die Grundlage der Gottesbeziehung, der Liebe zum Nächsten und sich selber. Sie ist das Fundament für all unser Reden und Schweigen, Tun und Lassen. Dies wird in einem Gutachten deutlich, das Ignatius einem Brief an seinen Mitbruder Franz Borja beifügen lässt. Dort geht es unter anderem um die Frage, wie lange man beten solle. Dies war eine Frage, die zu den großen Konflikten unter der ersten Jesuitengeneration gehörte.

Manche Jesuiten brachten sehr deutlich zum Ausdruck: Man müsse sich geradezu schämen, wie wenig Zeit sich die Jesuiten im Vergleich zu anderen Ordensleuten für das Gebet nähmen. In dem genannten Schreiben, das diese Frage aufgreift, wird darauf hingewiesen, dass es auf die ganze Hingabe des Menschen ankommt. Ob diese Hingabe im Gebet oder beim Studieren oder bei einer karitativen Tätigkeit oder bei einem beruflichen Tun, bei politischem Engagement usw. geschieht, ist demgegenüber zweitrangig:

»Es wäre gut, wenn er darauf schaute, dass Gott sich nicht nur dann des Menschen bedient, wenn er betet. Denn wenn es so wäre, dann wären die Gebete zu kurz, wenn sie weniger als vierundzwanzig Stunden am Tag dauerten, wenn es möglich wäre; denn der ganze

Mensch muss sich, so vollständig er kann, Gott übergeben. Aber es verhält sich so, dass Gott sich anderer Dinge zuweilen mehr als des Gebets bedient, und so sehr, dass er sich um ihretwillen freut, wenn man das Gebet unterlässt, wie viel mehr, dass es abgekürzt wird. Es ist also angebracht, immer zu beten und nicht nachzulassen; aber indem man es gut versteht, wie die Heiligen und Gelehrten es verstehen« (KNB, 290).

Man könnte vielleicht sagen: Wie für Paulus in seinem ersten Brief an die Korinther (vgl. Kap. 13) die geduldige Liebe, die liebevolle Geduld erst allem seinen Wert geben, so bei Ignatius die Hingabe an Gott. Erst durch sie finden Tun, Reden, Schweigen, Beten, Arbeiten ihren Sinn. Andacht als Hingegebensein schenkt und schafft Gottesgemeinschaft.

Beten mit allen Kräften

Die »Kultur« des ignatianischen Betens ist sehr reich und umfassend. Es empfiehlt sich, sie in Anlehnung an jene Worte zu beschreiben, die Jesus gebraucht, wenn er von der Mitte des Gesetzes spricht, nämlich, Gott und die Menschen zu lieben mit allen Kräften und mit ganzem Herzen. Die analoge Formulierung »beten mit allen Kräften und aus ganzem Herzen« trifft das ignatianische Gebetsleben: beten mit dem Kopf in der Besinnung, im Gebrauchen von Vergleichen, im Durchdenken des Lebens vor Gott. Beten mit dem Empfinden, den Gefühlen, den Wünschen, dem Wollen, der Sehnsucht. Beten mit allen Sinnen: mit der Fantasie, mit inneren Bildern, mit einer Verlebendigung des biblischen Geschehens. Beten im Umgang mit der Bibel, mit literarischen Texten. Beten vor allem mit dem »Stoff des Lebens«: mit

Begegnungen, Entscheidungssituationen, bewegenden Erlebnissen, Freuden, Ängsten, Hoffnungen, Erinnerungen und der eigenen Lebensgeschichte. Für jedes der genannten Worte oder für jede seelische Kraft ließen sich im Exerzitienbuch Beispiele inhaltlicher und methodischer Art finden. Vor allem die Gewissenserforschung soll helfen, das »Evangelium im Leben«, das lebendige Evangelium entdecken zu lernen.

Im Laufe der Frömmigkeitsgeschichte geschah eine Akzentsetzung, die Ignatius nicht ganz entspricht. Wenn von ignatianischer Gebetsweise gesprochen wird, dann verbinden viele mit »ignatianischer Betrachtung« fast ausschließlich die Betrachtung von biblischen Szenen. Manche vermissen Hilfen zum Gebet der Einfachheit, zum Gebet der Ruhe, zum wortarmen oder wortlosen Gebet. Sicher wird man sehen müssen, dass im Exerzitienbuch die Hinweise zur Einfachheit des Betens nicht so entschieden sind wie bei mancher geistlichen Literatur, etwa wie in der »Wolke des Nichtwissens«, wie in den Schriften von Teresa von Avila, wie im Jesusgebet in den »Aufrichtigen Erzählungen eines russischen Pilgers«. Manchmal wird Ignatius nur als Helfer für »Anfänger« genommen. Dies freilich ist in einem doppelten Sinne unangemessen.

Zuerst einmal ist zu sehen: Es gehört zur *Ganzheitlichkeit des Menschen,* dass er »*mit allen Kräften*« betet. Es ist nicht einzusehen, warum willentlich bestimmte Dimensionen des Menschen vom Beten sozusagen ausgeschlossen werden sollen. Selbstverständlich gibt es Unterschiede, wo Menschen ihren Schwerpunkt legen. Selbstverständlich kann es sein, dass sich im Laufe von Jahren die Weise des Betens bei jemandem ändert. Für die Christus-Begegnung ist ein ausdrücklich biblisch orientiertes Beten zumindest während einer bestimmten »Prägezeit« unverzichtbar.

Kommunikation mit Gott

Der andere Fehler in der Sicht ignatianischen Betens besteht darin, nicht wahrzunehmen, dass es aus *einer großen Einfachheit* heraus lebt und zu ihr hinführt. Die »Einfachheit« des Betens, die heutzutage im Zusammenhang der Fragen nach östlichem und westlichem Meditieren oder nach der Kontemplation oft angesprochen wird, findet sich bei Ignatius auf vielfache Weise: Sie zeigt sich schon in der oft zitierten Anweisung, dass nicht »das Vielwissen die Seele sättigt, sondern das Verkosten der Dinge von innen«. Dies bedeutet: lieber einen Text, einen Satz, ein Wort zehnmal kauen, als gleich zum nächsten gehen. Vor allem auch die Praxis der Vertiefung in Wiederholungsbetrachtungen drückt die Tendenz zum Einfachen aus. Für die fünf Stunden der Meditation am Tag gibt Ignatius meistens nur zwei oder drei Hinweise. Alles andere ist Wiederholungsgeschehen, das Vereinfachung und Vertiefung schenken soll.

Auch in seinen Hinweisen zu den »Drei Weisen des Gebetes« im Exerzitienbuch zeigt sich die Vereinfachungstendenz: Man soll so lange bei einem Wort eines Gebets bleiben, wie es für einen gut ist. Man kann Worte, *ein* Wort, *einen* Namen im Rhythmus des Atems schwingen lassen und so betend da sein. In der »Betrachtung zur Erlangung der Liebe« wird der Kern der Gebetshaltung mit den Worten ausgedrückt: »Nimm hin, Herr, und empfange meine ganze Freiheit, mein Gedächtnis, meinen Verstand und meinen ganzen Willen, meine ganze Habe und meinen Besitz; du hast es mir gegeben; dir, Herr, gebe ich es zurück; alles ist dein, verfüge nach deinem ganzen Willen; gib mir deine Liebe und Gnade, das ist mir genug« (EB, Nr. 234). Dieses Gebet ist aus dem tiefsten Seelengrund und in einer letzten Einfachheit und Ganzheit gesprochen.

Vielleicht am hilfreichsten für die Hinführung zum »einfachen Beten« ist eine Aussage aus einem Brief von Ignatius an einen Je-

Kommunikation mit Gott

suiten, der für junge Mitbrüder verantwortlich war. Er schreibt dort: Die Studierenden »*sollen sich darin üben, die Gegenwart Gottes, unseres Herrn, in allen Dingen zu suchen, zum Beispiel im Sprechen, im Gehen, Sehen, Schmecken, Hören, Denken, überhaupt in allem, was sie tun; ist ja doch Gottes Majestät in allen Dingen, durch seine Gegenwart, durch sein Wirken und sein Wesen. Diese Art zu betrachten, bei der man Gott, unsern Herrn, in allem findet, ist leichter, als wenn wir uns zu geistlichen Stoffen mehr abstrakterer Art erheben wollten, in die wir uns dennoch nur mit Mühe hineinversetzen können. Auch führt diese vortreffliche Übung große Gnadenheimsuchungen des Herrn herbei selbst bei nur kurzem Gebet und bereitet uns dafür vor*« (GB, 206).

Man mag bedauern, dass Ignatius nicht näher ausführt, wie er sich »diese vortreffliche Übung« genauer vorstellt. Aber vielleicht will damit gerade gesagt sein: Denke nicht viel darüber nach, sondern: Sei mit tiefer Aufmerksamkeit in deinem Atmen, und es wird sich dir das Dasein Gottes enthüllen. Sei mit tiefer Aufmerksamkeit in deinem Schauen, und es wird sich dir das Dasein Gottes enthüllen. Sei mit tiefer Aufmerksamkeit in deinem Schmecken, und es wird sich dir das Dasein Gottes enthüllen. Sei mit tiefer Aufmerksamkeit in deinem Tun, und es wird sich dir das Dasein Gottes enthüllen. Sei mit tiefer Aufmerksamkeit da, und es wird sich dir das Dasein Gottes enthüllen, der heißt: »Ich bin der Ich-bin-da«.

Es trifft die Erfahrung von Ignatius und vielen Menschen, die Gott suchen, dass ein einziger Augenblick, in dem die Augen des Herzens sich für Gott öffnen, für ein ganzes Leben genügen kann. Dann kann es geschehen, dass Gott sich in allem finden lässt: im Glitzern eines Tautropfens an einem Grashalm … in einem bestimmten Leuchten aus einem menschlichen Antlitz … in einem verzweifelten Aufschrei nach Gott … in einer liebenden Begegnung und einem zerreißenden Schmerz … in dunkelsten Finsternissen und am hellsten Tag.

Am charakteristischsten für das ignatianische Gebet ist, dass Kontemplation für ihn nicht nur eine Gebetsweise bedeutet und nicht nur eine geistliche Übung für eine gewisse Zeit, sondern eine geistliche Lebenshaltung. Leben und Beten und Handeln aus der Herzmitte heraus sind Ausdruck der Einfachheit ignatianischen Betens. Die wichtigste Weise betenden Daseins war für Ignatius der »Wandel in der Gegenwart Gottes«.

Kontemplativ in der Aktion – »Damit es besser fließt«

Über Jahrhunderte, fast kann man sagen über Jahrtausende hin, gab es in der christlichen Spiritualität – und nicht nur in ihr – die Frage des Verhältnisses von Kontemplation und Aktion. Zumeist wurde die Diskussion an der biblischen Szene von der hörenden Maria und der eifrig tätigen Marta beim Besuch Jesu festgemacht. Wie ist das Verhältnis von Maria und Marta, von Kontemplation und Aktion zu sehen? Die ignatianische Spiritualität hat für sich die dialektische Formulierung gefunden: »contemplativus in actione«, das heißt kontemplativ in der Aktion. Und ebenso gilt umgekehrt: »activus in contemplatione«, aktiv in der Kontemplation: »Man muss es oft bedenken, dass die vita activa und contemplativa gemeinsam ihren Weg gehen müssen … So reift eine ›vita activa superior‹ (ein höheres aktives Leben, d. Verf.) heran, in der Tätigkeit und Beschauung eins geworden, die die Kraft hat, beide überall auszuwirken, wie es dem größeren Dienst unseres Herrn entspricht. Mit einem Wort: Das Wirken der Liebe, die ganz eins ist mit Gott: das ist das vollendete Tun!« (Nadal, 409).

Ein Erlebnis einer Oma mit ihrer kleinen Enkelin kann vielleicht die paradox klingende Aussage von kontemplativer Aktion deutlich machen. Die kleine Tanja war ganz ins Spielen mit ihren Spielsachen vertieft. Nach einer halben Stunde kam sie wortlos zu ihrer Oma, die im gleichen Raum saß und strickte. Sie ging zur Oma hin, stupste sie leicht mit dem Ellbogen und sagte: »Damit es besser fließt«, ging wieder zu ihren Spielsachen und war wieder ganz ins Spiel verloren. Diese Gleichnis-Geschichte kann viel vom kontemplativen Lebensbewusstsein deutlich machen. Die Spitze des Bewusstseins, der Aufmerksamkeit der kleinen Tanja ist ganz auf die Bauklötze, die Puppen, den Kaufladen konzentriert. Es muss aber in ihr eine Art Hintergrundbewusstsein geben, mit dem sie weiß, dass die Oma mit im Zimmer ist. Und dieses leise Verspüren ist für das Lebensgefühl der Kleinen fundamental wichtig. Es wäre für sie ein großer Unterschied, ob sie allein oder mit ihrer Oma im Zimmer weilt. Offenkundig nimmt das halb bewusste Empfinden der Beziehung zur Oma spürbar ab, so wie es zu Bewusstsein kommen kann, dass die Zimmertemperatur langsam geringer wird. Und dann braucht es die Berührung, die bewusste Kurzschaltung mit der Oma, »damit es besser fließt«, und die Welt ist wieder in Ordnung.

Dieses Erlebnis ist der beste Kommentar zu dem, was in der geistlichen Tradition »Stoßgebet« oder auch »gute Meinung erwecken« genannt wurde. Dieses kurze Aufschauen der Seele mitten im Tun oder vor Beginn einer Arbeit ruft das Grundbewusstsein für ein Leben in der Gottesgegenwart wach. All die Aktionen der Kleinen waren getragen von einem kontemplativen Grundbewusstsein, in Gegenwart einer liebevollen Person spielen und agieren zu können. Wenn sich die kleine Tanja, was auch geschehen könnte, eine halbe Stunde lang an die Oma angelehnt hätte, so wäre dies ein

Bild für Aktivität in der Kontemplation. Aktiv in dem Sinne, dass die Kleine zunächst vielleicht hätte erzählen können, was sie alles getan und gespielt hat. Und wenn sich die Kleine dann, nachdem sie ihr Erleben herausgesprudelt hat, nur noch still an die Oma kuschelt, dann sind die Aktivitäten nicht mehr in der Spitze des Bewusstseins, aber sie spiegeln den Lebensraum, aus dem sie kommt, und den Raum, in den sie in fünf Minuten wieder hineingeht. Es handelt sich dabei nicht um verschiedene Welten, sondern um ein einziges Lebens-Haus mit verschiedenen Räumen, die aber alle miteinander verbunden sind. Das kontemplative Lebensbewusstsein ist Ausdruck der ständigen Kommunikation mit Gott. In der Apostelgeschichte wird dieses Grundbewusstsein mit Verweis auf einen »heidnischen« Dichter mit den Worten beschrieben: »In ihm leben wir, in ihm bewegen wir uns, in ihm sind wir« (17,28).

Absonderung und Schweigen

Keine sprachliche Kommunikation ohne Reden, aber auch keine Kommunikation ohne Hören. Das Getöse von zwei Lautsprechern ist noch kein Gespräch. Man könnte weiterfahren: Kein Hören ohne Schweigen, kein Schweigen ohne Einsamkeit, keine Gemeinsamkeit ohne Fähigkeit zur Einsamkeit. – Auch beim Thema Schweigen und Hören erweist sich Ignatius nicht als Freund großer Worte, wobei es hier vielleicht besonders angebracht ist. Er berichtet im Exerzitienbuch nur auf etwa einer Seite von der Erfahrung, dass der Exerzitant »für gewöhnlich umso mehr vorankommt, je mehr er sich von allen Freunden und Bekannten und von aller irdischen Sorge absondert« (EB, Nr. 20). Interessanterweise hebt Ignatius gar nicht so sehr das Schweigen als solches hervor; eine Atmosphäre der Stille ist für ihn offenbar selbstverständlich. Er hebt anderes hervor, worin er den Sinn und die Kraft der Stille vor allem sieht.

Zuerst geschieht ein Akt der »*Entsorgung*« *und Befreiung:* Wer »durch ein öffentliches Amt oder durch Berufsgeschäfte in Anspruch genommen« ist (EB, Nr. 19), der kann in einem Netz von Terminen und Verpflichtungen völlig gefangen sein. Der Wechsel des Hauses (vgl. EB, Nr.20) kann ein Schritt in die Freiheit sein, den Ignatius einmal knapp und drastisch mit dem Rat ausdrückt: »dafür zu sorgen, dass ihr nicht von dem, was ihr besitzt, besessen seid«.

Die Abwendung bedeutet zugleich eine *Zuwendung* und eine *Bündelung der Aufmerksamkeit.* Sich einen eigenen Zeitraum auszugrenzen meint einen ähnlichen Vorgang wie den, wenn ein Ehepaar nach langer Zeit wieder einmal ganz für sich allein Urlaub macht. Damit ist der äußere Raum geschaffen, dass die gegenseitige Begegnung neu wachsen kann im Beieinandersein, im Aufeinander-Hören, und dies heißt auch im Schweigen, da man nur schweigend hören kann.

Der Schritt in die Stille ist auch ein Schritt in die *Einsamkeit* und *Entscheidungsfähigkeit.* Die äußere Situation hilft dazu, dass deutlicher werden kann, was der je Einzelne sucht und will, und nicht, was Trendumfragen, Mehrheiten usw. nahe legen. Darum kennt Ignatius bei der wichtigen Entscheidung für einen neuen Generaloberen neben Zeiten für Murmelgruppen (»murmuratio« heißt der entsprechende Ausdruck) auch Zeiten der völligen Stille, wo man »im Angesichte Gottes«, sozusagen im Angesicht des Todes, entscheiden solle. Freiheit und Entscheidung, Einsamkeit und Schweigen hängen aufs Engste zusammen.

Die Entscheidung zur Stille bedeutet auch eine Entscheidung zur »*Eigentlichkeit*«, zu dem, was ich wirklich in der Tiefe will. Oft wird durch sog. Alltagszwänge überdeckt und unterdrückt, was die tiefer liegende Sehnsucht eines Menschen sucht. Der Mensch, so formuliert Ignatius, gebraucht in der Stille »seine natürlichen Fähigkeiten freier, um mit Eifer zu suchen, was er so sehr wünscht« (EB, Nr. 20).

Das Ja zur Absonderung und Stille zielt zudem auf die *Bereitschaft zum Leersein und zur Armut*. Die Fruchtbarkeit eines solchen Daseins, das sich Gott wie eine Schale hinhält, bezeugt Ignatius mit den Worten: »Jeden Tag erfahren wir mehr, wie wahr jenes Wort ist: ›nichts habend besitzen wir alles‹ (2 Korinther 6,10). Alles, sage ich, was Gott denen versprochen hat, die zuerst sein Reich suchen und dessen Gerechtigkeit« (GB, 92).

Die Summe des schweigenden Hörens in einem einzigen Satz zusammengefasst lautet: »Je mehr sich unsere Seele allein und abgeschieden findet, umso mehr macht sie sich geeignet, ihrem Schöpfer und Herrn sich zu nahen und bei ihm anzukommen« (EB, Nr. 20).

Sterben, das zum Leben führt – Ich-frei und Du-fähig

Wer sich leer macht, kann dem anderen in sich Raum gewähren. Wer zu schweigen versteht, kann den anderen hören. Leer werden hat immer auch ein wenig mit Sterben zu tun, mit dem Sterben jenes Ichs, das sich überall breit machen und allen Platz für sich behalten will. Nur das Sterben dieses »Platzhirsch-Ichs« schenkt Begegnungsraum und das Glück des Begegnens. Von dieser Beglückung durch Raumgeben spricht eine Bemerkung von Ignatius: »Wenn einer aus sich selbst ausgegangen ist und eingegangen in seinen Schöpfer und Herrn, immer das vor Augen, immer das verspürend, immer des sich freuend, wie unser Ewiges Gut in allem Geschaffenen ist, ihm Dasein gebend und Erhaltung durch seine gegenwärtige Unendlichkeit, so liegt darin, wie ich meine, ein Glück über alles« (GB, S. 58).

Bücher, die Gelingen des Lebens und Wege zum Glücklichsein versprechen, haben heutzutage Hochkonjunktur. Die Antwort von Ignatius auf die Frage nach dem Glück lautet: Glücklich ist, wer ganz in Kommunikation, in Gemeinschaft mit Gott lebt. Voll Freude ist, wer in allem und bei allem ganz an Gott hingegeben ist. Glücklich, wer nicht nur um sich selbst kreist, sondern sich ganz an den »Gott in allen und in allem« hingibt.

Bei diesen Aussagen verdient vor allem der erste Satz Beachtung: »Wenn einer aus sich selbst ausgegangen ist und eingegangen in seinen Schöpfer und Herrn …«; das heißt: Um zum Glück des Lebens zu gelangen, bedarf es eines Auszugs, eines Exodus: der Befreiung vom kleinen Ich, das nur sich selbst kennt, das seine Selbstständigkeit durch intensive Hingabe an eine Beziehung bedroht fühlt, daher Begegnung verweigert und blockiert. Dieses kleine Ego-Ich muss sterben, sonst bleibt es allein. Ganz so, wie es im Johannesevangelium heißt: »Wenn das Weizenkorn nicht in die Erde fällt und stirbt – bleibt es allein!« (Johannes 12,24). Wenn das Weizenkorn sich bewahren will, dann bleibt es steril und in der Masse der anderen Millionen Körner in einem Kornspeicher, kann nicht keimen, aufgehen und Frucht bringen. Nur wenn das Weizenkorn in die Erde fällt und stirbt und keimt, entsteht neues Leben und lebendige, organische, fruchtbare Einheit der Ähre.

Auf diesem Hintergrund wird ein kurze Äußerung von Ignatius verständlich. Einige Mitbrüder unterhielten sich einmal bewundernd über einen anderen Mitbruder und sagten mit ehrfürchtigem Unterton: »Das ist ein Mann des Gebetes!« Ignatius reagierte mit der Bemerkung: »Ja, er ist ein Mann der Abtötung.«

Kommunikation mit Gott

Dies will sagen: Er ist ein Mensch, der von seinem kleinen Ich befreit wurde für die Begegnung mit Gott und der Welt. Ein Mensch, der aus sich herausgegangen ist, ohne die zwanghafte Angst, sich zu verlieren. Ein Mensch, der auf andere zugeht, der sich hingibt, der liebt. Nur wer in diesem Sinn Ich-frei zu sein vermag, ist Du-fähig. So gesehen, könnte man sagen: Liebe ist immer die wahre Ekstase, der wahre Exodus, das wahre Aus-sich-heraus-Gehen. Und damit auch das wahre Glück. – Mit einem Wort der kleinen Tanja ausgedrückt: »Manche Leute sind so dick und laut, dass sie den ganzen Raum ausfüllen und für mich kein Platz mehr da ist.« Manche Leute, könnte man umgekehrt sagen, sind so Ich-frei, dass es viel Raum für ein Du und für Begegnung gibt.

Gottes Sprache ist die Wirklichkeit

Kommunikation ist ein Geschehen von zwei Seiten. Oft genug stellt sich aber gerade bei der Kommunikation im Gebet die Frage: Ist dieses »Gespräch« nicht einseitig? Wie der Mensch bittend, fragend, dankend, lobend fühlt und spricht, das ist dem Betenden erlebbar, greifbar. Wie aber antwortet Gott? Schweigt er? Scheint das Gebet nicht oft genug wie ein Telefongespräch zu sein, in dem wir alles in die Sprechmuschel hinein sagen können, in dem wir aber nie aus der Hörmuschel heraus eine Antwort wahrnehmen?

Der Generalobere der Jesuiten, Peter-Hans Kolvenbach, geht in einem 1994 veröffentlichten bemerkenswerten Artikel über »Meister Ignatius, Mann des Wortes« auf diese Fragen ein. Er stellt fest: »Ignatius erwartet … kein Wort als Antwort.« Wohl aber erwartet Ignatius, dass wir in inneren Regungen und Bewegungen eine Antwort Gottes wahrnehmen. Die ganze »Unterscheidung der Geister« geht davon aus, dass sich Gottes Geist in uns bemerkbar macht durch Regungen, die uns in die Richtung von mehr Glauben, Hoffen und Lieben führen. Die eigenen inneren Gedanken, die Tränen, die äußeren Zeichen, die Regungen des Trostes und des Friedens, das Gespür der »Stimmigkeit« – all diese nonverbalen Geschehnisse deuten hin auf eine Weise, wie Gott dem Betenden antwortet. Die Kunst der »Unterscheidung der Geister« zielt darauf, dass wir lernen, immer besser diese Sprache Gottes zu erspüren und zu verstehen. Die »Unterscheidung der Geister« meint: Einübung ins Hören und Vernehmen der Sprache Gottes.

Paulus ist ein Zeuge dafür, dass Gott so in uns spricht: »Wir wissen nicht, worum wir in rechter Weise beten sollen; der Geist selber tritt jedoch für uns ein mit Seufzen, das wir nicht in Worte fassen können« (Römer 8,26). Im zweiten Brief des Paulus an die Korinther heißt es sogar ganz paradox: Gottes Geist spricht mit »unsagbaren Worten« (12,4) zu uns.

Man könnte auch so sagen: Gottes Sprache ist die Wirklichkeit. Am deutlichsten wird dies im Schöpfungsbericht. Wenn Gott spricht, dann geschieht Wirklichkeit. Gottes Sprechen ist schöpferisch. Wenn Gott spricht, dann erscheint kein neues Buch, sondern eine neue Wirklichkeit. Wer Gottes Sprache entdecken und verstehen will, muss lernen, die Sprache der Wirklichkeit, die Sprache des Lebens zu entziffern.

Leitstrahl der Sehnsucht

Vielleicht spricht im Menschen am meisten und deutlichsten seine Sehnsucht von Gott. Es gibt die Geschichte von einem Schüler, der den Rabbi fragt: »Rabbi, sag mir, wo Gott ist!« Der Rabbi antwortet darauf: »Sag mir, wo Gott nicht ist!« Die Antwort des Ignatius könnte lauten: *Gott ist, wo du ihn suchst.* Oder anders gesagt: Gott ist bei dir, wenn du ihn suchst. Gott ist in deiner innersten Sehnsucht.

Der wohl deutlichste Hinweis für die Sprache der Sehnsucht als dem uns ganz nahen Ort Gottes zeigt sich darin, dass Ignatius dazu anregt, vor jeder Meditation die letzte Ursehnsucht des Herzens und auch die ganz konkreten Wünsche für eine Gebetszeit wahrzunehmen und in Worte zu bringen. Dies mag an die gelegentliche Frage Jesu erinnern: »Was soll dir geschehen? Was willst du, dass ich dir tue?« Diese Frage deutet auf den Pfad, sich sozusagen zum Urquell des inneren Lebens und Sehnens durchzuspüren. Dort liegt auch die Kraft zu Heilung, Heiligung und Wandlung.

Es gibt eine ganze Reihe von Zeugnissen und Gedanken in der geistlichen Tradition, welche die fundamentale Rolle der Sehnsucht bestätigen. Das bekannteste Wort ist wohl das des Augustinus: »Auf dich hin hast du uns geschaffen, o Gott, und unruhig ist unser Herz, bis es ruht in dir.« Bei Augustinus findet sich ebenso eine fast umgekehrte Formulierung: *»Gottes Sehnsucht ist der Mensch.«* In der Sehnsucht begegnen sich Gott und Mensch. Und die früher oft bedachte Frage, was denn das »unablässige Gebet« sei, beantwortet Augustinus mit dem Hinweis: »Glaube, Hoffnung, Liebe sind ein immer währendes Beten der Sehnsucht. Zu gewissen Zeiten und Stunden aber beten wir auch mit Worten, auf dass unsere Sehnsucht umso kräftiger sei.«

Wäre Ignatius Gesprächspartner im Dialog zwischen Religion und Atheismus, hätte er sicher versucht, die wahre Sehnsucht der menschlichen Existenz, des menschlichen Herzens freizulegen. Gottlosigkeit würde ihm als Verleugnung unserer Sehnsucht erscheinen. Und vermutlich hätte er dem Vergleich des Religionsphilosophen Franz von Baader zugestimmt: Wie der Durst die Existenz von Wasser beweise, so erweise sich in der Sehnsucht nach

Gott dessen Existenz. Ignatius hätte sich auch nicht zufrieden gegeben mit irgendwelchen Umdeutungen: Sehnsucht nach Gott sei »im Grunde« nur die Sehnsucht nach einem erfüllten Leben, nach Selbstfindung, nach einer beglückenden Du-Begegnung. Wohl könnten wir sagen: Die Sehnsucht nach Gott ist die Sehnsucht des Menschen nach sich selber in dem Sinne, dass diese Sehnsucht sich danach sehnt, dem innersten Wesen des Menschen auf die Spur zu kommen, und das ist Gott. Die Sehnsucht nach sich selber findet ihre Erfüllung in der Erfüllung der Sehnsucht nach Gott.

Kommunion und Kommunikation

Ein berühmtes Gemälde von Rubens und viele andere Darstellungen zeigen Ignatius in einem Messgewand. Die Eucharistiefeier gehörte zum Kernbereich seines geistlichen Lebens. Die Kirchengeschichte zeigt, dass überall, wo die Jesuiten wirkten, die Feier der Messe verbreitet und vor allem zum häufigen Empfang der Kommunion eingeladen wurde. War es weithin üblich, nur einmal oder einige Male im Jahr zu kommunizieren, so luden Ignatius und die Seinen zum häufigen Empfang der Kommunion ein. Daher liegt es nahe, nun kurz die Messe als rituell-sakramentalen Vollzug der Liebe, der Kommunion, des Mitteilens von Leben zu betrachten.

Eucharistische Grundhaltungen – für die Kommunikation

Wer den Aufbau der Messe, ihre einzelnen Teile und Grundgebete genau anschaut, kann entdecken, dass die Grundvollzüge der Eucharistie zum Ausdruck bringen, wovon Liebe, Begegnung und echte Kommunikation leben:

Kommunikation mit Gott

- Liebe lebt von der *Achtung vor dem Geheimnis:* Dies zeigt schon die griechische Bezeichnung »mysterion«, »Geheimnis«, und ebenso das Wort vom »Geheimnis des Glaubens«, dem Wort der Gemeinde, das sie nach der Wandlung zu ihrer Antwort macht.
- Liebe lebt vom Ineins *von Leiblichem, Seelischem, Geistigem* – dies zeigt der eucharistische Raum, der sich in leiblichen Gebärden, in Musik, im Wort, in Bildern kundtut.
- Liebe lebt vom *Loben und Danken* – darauf verweisen der Name »Eucharistie«, Lob- und Danksagung, und darüber hinaus die Vielfalt der Lob- und Dankgebete.
- Liebe lebt von *Umkehr und Versöhnung* – daran erinnern der Ritus der Buße und Vergebung am Beginn jeder heiligen Messe und eine Reihe von Gebeten während der Messfeier.
- Liebe lebt vom *Hören und Antworten* auf das Evangelium Jesu – die ganze Eucharistiefeier ist ein Hin und Her von Hören, Innewerden und Antworten.
- Liebe lebt vom *Empfangen und Geben* – in der Gabenbereitung, in ihrem symbolträchtigen Ritual von Empfangen und Darbringen der Gaben von Brot und Wein, im Ineins von Gottes schöpferischer Großzügigkeit und menschlicher Arbeit kommt dies sinnenfällig zum Ausdruck.
- Liebe lebt von *Wandlung,* von Sterben und Auferstehen – darin gipfelt das Geschehen der Eucharistie.
- Liebe lebt von inniger Begegnung, von Einswerdung, der *Kommunion* – gibt es ein innigeres Zeichen von Einheit als das Einswerden im »Einverleiben«?
- Liebe lebt schließlich von *Sendung:* »Gehet hin!« heißt es am Schluss der Messe und nicht: »Bleibt alle schön hier beieinander!«

Diese Grundvollzüge der Eucharistie ließen sich vielfältig auf die Begegnung von Menschen hin ausbuchstabieren und konkretisieren. Auf Kommunikation hin gesagt: Es geht darum, sich mit Leib und Seele und Geist, ganzheitlich, zu begegnen, den anderen als Geheimnis zu achten, bereit zu sein für Krisen und Versöhnung, sich den Raum von Hören und Reden zu gewähren, beiderseits zu geben und zu empfangen, offen zu sein für Wandlung, sich einzulassen auf wirkliche »Kommunion«, immer wieder aufzubrechen im Blick auf die Welt. Wenn diese eucharistischen Grundgesetze der Kommunikation missachtet werden, leidet Kommunikation, mangelt es an Liebe und Erfüllung.

»Der Mensch ist, was er isst«

Für Ignatius geht es bei der Messe um die Einswerdung mit Christus, der menschgewordenen Liebe Gottes. In der Eucharistie wird das Wort wahr: »Der Mensch ist, was er isst.« Der Mensch lebt vom Brot aus menschlicher Arbeit, und er lebt vom Gottesbrot, von Gott. Es gibt wohl kein sprechenderes Zeichen von Einheit als die Nahrungsaufnahme. Im Essen wird der Mensch eins mit dem, was er isst. Er assimiliert die Nahrung und erhält dadurch sein Leben am Leben. Nahrung ist nicht nur eine Frage des Genusses, sondern eine Frage von Leben und Tod. So hat es Israel erfahren in all den Jahren seines Weges durch die Wüste, des Weges, der von der wunderlichen-wunderbaren Speisung mit dem Manna, »dem Brot vom Himmel«, und dem Wasser aus Felsen erzählt.

Für die Jüngergemeinden Jesu wurde die Feier des Abendmahls zu einem zentralen Glaubenserlebnis der Einheit mit Christus: »Meine Nahrung bist du, all mein Leben bist du, o Jesus«, so heißt es in einem Lied zur Kommunion im »Gotteslob«. Der Mensch lebt vom Menschen. Der Mensch lebt von Gott. Dies geschieht für die Glaubenden in der Kommunion und wird in ihr augenfällig.

Es wäre ein Missverständnis, diese Sicht des Glaubens nur »ritualistisch« zu verstehen. Für Ignatius verband sich das liturgische Geschehen unmittelbar mit seinem Leben. Deutlich sichtbar wurde dies unter anderem dadurch, dass er oft auf einen Zettel geschriebene Entscheidungen und Überlegungen auf den Altar legte. So wollte er gleichsam prüfen, ob seine Vorhaben und Pläne dem Geschehen der Eucharistie standhielten. Wie sieht dies und jenes aus, wenn ich es in Beziehung zur lebendigen, leidenden und siegreichen Liebe Gottes bringe?

»Die Kommunion durch das Tun« (Teilhard de Chardin) und das Leiden

In unserem Jahrhundert ist vor allem Teilhard de Chardin SJ zu einer prophetischen Gestalt geworden, die glaubhaft »Die Messe der Welt« feiert, bei welcher der ganze Kosmos, die ganze Menschheitsgeschichte zum Geschehen der Kommunion wird. Vor allem im Tun, im Forschen, im Arbeiten geschieht für ihn diese existenzielle Kommunion mit Gott.

»Im Tun verwachse ich zunächst mit der schöpferischen Macht Gottes; ich falle mit ihr zusammen; ich werde nicht nur ihr Werkzeug, sondern ihre lebendige Verlängerung. Und da es in einem Seienden nichts Innigeres gibt als seinen Willen, verschmelze ich in gewisser Weise durch mein Herz mit dem Herzen Gottes selbst. Dies ist ein dauernder Kontakt, da ich immer tätig bin. ...

In dieser Kommunion bleibt die Seele weder stehen, um zu genießen, noch verliert sie das materielle Ziel ihres Tuns aus den Augen. Vermählt sie sich nicht mit einem schöpferischen Bemühen? … Jeder Zuwachs, den ich mir oder den ich den Dingen gebe, schlägt sich in einer Vermehrung meines Liebesvermögens und in einem Fortschritt der seligen Besitzergreifung Christi vom Universum nieder. Unsere Arbeit erscheint uns vor allem als ein Mittel, das tägliche Brot zu verdienen. Doch ist ihre endgültige Kraft viel höher; durch sie vollenden wir in uns das personale Element der göttlichen Vereinigung; und durch sie vergrößern wir weiterhin in gewisser Weise in Bezug auf uns das göttliche Glied dieser Vereinigung, unseren Herrn Jesus Christus« (Teilhard de Chardin, 46 f).

Drückt Teilhard de Chardin vor allem die aktive Seite der Kommunion aus, obwohl er aus eigenem Erleben und Erleiden sehr wohl um die Passivität und das Leiden wusste, so bringt Paul Claudel die passive Seite der Kommunion besonders zum Ausdruck. Sein Werk »Der seidene Schuh« beginnt er mit einer Szene, die deutlich macht, dass der Glaubende mit seinem ganzen Leben Eucharistie feiert und in besonderer Weise in seinem Hingegebensein. In der Eingangsszene spricht ein Jesuitenpater, der von Piraten an den Mast eines verlassenen und sinkenden Schiffes gebunden wurde: »Ich habe mich dir, Gott, gegeben, und nun ist der Tag der Rast und Entspannung gekommen, und ich darf mich meinen Banden überlassen. Und nunmehr, siehe, hebt das letzte Gebet dieser Messe an, die ich mit dem Brot meines eigenen Daseins begehe.«

Als Ignatius zum Sterben kam, hätte er gerne den päpstlichen Segen bekommen. Aber der Sekretär ging seinem Wunsch nicht gleich nach, da noch eine Reihe wichtiger Briefe zu erledigen waren. So starb Ignatius in der Nacht ohne den erbetenen Trost.

Das Letzte, was der Krankenbruder ein paar Mal durch die Tür hörte, war ein wiederholtes »Ay dios; ay dios« – »O Gott, o Gott!« – Er starb, so schrieb man dann, einen »Tod wie alle Welt«. Allein, aber eins mit dem, von dem er lebte.

11

Gott ist Begegnung
Der dreieinige Gott im Spiegel von Ich – Du – Wir

In unserer Sprache kennen wir die Redewendung: »Sage mir, mit wem du umgehst, und ich sage dir, wer du bist!« Mit wem ich Umgang pflege, mit wem ich sympathisiere, wessen Lebensgewohnheiten oder Interessen ich teile – das alles sagt Wesentliches über mich selbst. Platter gesagt: Begegnung färbt ab! Könnte man nicht auch formulieren: »Sage mir, an welchen Gott du glaubst, und ich sage dir, wer du bist. Sage mir, wie du mit Gott umgehst, und ich sage dir, wie du Menschen begegnest!« – An welchen Gott glaube ich? An welchen Gott glauben Christen? Wie gehen wir mit Gott um? Wer sind wir? Wer sind Christen, und wie begegnen sie einander und anderen?

Gott ist Beziehung

Seit Jahren ist viel vom *»Dialog der Religionen«* die Rede, und er wird auch – Gott sei Dank – immer wieder trotz aller Mühen fortgeführt. Man denke an die Einladung verschiedener Religionsgemeinschaften durch Johannes Paul II. zu einem Gebetsgottesdienst nach Assisi, der Heimatstadt des Franziskus. Der Ansatzpunkt für das Gespräch der Religionsgemeinschaften miteinander ist oft die Frage nach Gemeinsamkeiten und Unterschieden in ihren Vorstellungen von Gott. Wenn sich die sinnvolle und notwendige Frage nach den Unterschieden in den

Glaubensauffassungen stellt, dann wird zumeist sehr bald gesagt: Die christliche Vorstellung von Gott sei »trinitarisch«, und darin liege ein, wenn nicht *der* entscheidende Unterschied zu anderen Gottesvorstellungen. So sehen es die christlichen Gesprächspartner selbst, aber meist auch »die anderen«.

Was meint die Aussage vom »dreifaltigen« Gott, vom »dreieinigen« Gott, vom »trinitarischen« Gott? Wie sind diese Worte des Glaubens zu verstehen? Nicht selten lautet die Antwort, es handle sich dabei um ein Geheimnis des Glaubens. Und nicht selten hört man dazu eine sehr sprechende Geschichte aus dem Leben des Augustinus: Er sei einmal bei Ostia, dem römischen Meereshafen, am Strand spazierengegangen. Dabei war er in Gedanken versunken und suchte, das Geheimnis des dreieinigen Gottes zu ergründen. Da sah er plötzlich ein kleines Kind, das aus dem Meer Wasser in eine kleine Sandgrube schüttete. Auf seine Frage, was es denn da tue, antwortete das Kind: »Ich fülle das Meer in die Sandgrube.« Wohlwollend und amüsiert sagte darauf Augustinus: »Aber Kind, schau doch auf das große, unendliche Meer, das kannst du doch nicht in deine kleine Sandgrube füllen!« Darauf das Kind zu dem großen Gottesgelehrten: »Ebenso wenig kannst du das Geheimnis des dreifaltigen Gottes mit deinem Verstand begreifen.«

Diese legendenhafte Geschichte ist so schön wie schlicht und eindrucksvoll; sie sollte am Anfang und am Ende allen Sprechens über Glaubens- und Gottesgeheimnisse stehen. Aber doch bleiben auch Fragen berechtigt: Was meint die Botschaft des trinitarischen Gottesglaubens? Was sagt uns das Evangelium über den dreieinigen Gott von seiner Wirklichkeit, seinem Leben? Und schließlich: Was hat diese Botschaft mit der Frage nach Kommunikation und nach der kommunikativen Dimension der ignatianischen Spiritualität zu tun?

Vielleicht ahnen wir etwas vom Zusammenhang zwischen Kommunikation und dem Glauben an den dreieinigen Gott, wenn wir einige Grundaussagen hören, die sagen wollen, wer und wie Gott ist: Gott ist Liebe. Gott ist Leben. Gott ist Beziehung. Gerade die letzte Aussage – Gott ist Beziehung – findet sich in der traditionellen Theologie, um das Sein, das Leben des trinitarisch verstandenen Gottes auszudrücken. Gott ist »Relation«, Beziehung, lautete die entsprechende Grundaussage. Anders ausgedrückt: Gottes Sein, Gottes Wesen ist »communio der Liebe«, Liebesgemeinschaft. Gottes Sein ist Kommunion, ist Kommunizieren, Kommunikation. Gottes Sein ist Selbst-Sein in Selbst-Mitteilung. Das viel zitierte Wort des jüdischen Religionsphilosophen Martin Buber – »Alles wirkliche Leben ist Begegnung« – gilt in ursprünglicher Weise für das Leben Gottes. Gott ist Leben, Gott ist Beziehung, Gott ist Begegnung.

Göttlicher Dreiklang

Ignatius von Loyola ist in diesem Glauben an den dreieinigen Gott aufgewachsen. Vor allem sein mystisches Tagebuch zeigt, dass dieser Glaube für ihn nicht nur das Wiederholen eines unverstandenen Glaubenssatzes, eines unverständlichen Dogmas war, sondern seine geistlichen Erfahrungen zutiefst prägte. Es gibt von seinen Gefährten einen unbestimmten Hinweis, Ignatius habe selber an einer kleinen Schrift über das Geheimnis der Trinität gearbeitet. Leider ist diese Schrift, falls Ignatius wirklich an ihr gearbeitet hat, nicht erhalten und nie erschienen. Wenn Ignatius die Publizierung für sinnvoll gehalten hätte, wäre sie sicher realisiert worden. Vielleicht hat er uns damit eine Enttäuschung erspart oder sich selber die Ernennung zum Kirchenlehrer. Wie dem auch sei, wir bleiben auf die wenigen Spuren in seinen sparsamen Äußerungen und auf sein geistliches Tagebuch angewiesen.

Auf dieser Suche gibt es zunächst eine Spur von Bildern und Gleichnissen, die bezeugt ist. Einmal, so schreibt Ignatius, habe er die Dreieinigkeit unter dem Bild von drei Orgeltasten geschaut. Er führt dieses Bild nicht weiter aus, aber vielleicht darf man das Bild in folgendem Sinn deuten: Das Geheimnis der göttlichen Liebe ist wie ein Dreiklang, wie ein Musikakkord: Gott ist ein klingender, schwingender Akkord göttlicher Musik. Gott ist nicht nur ein einzelner Ton, sondern ein Dreiklang, ein Akkord. Gottes Einheit ist Einssein in Fülle, ein Klang verschiedener Töne.

Für Ignatius bedeutete diese Sicht weder ein Spiel der theologischen Fantasie noch ein abstraktes Rechenspiel einer mathematischen Theologie. Für ihn war dies »eine Sache« – wenn man so sagen darf – der tiefsten Berührung, der Mystik, der Ekstase, des lebendigen Glaubens. Seine Gefährten berichten, dass schon der Anblick von drei Blumen, drei Tauben oder einer anderen Dreiheit genügte, dass ihn dies in den Zustand tiefster gläubiger Ergriffenheit versetzte. Jedes Symbol der trinitarischen Liebe brachte sein Innerstes in Verbindung mit Gott.

Diese intime Verbundenheit mit dem Gottesgeheimnis bedeutet aber keineswegs, dass Ignatius meinte, über Gott Bescheid zu wissen, dass ihm der »Durchblick« durch das göttliche Lebensgeheimnis gegeben sei. Gerade in seinem mystischen Tagebuch finden sich Bemerkungen, die zeigen, dass er sich im Verständnis des trinitarischen Gottesgeheimnisses schwer getan hat. Er spricht dabei von einem »Knoten«, den er empfand und der sich endlich nach vielem Hinspüren und Nachdenken löste: »Dass sich dieser Knoten, oder was es Ähnliches sein mochte, auflöste, schien mir so groß, dass ich gleichsam einfach nicht aufhören konnte, zu sprechen und von mir zu sagen: Wer bist du denn? (Woher? Dass solche Dinge usw.) Von woher? usw. Ja, was hast du verdient? oder von woher dies? usw.« (GT, 168).

Die trinitarische Mystik, die Sicht der Trinität bei Ignatius ist ein weitläufiges und kompliziertes Thema. Sicher ist, dass Ignatius in außerordentlicher Weise vom dreieinigen Gottesgeheimnis her lebte. Und sicher ist, dass sich dieses Geheimnis ihm erst auf einem langen Weg immer tiefer offenbarte.

Biblischer Ansatz

Die biblische Annäherung an das Verständnis des christlich trinitarischen Gottesglaubens kann nicht viel mehr sein als ein Hinweis: Das Wachsen des christlichen Gottesglaubens war von vier grundlegenden geistlichen Erfahrungen der ersten christlichen Generationen geprägt: der Gotteserfahrung, der Erfahrung Jesu, der Erfahrung des Heiligen Geistes und der gegenseitigen Beziehung dieser spirituellen Grunderfahrungen.

(1) Für die meisten der ersten Christen war das *Vertrauen auf JHWH*, den Gott des jüdischen Volkes, das Fundament ihrer religiösen Hingabe. Sie lebten in und aus dem Bund Gottes mit seinem Volk Israel. Sie erinnerten sich an das Wirken JHWHs in der Geschichte. In den Psalmen schrien sie zu ihrem fernen und nahen, wirkenden und verborgenen Gott. Ihn priesen sie, mit ihm rechteten sie. Seine Nähe ahnten sie in schaudernder Ehrfurcht. Durch die Begegnung mit Jesus und dessen Beziehung zum »Abba«, zum »Papa-Gott«, kam für manche ein fast unsagbar zarter, vertraulicher Ton in ihre Gottesbeziehung.

(2) Eine zweite Grunderfahrung machten die ersten Christen in ihrer *Begegnung mit Jesus.* Durch Jesus, den sie bald Christus nannten, war ihnen Gott mitten in ihrem Leben nahe gekommen wie durch sonst nichts und niemanden. Ihr Heil, ihre Hoffnungen, alles, was sie von Gott erwarteten, kam in der Begegnung mit Jesus in ihr Leben. Die über hundert (!) Namen und Bilder für Jesus im Neuen Testament – vor allem in den Briefen – sind Zeugnis für eine Art »Beziehungsexplosion«. Die ersten Christen konnten und wollten nicht mehr von Gott, vom Heil, von der Erlösung ohne Jesus, den sie Messias, den sie Christus nannten, sprechen: Die Antwort des »johanneischen Christus« auf die Bitte hin, den Vater sehen zu dürfen, ist ein Ausdruck dieser Erfahrung der Bedeutsamkeit Jesu und seiner Einheit mit »dem Vater«: »Wer mich sieht, sieht den Vater!«

(3) Eine dritte und unübersehbare Grunderfahrung kam hinzu in der *Erfahrung des Heiligen Geistes.* Die ersten Christengemeinden waren Heilig-Geist-Gemeinden, die durch den Gottes-Geist und seine Charismen, durch seine Gaben, zu einem »Tempel aus lebendigen Steinen« heranwuchsen. Die Taufe im Heiligen Geist galt als eines der wichtigsten Identitätszeichen und Unterscheidungsmerkmale gegenüber anderen Glaubensrichtungen. Der Geist Gottes erfüllte sie als die von Jesus verheißene Gabe. Das Leben der Einzelnen bezog seine Kraft aus dem Leben »im Heiligen Geist«. In Erfahrungen des Geistes nahmen sie die Liebe Gottes als »in ihre Herzen« ausgegossen wahr. Im Heiligen Geist wagten sie – auch Petrus, der viermal in der Schrift »niemals« zu Ungewohntem sagte – den Schritt über das jüdische Gesetz hinaus. In diesem Geist erlebten sie »den Herrn« als ihnen nah; ja, der »Herr *ist* der Geist«, und wer den Herrn leugnet, leugnet den wahren Geist.

Aus all dem wurde den ersten Christen mehr und mehr deutlich, dass sie – wenn sie Gottes Wirklichkeit in ihrem Leben ganz zu Wort kommen lassen wollten – immer vom Vater, vom Sohn und vom Geist sprechen mussten. Diese drei unterschiedlichen Grunderfahrungen flossen *in eine einzige »spirituelle Glaubensbewegung«* zusammen – vielleicht könnte man sie »Tanz des Glaubens« nennen. Darin blieben die Unterschiedlichkeit und das Ineinsschwingen wahrnehmbar und gewahrt. Die Taufe, der gleichsam offenkundige Einstieg in die Gemeinschaft der Christen, geschieht »im Namen des Vaters, des Sohnes und des Heiligen Geistes«. Dies ist die urchristliche, trinitarische »Kurzformel des Glaubens«.

Im Menschen liegt es, seinen Erfahrungen, seinem Glauben systematisierend Ausdruck und Form zu geben, um sie weitersagen, mitteilen zu können. Solche Versuche gab und gibt es auch zum Gottesglauben, zur Gotteserfahrung: In JHWH erfuhren die frühen Christen den »Gott über uns«, in Christus den »Gott uns gegenüber«, im Heiligen Geist den »Gott in uns«. Bei diesen und allen Systematisierungen und beim Versuch, den eigenen Glauben tiefer zu verstehen, darf nie vergessen werden: Der Ursprung christlichen Glaubens lag und liegt in drei grundlegenden spirituellen Glaubenserfahrungen der ersten Christengenerationen. Aus ihnen floss die nie aufhörende dynamische Bewegung des christlichen Gottes-Glaubens:

- dass Gott Beziehung und Liebe ist,
- dass Gott liebendes Ineinanderhauchen ist und
- dass Leben Tanz des Ineinsgehens von Einheit und Unterschiedenheit ist. Gott ist Communio – eine Aussage, die nicht einer theologischen Systematik oder einem Buchtitel zuliebe gemacht wird, sondern ein Versuch ist, christliches Glauben ernst zu nehmen und in Worte zu hüllen.

Gott ist Begegnung

In der Weiterführung und Ausmalung des biblischen Ansatzes und Ursprungs gibt es im Verlauf der Kirchengeschichte viele passende und unpassende, schöne und seltsame Gedankengebäude, Bilder, Symbole und Gleichnisse, um das trinitarische »Geheimnis des Glaubens« auszudrücken. Sie reichen vom Dreieck bis zu den großartigen Ikonen, von monströsen und kirchlich verbotenen Bildern bis zum wundersamen Dreifaltigkeitsfresko einer bayerischen Kirche in Urschalling, bei der man im Antlitz des Heiligen Geistes ein weibliches Gesicht zu erkennen vermag. Die Kräfte des Menschen, wie Verstand, Wille, Gedächtnis, und die menschliche Familie dienten als Verständnishilfe für das unfassbare Gottes-Geheimnis. Im Folgenden sollen drei menschliche Grundworte als Urbild für das trinitarische Geschehen ausgedeutet werden: die Worte Ich – Du – Wir. Sie sind als konkretes Gleichnis, als menschlich erfahrbare Wirklichkeit besonders geeignet, Begegnung, Beziehungsgeschehen, personales Ineins und Unterschiedenheit, Communio und Kommunikation deutlich zu machen. Dabei kann man eine besondere Nähe des Ich zum Väterlichen/Mütterlichen, vom Du zum Sohnhaften und vom Wir zum Heiligen Geist im Gottesgeheimnis erahnen.

Ich-Sein als Ausdruck des väter-lichen Gottesgeheimnisses

Das Wörtchen »Ich« dürfte zu den meistgebrauchten Worten in unserem Leben, in unserem Sprechen gehören: »Ich meine, ich möchte, ich komme …« Im Ich-Sagen, mehr noch im Ich-Sein verbirgt sich vieles. Drei Elemente seien besonders hervorgehoben: Ich-Sein hat mit *Geheimnis,* mit *Kreativität* und mit *Autorität* zu tun. Damit sind drei Dimensionen genannt, die sich in besonderer Weise im Blick auf das Vater/Mutter-Geheimnis Gottes zeigen.

Dies soll zunächst vom Biblischen her kurz aufgezeigt und dann auf seine Entsprechung in der menschlichen Kommunikation hin angeschaut werden.

Gott, ein Geheimnis – »Ich bin, der Ich-bin«

Zu den eindrücklichsten Stellen im Alten Testament, im Testament des Ursprungs, gehört die Offenbarung des Gottesnamens an Mose. Aus der seltsamen Erscheinung eines brennenden und doch nicht verbrennenden Dornbusches heraus wird ihm auf sein Fragen hin als Gottesname offenbart: »Ich bin der Ich-bin-da«. Es gibt viele Übersetzungsversuche dieses seltsamen Namens: »Ich bin der Ich-bin« – »Ich werde sein, der ich sein werde« – »Ich bin, wo du bist« (Martin Buber) – »Ich bin, der mit dir ist«. Eines ist all diesen Übersetzungen gemeinsam: Sie offenbaren mehr die Geheimnishaftigkeit Gottes, als sie ihn enträtseln. Ich-Sein heißt somit: Geheimnis sein. Gott ist so sehr Geheimnis, Ehrfurcht gebietendes Geheimnis, dass die Juden den Namen Gottes nicht direkt aussprechen, sondern ihn umschreiben: »Der Allerhöchste, der Herr …« So sehr bleibt Gott Geheimnis, dass es das strenge Gebot gibt, sich von ihm kein Bildnis zu machen.

Dass Gott Geheimnis ist und sich im und als Geheimnis offenbart, zeigt sich auch in Jesus. Ein deutliches Zeugnis dafür ist das sog. »Messias-Geheimnis«, das vor allem bei Markus auffällt. Es mutet fast grotesk an, wie Jesus nach wunderbaren Heilungen den Geheilten, den Jüngern und den Leuten aufträgt, nicht von ihm zu reden und ihn nicht zum Messias zu machen. Warum soll einer, der das Augenlicht wieder erlangt hat, nicht von dem reden, der es ihm geschenkt hat?! – Wer ist Jesus? Bei Matthäus wird er im Rückgriff auf das Alte Testament »Immanuel« genannt, das heißt »Gott ist mit uns«. Hier klingt der geheimnisvolle Gottesname »Ich bin der

Ich-bin-da« wieder an. Wer ist Jesus? Über hundert Namen, Bilder und Titel finden sich im Neuen Testament, nicht nur die bekannten wie »der Christus«, »Menschensohn«, »Sohn Davids«. Und trotzdem gilt immer noch: »Mitten unter euch steht einer, den ihr nicht kennt.« So spiegelt sich auch in Jesus die Geheimnishaftigkeit des Ich-Geheimnisses Gottes.

Gott – Quelle aller Kreativität

Wie Gott, wie der Vater Geheimnis ist, so ist er auch Quelle aller Kreativität, allen schöpferischen Tuns. Gott ist Macht, Kraft, schöpferisch, kreativ. Sein Wort ist nicht bloß etwas Dahingesagtes, sondern ist und schafft Wirklichkeit. Nirgendwo erscheint dies so deutlich wie im Schöpfungsbericht: Gott spricht, und es entsteht Licht und Leben, Pflanzen sprießen, Tiere finden ihren Lebensraum. Das schöpferische Gotteswort gibt den Menschen Sein und Name, Gesicht und Gemeinschaft. Vor allem das Geschehen des Segens und Segnens führt diese Linie weiter. Gesegnet sein heißt: Leben und Reichtum, Land und Brot, Kinder und Verwandtschaft, Anerkennung und Gerechtigkeit zugemessen bekommen.

Nicht nur in dieser mehr der bäuerlichen Lebenswelt entstammenden Vorstellung zeigt sich die Leben schenkende Kraft Gottes, sondern auch in seinen geschichtlichen Initiativen. Gott stellt sozusagen nicht nur die Kulisse und die Personen für das Spiel zur Verfügung, sondern er selbst fungiert geheimnisvoll als gegenwärtiger Mitspieler im Geschehen der Menschheitsgeschichte. Vorsehung und Initiative, der Bundesschluss mit seinem auserwählten Volk sowie das Wort »durch den Mund der Propheten« sind geschichtliche Ausdrucks- und Erscheinungsformen der schöpferischen Wirklichkeit Gottes.

In der neutestamentlichen Theologie, in deren Sicht sich auf dem Antlitz Christi der Glanz des Vaters spiegelt, sind Christus und das Schöpfungsgeheimnis aufs Engste verbunden: Im Johannesevangelium ist er der ewige Logos, der in allem Anfang war und in dem und durch den alles geschaffen ist (vgl. 1,1–17). Im Brief an die Kolosser heißt es: »Er ist das Ebenbild des unsichtbaren Gottes, der Erstgeborene der ganzen Schöpfung. Denn in ihm wurde alles erschaffen« (1,15 f).

Auch als Retter und Erlöser der Schöpfung, die von Sünde und Tod bedroht und dem Untergang geweiht zu sein scheint, zeigt sich Jesus als Hand Gottes, als Mund und Finger JHWHs. Aus der Finsternis heraus entsteht die neue Schöpfung. Wenn Jesus Jünger in seine Nachfolge ruft, dann »schafft« er sich Jünger. Exegeten weisen darauf hin, dass in der Formulierung »er *machte* sie zu seinen Jüngern« dasselbe Wort wie im Schöpfungsbericht gebraucht wird. Jesus rief die Jünger nicht nur zu sich, sondern er »schuf« sich seine Jünger. Im Geheimnis des Sterbens und der Auferstehung schließlich erweist die Liebe ihre schöpferische Kraft im Sieg über die zerstörerischen Mächte von Sünde und Tod.

Gott ist Leben spendende Autorität

Mit der Kreativität aufs Engste verbunden ist die Autorität des väterlich-mütterlichen Gottesgeheimnisses. Das mag in unserer Zeit eher erstaunlich klingen, da spätestens seit der Aufklärung und den Zeiten der antiautoritären Studentenrevolutionen Autorität eher mit »lebenshemmend« als mit »Leben spendend« in Verbindung gebracht wird. Der Ursinn von »Autorität« hat jedoch seinen Ursprung im Geheimnis des Lebens. Dieses ist am deutlichsten spürbar, wenn Eltern Kinder zeugen und aufziehen. Vermutlich wurde im Blick auf dieses Geschehen das Wort »Autorität« gefunden und geprägt. Im Lateinischen steckt darin die Wurzel »augere«:

wachsen lassen, mehren. In diesem Sinn ist Autorität alles und jeder, der aus der Kraft und Liebe seines Seins heraus Leben spendet, Leben hegt und pflegt, Leben leben lässt.

JHWH ist der Gott des Lebens, der durch die Kraft und Macht seines Wortes Leben schenkt. Auch seine Gebote und Verbote verstehen sich im tiefsten Sinn als Worte des Lebens. Die Zehn Gebote sind nicht zehn lebensverneinende Regulierungen und Strangulierungen, sondern sie sind Worte zum Leben. »Deka-log«, aus dem Griechischen übersetzt, heißt »zehn Worte«. Die Verfasser des Alten Testamentes bezeugen an anderer Stelle ihre Erfahrung, wenn sie sagen: JHWHs Wort »kehrt nicht erfolglos« zurück, es bewirkt, was es will: das Leben der Menschen.

Dieselbe Kraft und Autorität spiegelt sich in Jesu Sein und Wort wider: »Die Alten haben gesagt – ich aber sage euch!« Hinter solchen Worten und hinter seinem Tun, das seine Worte deckt, stehen Kraft, Macht und Autorität. Darum sagen die Leute von ihm: »Er spricht wie einer, der Vollmacht hat, nicht wie die Schriftgelehrten und Pharisäer.« Bei Jesus wird ebenso deutlich, dass er Macht und Autorität in den Dienst des Lebens stellt. Darum trägt er seinen Jüngern auf: »Die Herren dieser Welt knechten ihre Untertanen. Bei euch soll es nicht so sein!« Eure Autorität soll Autorität sein, die Leben schenkt und Leben schützt.

Ich-Sein und Ich-Sagen in der Kommunikation

Jesus sagt von sich: »Wer mich sieht, sieht den Vater.« Von uns Menschen heißt es in der Schöpfungserzählung des Buches Genesis, dass wir nach Gottes Bild geschaffen sind, »als Gottes Abbild schuf er sie«. Dies bedeutet auch: Der Mensch ist gerufen, sein Ich-Sein zu leben und darin Gottes Ich-Sein widerzuspiegeln.

Gott ist Begegnung

In diesem Sinne ist die Annahme der eigenen Existenz der erste Akt der Gottesverehrung. Romano Guardini hat einmal eindrucksvoll formuliert, dass die »Annahme seiner selbst« die Voraussetzung für alles weitere Wachsen und Tun sei. Der erste religiöse Akt geschieht nicht in der – schlechten – »Selbstverleugnung«, sondern in der Selbstannahme aus Dankbarkeit. In dem Maße, in dem ein Mensch sein wahres, gottähnliches Ich-Sein annimmt, lebt er auch die Geheimnishaftigkeit, die Kreativität und die Autorität menschlichen Daseins.

Das Geheimnis des Ich-Seins achten

Der Mensch – ein Geheimnis. Wer nicht völlig durch ein rein rationalistisches, rein säkulares Denken verdorben ist, kann an sich selbst erfahren, dass er ein Geheimnis ist für sich und die anderen. »Individuum est ineffabile« – »Das Individuum ist unaussagbar«, so lautet eine alte Formulierung. Dabei geht es hier nicht um philosophische Sätze, sondern ums Menschsein und um menschliches Begegnen. Wer das Geheimnis seiner Person nicht mehr im Blick hat, steht in Gefahr, sich – so Karl Rahner SJ – zum »findigen Tier« zurückzuentwickeln.

Menschlich kommuniziert nur, wer das Geheimnis der Andersartigkeit des Du achtet. Menschlich begegnet, wer sich »kein Bild vom anderen« macht. Auch für die Beziehung von Mensch zu Mensch gilt das biblische Bilderverbot. Sicherlich machen wir uns immer wieder Bilder von uns selbst und von anderen. Die Frage ist jedoch entscheidend, ob diese Bilder – fototechnisch gesagt – fixiert und damit unveränderbar sind. Ob wir den anderen in den einmal gewählten Bildrahmen einspannen, oder ob wir – nun wieder biblisch gesprochen – »urteilen, als urteilten wir nicht«.

Das schöpferische Geschöpf

Gott als Töpfer und das Geschöpf als Ton – ein beliebtes biblisches Symbolbild. Aber auch Gottes Geschöpf ist schöpferisch. Gott hat sich nicht vorbehalten, es allein zu sein. Auch der Mensch darf und soll kreativ und somit Bild des schöpferischen Gottes sein. Wo jemand Anfänge setzt, wo jemand Initiativen übernimmt, wo jemand »konkrete Utopien« träumt, wo jemand »schöpferische Pausen« macht, dort geschieht Verehrung Gottes als Schöpfer.

Ich erinnere mich an eine Ordensschwester in den mittleren Jahren, bei deren Anblick mir spontan das Bild eines nervösen, aufgescheuchten Huhns kam. Sie erzählte mir im Gespräch: »Pater, wenn Sie wüssten, wie ich früher bis zu meinem sechzehnten Lebensjahr war: jung, frisch, kraftvoll, intelligent. Das änderte sich, als ich Spitzenergebnisse von der Schule heimbrachte und man anfing zu sagen: ›Bilde dir darauf bloß nichts ein!‹ Später im Orden hieß es dann oft, wenn mir etwas besonders gut gelang: ›Werden Sie bloß nicht stolz, Schwester!‹ Inzwischen traue ich mir nichts mehr zu!«

Ich weiß nicht, in welchem Ton diese Frau von ihren schulischen Leistungen daheim erzählt hat. Ich weiß nicht, wie einfach und natürlich sie sich bei ihren Erfolgen im Orden gab, aber sicher ist: Es gibt das wenig einfühlsame Einbläuen und das unterwürfige Erlernen einer falschen Bescheidenheit, es gibt eine falsche Demut, es gibt das biblische Gleichnis von dem Talent, das jemand vergräbt, statt damit zu arbeiten und zu leben. Und – es gibt ein Ja zu sich selbst, das zugleich Gottesverehrung ist und zu seinen Gaben nicht »Nein, danke!«, sondern »Ja, bitte!« sagt.

Füreinander Autorität sein

Zu einem der schlimmsten Vorwürfe, den viele am wenigsten gern hören, gehört es, autoritär zu sein. Wer unter autoritärem Verhalten anderer zu leiden hat, weiß, wie verletzend, wie ärgerlich, wie lebenshemmend angemaßte oder missbrauchte Autorität sein kann. Diesen Schuh will man sich wirklich nicht anziehen. Aber wird da nicht, wie oft im menschlichen Leben, »das Kind mit dem Bade« ausgeschüttet? Bedeutet Autorität nicht auch: Verantwortung zu übernehmen, heilsame Grenzen zu ziehen, einzustehen für jemanden oder für etwas, haftbar zu sein für …? Produziert die Angst, Autorität zu sein und wahrzunehmen, nicht auch die Klage von der »vaterlosen Gesellschaft«? Und bauen wir nicht gerade dadurch falsche Autoritäten auf, weil wir uns hinter Autoritäten verschanzen, statt selber an unserem Platz richtig verstandene Autorität zu übernehmen? Nimmt nicht die Überproduktion von Gesetzen, Schriftsätzen, Instruktionen usw. ständig zu, weil alles immer genau abgesichert sein soll und es zu wenig zwischenmenschliches Vertrauen gibt beziehungsweise investiert wird? Gibt es nicht gerade deshalb so viel Anonymität, Namenlosigkeit, weil zu viele Angst haben, »ihren Namen herzugeben für …«?

Weiter gefragt: Hat Ich-Sein nicht im Innersten wesentlich damit zu tun, Autorität zu sein und konkret zum Ausdruck zu bringen? Wer sich als ein wirkliches Ich versteht, wer ein »starkes Ich« hat, darf sich auch als Autorität sehen, versteckt sich nicht hinter Meinungen anderer, sondern ist bereit, Ja und Nein zu sagen. Mit dem Wort Jesu »Euer Ja sei ein Ja, und euer Nein sei ein Nein«, kann man viel vom Ursprung und Wesen der Autorität ahnen, die er unseren Worten und unserem Verhalten zusprach und zumutete.

Du-Sein als Ausdruck des sohn-lichen Gottesgeheimnisses

Im ewigen Sohn in Gott zeigt sich das Du-Geheimnis Gottes. Der Sohn ist das Du in Gott, Gottes eigenes Selbst-Bild. Wie jeder Mensch Ich ist, so ist er auch ein Du. Ein Du, wenn er sich selber innerlich gegenübertritt – etwa im Gespräch mit sich selbst – und ein Du für die anderen. Das Du-Sein gehört zum Kostbarsten des Lebens. Jemandem das Du in tiefem Sinn anzubieten, dient nicht nur der Vereinfachung für das Gespräch, sondern kann Ausdruck oder Beginn echter Begegnung sein.

Auch im Du-Sein und Du-Sagen sind viele Farben und Wirklichkeiten enthalten. Die Fähigkeit zum *Hören* und zum *Empfangen,* zum *Hinhorchen* und zur *Hingabe beziehungsweise zur Selbstüberschreitung* gehören wohl am zentralsten dazu.

»Höre Israel!« – Hören und Empfangen

Mit dem Ruf »Höre Israel!« beginnt das tägliche Morgengebet der Juden. Mit diesen Worten rütteln die Propheten Israel auf. Mit diesem Anruf sucht JHWH, sein Volk auf sich und sein Wort aufmerksam zu machen. Hören – die Basis jeder Kommunikation. Als Papst Johannes Paul II. bei einem Besuch im Germanicum in Rom von einem der Seminaristen gefragt wurde, was er zum Gehorsam zu sagen habe, lautete die Antwort, vielleicht ein wenig ausweichend, aber doch sehr zutreffend: »Gehorsam kommt doch von Horchen. Gehorsam beginnt mit dem Horchen und Hören.« Hören, Horchen und Du-Fähigkeit hängen sehr eng zusammen. Wo es kein Hinhören gibt, kann es auch keine Kommunikation, kein Horchen und auch kein Gehorchen geben. Jesus drückte einmal seine große Not mit den Leuten durch ein Wort aus dem Alten Testament aus: »Sie haben Ohren und hören nicht!« Er selbst, das

Ebenbild Gottes, lebt aus dem Hören und *Gehorchen:* »Meine Speise ist es, den Willen dessen zu tun, der mich gesandt hat.« Wie Jesus auf das Wort des Vaters horcht, so hört er auch auf die Menschen: »Was willst du, dass ich dir tue?« Fast könnte man verwundert fragen, warum er so »dumm« fragt; es ist doch klar, dass ein Kranker geheilt werden will. Und doch scheint es wichtig zu sein, dass er durch sein Fragen an die Freiheit des Gegenübers und sein innerstes Wollen appelliert und so seine Sehnsucht provoziert. Wie sehr Jesu Horchen in den Gehorsam übergeht, zeigt sich vor allem in seinem Ringen am Ölberg. Hier bringt er seine Not, seine flehentliche Angst zum Ausdruck, aber zugleich auch die Bereitschaft zum Gehorsam der Liebe: »Vater, wenn es möglich ist, lass diesen Kelch an mir vorübergehen, aber nicht mein Wille geschehe, sondern der deine!«

»Nimm hin …!« – Gehorsam und Selbsthingabe

Das berühmte »Suscipe-Gebet« des Ignatius in den Exerzitien beginnt mit den Worten: »Nimm hin, o Herr, meine ganze Freiheit …«. Diese Hingabe ist Antwort auf das Beschenktsein durch Gott mit all seinen Gaben, ja mit sich selbst. Im empfangend-hörenden Annehmen geschieht der Übergang ins antwortende Hingeben. Wer hörend in sich aufnimmt, kann antwortend sich hingeben. Wer horcht, kann vertrauend gehorchen und im Gehorsam sich schenken. Im Alten Testament begegnet uns Gott immer wieder als der, der auf die Bitten seines Volkes hört und ihm Leben und Segen schenkt. Er ist ein hörender Gott, und er schreit empört auf, als Israel ihm vorwirft, er höre nicht: »Wie sollte der, der das Ohr geschaffen hat, nicht hören können?!« Schon im Schöpfungswort gibt sich Gott in die Schöpfung hinein, und der Bund mit seinem Volk steht für seine grenzenlose Bereitschaft, an der

Geschichte seines Volkes teilzunehmen – oder wie Jesus seinen Jüngern versprach: »Ich bin bei euch bis ans Ende der Welt.«

Im Sohn, in Jesus, zeigt sich die Hingabe Gottes so sehr, dass Paulus fragt: »Wie sollte er uns mit ihm nicht alles schenken?!« (Römer 8,32). Im Johannesevangelium heißt die glaubende Gewissheit: »Gott hat die Welt so sehr geliebt, dass er seinen einzigen Sohn hingab, damit jeder, der an ihn glaubt, nicht zugrunde geht, sondern« das ewige Leben hat« (Johannes 3,16). Ignatius drückt diese Glaubenserfahrung in Hinweisen zur »Betrachtung zur Erlangung der Liebe« mit den Worten aus: »Ins Gedächtnis rufen die empfangenen Wohltaten der Schöpfung, der Erlösung und der besonderen Gaben, indem ich mit großer Hingebung abwäge, wie viel Gott, unser Herr, für mich getan hat und wie viel er mir von dem gegeben, was er besitzt, und folgerichtig, wie sehr derselbe Herr danach verlangt, sich selbst mir zu schenken, soweit er es nur vermag gemäß seiner göttlichen Anordnung« (EB, Nr. 234).

In der Theologie wird manchmal im Blick auf Jesu Sein und Leben von einer Pro-Existenz gesprochen, von einem Leben als »Dasein-für«. Dieses Dasein-für gibt ihm, seinem Leben, Ausrichtung und Sinn. Er lebt in einer Sendung, das heißt: Er kommt vom Vater und geht auf die Menschen zu. Er kommt aus Begegnung und geht auf Begegnung zu.

Du-Sein und Du-Sagen in der Kommunikation

Das trinitarische Gottesgeheimnis ist keine bloße theologische Spekulation. Im Du-Sein, im Du-Sagen lässt der Mensch das Sohngeheimnis in sich gegenwärtig und groß werden, ehrt er Gott, ehrt er den Sohn, ist er Sohn: »Im Sohn«, heißt es, »sind wir Söhne.«

Menschsein im Hören

Die Du-Fähigkeit des Menschen hat viele Ausdrucksmöglichkeiten. Eine der kostbarsten liegt in der Fähigkeit, hören zu können. Man braucht dafür gar nicht viel Werbung zu machen und ins Schwärmen zu geraten. Ein jeder weiß, wie wohltuend es ist, jemandem zu begegnen, der wirklich zuhören kann. Da findet Begegnung statt und immer wieder auch Heilung. Die einzige wirkkräftige Medizin eines Psychotherapeuten ist nicht selten das aufmerksame, achtsame und mitfühlende Zuhören.

Die Du-Fähigkeit des Menschen bedeutet ganz wesentlich, frei zu sein von sich selber auf andere hin. Ich erinnere mich an eine Karikatur, auf der sich ein Mensch im Vollrausch zum hundertsten Mal um eine Litfaßsäule herumtastet und angstvoll schreit: »Hilfe, ich bin eingesperrt!« Eine witzige Karikatur, aber ebenso auch ein beklemmendes Gleichnis für den Du-unfähigen Menschen, der im Ich-Rausch nur um sich selber, um seine Bedürfnisse, seine Ängste usw. herumkreist und nicht sieht, dass die Welt um ihn herum offen und bereit für Begegnung ist.

Du-Fähigkeit heißt auch, dem anderen Raum zu lassen und Raum zu schaffen für dessen Eigensein. In einem Wortspiel: »Warum willst du die anderen dauernd ändern, sie sind doch schon anders!« Hier wird darauf angespielt, dass wir die anderen gerne nach unserem eigenen Bild, unseren eigenen Vorstellungen (um)-modellieren möchten. Dabei kann der andere zur bloßen Verlängerung des eigenen Ichs geraten. Dann ist Begegnung nicht mehr möglich. Besonders tragisch erweist sich die Du-Unfähigkeit oder die Du-Schwäche in einer ehelichen oder familiären Beziehung. Partnerschaftliche Begegnung kann nur geschehen, wenn ich dem wirklichen Du, dem anderen Ich Lebensraum einräume. Bei Max Frisch heißt es in diesem Sinne einmal: »Eben darin besteht ja die

Liebe, das Wunderbare an der Liebe, dass sie uns in der Schwebe des Lebendigen hält, in der Bereitschaft, einem Menschen zu folgen in allen seinen möglichen Entfaltungen.«

Für die Du-Fähigkeit ist auch ganz wesentlich, dass man in sich die Fähigkeit zum Horchen auf das eigene Wesen lebendig erhält und wachsen lässt. Nicht wenige Menschen antworten auf die Frage, wann in ihrem Leben etwas angefangen hat schief zu gehen: »Ich habe nicht auf mich selber gehört. Ich habe leise in mir eine sanfte Bewegung, eine Richtung, eine Berührung, eine Warnung gespürt und nicht darauf geachtet. Ich habe nicht auf meine innere Stimme gehört. Ich habe nicht auf mein Gespür gehört, das mir sagte, dass in einer Beziehung etwas nicht stimmt.«

Wer seinem wahren Selbst gegenüber nicht »hörsam« und gehorsam sein kann, verfällt Menschen, verfällt Süchten. Freiheit ist die Fähigkeit zum Gehorsam sich selber gegenüber. Wie gebrochen der Mensch in seiner Freiheit, in seiner Fähigkeit, seinem wahren Selbst zu gehorchen, ist, hat Paulus einmal exemplarisch ausgedrückt: »Was ich will, das tue ich nicht, was ich tue, das will ich nicht!« (vgl. Römer 7,19).

Die Schrift bezeugt die spirituelle Erfahrung, dass der Gehorsam Gott gegenüber die eigentliche Freiheit schenkt und uns davor bewahrt oder daraus rettet, in einer unseligen Abhängigkeit von anderen und uns selber gefangen zu sein. Das biblische Wort »Man muss Gott mehr gehorchen als den Menschen« ist nicht Ausdruck von Unmündigkeit, sondern weist den Weg in die Freiheit. Die Wahrheit einer solch paradoxen Aussage zeigt ein Blick auf »große Menschen«, zeigt ein Blick auf Jesus: Er war gehorsam *und* frei. Es gibt keine Freiheit ohne Gehorsam. Es gibt keinen wirklichen Gehorsam ohne Freiheit.

Du-Fähigkeit in der Hingabe

Du-fähig ist, wer sich verschenken kann. Du-fähig ist, wer Zeit hat für …, wer achtsam ist auf …, wer sich sorgen kann um …, wer da ist, wenn …, wer sich einsetzt für …, wer loslassen kann von …, auf den Verlass ist. In diesen Worten und Wendungen klingen tausend alltägliche Geschehnisse, Erlebnisse und Erfahrungen an. Für sie gilt das große Wort Jesu: »Wer sein Leben festhält, wird es verlieren. Wer sein Leben loslassen kann, der wird es gewinnen« (vgl. Matthäus 10,39).

Der Theologe Heinz Zahrndt erzählt in einem seiner Bücher die Geschichte einer solchen Hingabe des eigenen Lebens: Ein Stamm von Kopfjägern hatte sich von der Menschenjagd losgesagt, aber nur halbherzig. Nach langem Drängen gestattete ihnen der Fürst an einem großen Fest, den ersten Menschen, den sie in der Nacht im Wald finden würden, zu töten. Die Kopfjäger stießen auf einen Menschen, erschlugen ihn und bemerkten erst dann, dass es ihr Fürst war. Es wurde ihnen schnell bewusst, dass der Fürst von sich aus diesen Schritt getan hatte. Dieses Ereignis erschütterte sie so sehr, dass sie seitdem der Kopfjägerei abschworen. Noch heute kann man das Denkmal als Erinnerung daran auf Taiwan besichtigen. – Eine starke und keine alltägliche Geschichte. Aber doch stimmt es auch, dass es öfter, als uns vielleicht bewusst sein mag, immer wieder Menschen gibt, die aus innerer Freiheit, aus Liebe, im Einsatz für Gerechtigkeit ihre Zeit, ihre Kraft, ihre Gesundheit, ihr Ansehen, ja ihr Leben für andere, füreinander einsetzen. Im Großen und im Kleinen lebt die Welt davon.

Auch in Situationen, an die wir längst gewöhnt sind und die wir nicht mit Hingabe, Gehorsam, Askese und »Selbstüberschreitung« in Verbindung bringen, ist oft eine innere Bewegung wirksam, die mit der Zuwendung zum Du zu tun hat: Welcher Rücksichtnahme

Gott ist Begegnung

der Bürger aufeinander bedarf eine Demokratie, damit sie funktionieren kann! Menschen, die kreativ und loyal bleiben wollen, obgleich vielleicht eine politische Partei an der Macht ist, deren Richtung und Gesetze persönlich zum Nachteil gereichen, müssen fähig sein, berechtigte Wünsche zurückstellen zu können. Wie viel gegenseitige Abstimmung braucht es, wenn in einer Familie die vielen, manchmal verschiedenen Urlaubswünsche auf einen Nenner gebracht werden sollen! Demokratische, politische und wirtschaftliche Mitbestimmung kann sich nur verwirklichen, wenn Menschen bereit sind, über sich bestimmen, mit-bestimmen zu lassen und in diesem Sinne gehorsam zu sein.

Wenn Menschen aus innerer Freiheit heraus füreinander da sind, dann können sie in ihrem Leben einen Sinn finden. Die so genannte Logotherapie, von Viktor Frankl begründet, setzt in besonderer Weise auf diese Erfahrung: Im Dasein-für schenkt sich Leben und Sinn.

Und – im Dasein-für gewinnt man selber Profil. Das Wort »Profil« leitet sich vom lateinischen Wort »pro fila«, das heißt »vor der Reihe«, ab. Damit war der Vorkämpfer in den Heeren gemeint, der vor die Reihe tritt und den Kampf anführt oder auch einmal einen stellvertretenden Zweikampf wie zwischen David und Goliat ausficht.

Man kann all die genannten Erfahrungen auch mit dem Schriftwort in Verbindung bringen: »Einer trage des anderen Last, so erfüllt ihr das Gesetz Christi« (Galater 6,2).

Wir-Sein als Ausdruck des geist-lichen Gottesgeheimnisses

Es wäre nicht uninteressant, Menschen zu fragen, was sie als Wunder betrachten, wie sie es umschreiben würden und ob sie schon einmal ein Wunder erlebt haben. Vielleicht würden die biblischen Wunder genannt oder die »Wunder der Natur« oder die Wunder der Geistheiler. Ich spreche seit Jahren gern vom »Wunder des Wir«. Dahinter steht die Erfahrung, dass es für mich ein Wunder ist, wenn zwischen verschiedenen Menschen wirkliche Einheit, ein Einssein wächst. Man steht manchmal fast vor der Alternative zu sagen, das Wörtchen »wir« sei ein »Unwort« ohne Sinn – oder ein Wortwunder. Das Wir eines Volkes: »Wir sind das Volk«; das Wir der Kirche: »Ein Geist und ein Leib«; das Wir in einer Freundschaft: »Du und ich sind eins, sind ein Wir«. Ist es nicht ein Wunder, wenn Verschiedene eins sind? Ist »Wir« nicht wirklich ein Wunder-Wort?

Im Blick auf das trinitarische Gottesgeheimnis liegt es nahe, den Heiligen Geist, der, wie es heißt, »vom Vater und vom Sohn ausgeht«, im »Wir« repräsentiert zu sehen. Im biblischen Schöpfungsbericht schafft Gott durch das Wort und den Geistatem, der über allem schwebt und den JHWH dem Menschen »in die Nase als Lebensatem bläst« (vgl. Genesis 2,7). Bei der Erschaffung des Menschen heißt es da: »Lasst uns den Menschen machen!« (1,26). Manches ist über dieses »uns«, diese Mehrzahl gerätselt worden. Ist es ein »Pluralis Majestatis« wie bei königlichen Herrschern, die ihre Erlasse per »wir« beginnen? Meint es ein Sprachsignal für die Fülle Gottes? Kann man Aussagen vom dreieinigen Gott damit in Verbindung bringen? Dies soll als Frage stehen bleiben. Vom Biblischen her wird das Wirken des Geistes und damit das

»Wunder des Wir« vor allem durch drei Geschehnisse deutlich: einmal im Ereignis von *Einheit und Vielfalt,* für das die Schöpfung ein
starker Ausdruck ist. Eng damit verbunden ist das *Zeugnis für die
Wahrheit.* Und schließlich, damit wiederum eng verbunden, die
bipolare Einheit von Freiheit und Gesetz.

Einheit und Vielheit

Im Schöpfungsbericht wird dem Leser die biblische »Chaostheorie«
vorgestellt, das sprichwörtlich gewordene »Tohuwabohu«, »Irrsal
und Wirrsal« übersetzt Martin Buber. Über der wirbelnden Urflut
schwebt Gottes Geist, Gottes Hauch, Gottes Atem. Durch JHWHS
Atemwort, durch Gottes Geistwort wird Wirklichkeit und formen
sich Gestalt und Leben. Was zuvor Durcheinander war, wird eins,
wird zu einer sinnvollen Gestalt von Kosmos und Leben. Die Fülle
und Vielfalt der Kräfte werden zu einem Ganzen. Genau darin liegt
zu einem großen Teil die Faszination von Kristallen und kleinsten
Lebewesen, von Blumen, Tieren und Menschen, dass eine Fülle
von Einzelteilen sich zu einem wunderbaren Ganzen vereint. In der
Zeugung, wenn »zwei ein Fleisch werden«, entsteht aus unendlich
vielen unterschiedlichen Erbinformationen im Ei der Frau und im
Samen des Mannes ein neues Wesen, eine neue Person.

Auf verschiedenste Weise wird im Neuen Testament die Nähe
von Geist und dem Geschehen der Einung von Verschiedenem
deutlich: Wenn in der Verkündigungsszene Maria vom Gottesgeist
berührt wird, eint sich in Christus Himmel und Erde, Gott und
Mensch. Von hier spannt sich ein Bogen bis zum Sterben Jesu:
Dort, auf Golgota, am Kreuz zwischen Himmel und Erde hängend,
von der Erde ausgestoßen und vom Himmel noch nicht aufgenommen, haucht Jesus sein Leben, seinen Atem, seinen Geist zurück in Gott: »Vater, in deine Hände empfehle ich meinen Geist.«

Unübersehbar erscheint das Einungsgeschehen vor allem in den Briefen des Neuen Testamentes. Die zunächst nach dem Tod Jesu zerstreuten Jünger sind, so heißt es in der Apostelgeschichte, im Obergemach »einmütig im Gebet, zusammen mit den Frauen und mit Maria, der Mutter Jesu« (Apostelgeschichte 1,14). Dann geschieht im Pfingstereignis eine neue Empfängnis: Die neue Gemeinschaft, wird sich ihrer selbst bewusst und auf eine neue Stufe ihres Werdens gehoben. Alle »geraten außer sich« bei der Erfahrung, dass sie einander verstehen: Wie ist es möglich, dass Parther, Meder und Elamiter, Bewohner von Mesopotamien, Judäa und Kappadozien (vgl. Apostelgeschichte 2,8–11) sich trotz verschiedener Sprachen zu einer Verstehensgemeinschaft zusammenfinden? »Hörer des Wortes« (Karl Rahner) sind das Wunder der Einheit in Vielfalt, das Wunder des Wir, der sich begegnenden Ichs.

An entscheidenden Stellen sieht die frühchristliche Gemeindetheologie darin das Wunder der Einheit in Vielfalt durch den Heiligen Geist: beispielsweise wenn Paulus das Bild von den vielen Gliedern und dem einen Leib gebraucht; wenn er von den verschiedenen Gaben, den Charismen und dem einen Geist spricht: »Es gibt verschiedene Gnadengaben, aber nur den einen Geist. Es gibt verschiedene Dienste, aber nur den einen Herrn. Es gibt verschiedene Kräfte, die wirken, aber nur den einen Gott: Er bewirkt alles in allen. Jedem aber wird die Offenbarung des Geistes geschenkt, damit sie anderen nützt. … Denn wie der Leib eine Einheit ist, doch viele Glieder hat, alle Glieder des Leibes aber, obgleich es viele sind, einen einzigen Leib bilden, so ist es auch mit Christus. Durch den einen Geist wurden wir in der Taufe alle in einen einzigen Leib aufgenommen, Juden und Griechen, Sklaven und Freie; und alle wurden wir mit dem einen Geist getränkt« (1 Korinther 12,4–7.12 f).

Zeugung und prophetisches Zeugnis

Das geheimnisvolle Wirken des Geistes, der »weht, wo er will«, wird im Alten Testament vor allem spürbar, wenn er Menschen berührt und sie zum prophetischen Zeugnis im Dienste JHWHS auswählt, begeistert, befähigt. Propheten und Prophetinnen sind »Geistesmänner«, »Geistesfrauen«, deren eigener Geist durch Gottes Geist erweckt und erleuchtet wird. Einige wenige von vielen Zitaten mögen dies belegen: »Sobald der Geist auf ihnen ruhte, gerieten sie in prophetische Verzückung« (Numeri 11,25). »Der Geist des Herrn kam über ihn, und er wurde Richter in Israel« (Richter 3,10).

Vor dem Zeugnis und Bezeugen steht die Zeugung. Nur wer Gottes-schwanger ist, kann von Gott künden. Exemplarisch wird dies im Blick auf Maria deutlich. In der Schwangeren, die »guter Hoffnung« ist, zeichnet sich die menschgewordene Gottesliebe ab und kommt durch sie »zur Welt«. Wer nicht wirklich Gottes-schwanger ist, von dem heißt es: »Als wir gebaren, war es ein Wind« (Jesaja 26,18).

Im Neuen Testament ist es vor allem das Pfingstereignis, das die Menschen zum Zeugnis befähigt. Hatten sich die Jünger zuerst »aus Angst« hinter verriegelten Türen getroffen, so treten sie nun unerschrocken auf und geben Zeugnis – selbst dann noch, als sie verfolgt, ja getötet werden. Die christliche »Redefreiheit« hat in diesem Wirken des Geistes ihren Ursprung. Es wird den Mitgliedern der jungen Gemeinden versichert, sie brauchten sich nicht zu fürchten, wenn sie vor Gerichtshöfe gezerrt würden: Der Geist wird ihnen eingeben, was sie sagen sollen. Der Geist ist der Geist des Freimuts.

Freiheit und Gesetz – »Der Buchstabe tötet«

Freiheit und Gesetz werden im Neuen Testament in einer ungemein scharfen Spannung gesehen: »Der Buchstabe tötet, der Geist macht lebendig« (2 Korinther 3,6). Das durch den Geist geschenkte Erleben der Freiheit gehört zum Urgestein christlicher Glaubenserfahrung. Zugleich wird aber immer auch gerungen um das rechte Verständnis von Gesetz und Freiheit, die nicht nur »Deckmantel der Bosheit« ist. Freiheit ohne Gesetz ist verantwortungslos, richtungslos, maßlos. Gesetz ohne Freiheit bedeutet Starre, Zwang, Tod. Die unaufhebbare Spannung kann in dem Wort ausgedrückt werden: Ordnung schafft kein Leben, aber jedes Leben schafft sich seine Ordnung.

Für den Geist, der Leben schafft und aus dem Freisein heraus wirkt, wird alles Leibliche zum Freiraum der Wirklichkeit und des Wirkens.

Wir-Sein und Wir-Sagen in der Kommunikation

Wenn Menschen wirklich »wir« sagen können, dann ereignet sich hier ein Gipfelpunkt von Kommunikation. Kommunikation steht im Dienste der Wir-Werdung. Das Wir ist Frucht gelungener Kommunikation.

Christlicher Pluralismus – im Geist

Der Heilige Geist selbst ist wesentlich das Geheimnis und die Quelle für christlichen Pluralismus. Denn er ist das Geheimnis von Einheit *und* Vielfalt, von Vielfalt in Einheit, von Einheit in Vielfalt. Vieles spricht dafür, dass es für die gegenwärtige Kirche im Grunde kein wichtigeres Lernkapitel gibt als das des Heiligen Geistes. Wenn der Geist Jesu Christi die Kirche auf allen Ebenen durchatmet, ist es möglich, Vielfalt und Einheit zu leben; andernfalls zerfällt und zersplittert die Kirche. Bei all dem verschiedenen Stilempfinden, der in manchen Fragen unterschiedlichen Auffassung von moralischen Normen, den Spannungen zwischen »Basis« und »Hierarchie« ist der Heilige Geist der letzte Garant für eine lebendige Einheit in Vielfalt.

Priester werden oft als »Diener der Einheit« bezeichnet. Dies ist sicher ein entscheidender Dienst von ihnen, das heißt von allen, die in besonderer Weise pastorale Verantwortung in Gemeinden tragen. Aber man dürfte und müsste hinzusetzen, dass alle in der Seelsorge verantwortlich Tätigen auch Diener und Dienerinnen der Vielfalt sind. Kommunikationsfähigkeit bedeutet immer auch, in der Spannung von Konflikt und Konsens zu leben. Wenn man das Neue Testament meditiert, kann man an etwa siebzig Stellen Konflikte und Auseinandersetzungen finden. Manche führen zu Trennungen, manche zu neuer, tieferer Einheit. Die Formulierung aus der Apostelgeschichte »Sie waren ein Herz und eine Seele« zeigt nur eine Seite der Kirchengeschichte. Auf der Rückseite steht: Sie waren in ständiger Auseinandersetzung und Suche. Geradezu als Symbolfiguren für diese fruchtbare Auseinandersetzung, aber auch für das Zusammenfinden können Petrus und Paulus gelten (wobei die eigentlichen Antipoden Paulus und Jakobus der Ältere waren und Petrus eher der Vermittelnde).

Gerade hier zeigt sich die Bedeutsamkeit der Geisterfahrung. Was gab den Ausschlag für die Entscheidung, den Heiden den Zugang zum christlichen Glauben ohne Verpflichtungen, die aus dem jüdischem Glauben und dem jüdischen Brauchtum kamen, zu gewähren? Es waren letztlich keine spitzfindigen theologischen Debatten, sondern die lebendige Offenheit und die Erfahrung des Geistes. Noch während Petrus vor dem Hauptmann Kornelius sowie dessen Freunden und Verwandten predigte, so heißt es, »kam der Heilige Geist auf alle herab, die das Wort hörten. Die gläubig gewordenen Juden, die mit Petrus gekommen waren, konnten es nicht fassen, dass auch auf die Heiden die Gabe des Heiligen Geistes ausgegossen wurde. Denn sie hörten sie in Zungen reden und Gott preisen. Petrus aber sagte: ›Kann jemand denen das Wasser zur Taufe verweigern, die ebenso wie wir den Heiligen Geist empfangen haben?‹ Und er ordnete an, sie im Namen Jesu Christi zu taufen« (Apostelgeschichte 10,44–48).

Zeugnis und Zivilcourage

Von einem Christen aus dem ehemaligen Jugoslawien hörte ich ein Zeugnis vom Zeugnisgeben, das nachdenklich machen kann. Er ist Ingenieur und hätte einen guten Posten bekommen können. Dies wurde ihm aber verunmöglicht, weil er nicht bereit war, in die Kommunistische Partei einzutreten. Bekannte und Freunde redeten ihm zu und sagten: »Du kannst doch in die Partei eintreten. Wir wissen doch, wie du wirklich denkst.« Darauf antwortete er: »Ja, ich weiß es, und ihr wisst es, aber wissen es auch meine Kinder?!«

Es geht also nicht nur um eine abstrakte Wahrheit, nicht nur darum, selber »in der Wahrheit zu sein«, sondern auch darum, »für die Wahrheit Zeugnis zu geben«. Auf diesem Weg, auf dem Weg des Zeugnisses, kommt die Wahrheit in die Welt. Dies gilt vor allem für Jesus als dem Zeugen Gottes. Dies gilt aber auch für jedes Zeugnis, das Menschen für die Wahrheit ablegen. Es gibt eine ganze Skala von Worten, die mit »Zeugnisgeben« zu tun haben: Profil zeigen, Zivilcourage haben, eintreten für …, deutlich machen, demonstrieren, eine Aussage machen, abstimmen. Die »schweigende Mehrheit« oder auch »die schweigende Minderheit«

trägt oft genug Schuld daran, wenn im gesellschaftlichen, politischen und kirchlichen Leben Wahrheit und Gerechtigkeit nicht genügend Platz bekommen. Zeugnisgeben kann unangenehme Folgen haben. Vielleicht die unangenehmste, wenn jemand feststellen muss, dass er vielleicht eine gute Absicht hatte, aber doch auf der falschen Seite stand. Doch nur auf dem Weg des Zeugnisses wird auf der Ebene des Geistes Leben gezeugt und weitergegeben. Zeugnisfähigkeit bedeutet Wir-Fähigkeit. Durch sein Zeugnisgeben tritt der Mensch aus sich heraus, geht auf das Du, auf die Öffentlichkeit zu. Im Zeugnis macht er ein Angebot zur Begegnung.

Ich – Du – Wir: Grundworte menschlicher Wirklichkeit. Im Ich-Du-Wir-Sein geschieht menschliches Begegnen und menschliche Kommunikation. Im Ich-Du-Wir kann sich etwas vom Geheimnis des dreieinigen Gottes widerspiegeln. Geheimnis bleibt dieses Geschehen allemal. Aber dieses Geheimnis des Glaubens an die Liebe ist dazu gegeben, »dass wir das Leben haben und dass wir es in Fülle haben« (Johannes 10,10) und es miteinander kommunizieren.

12
Kommunikation im Kontext von Kultur und Kirche

Ignatius von Loyola und die Kunst der Kommunikation – der Ansatz der Darstellung dieser Thematik war geschichtlich. Im Verlauf der Ausführungen ergaben sich Verständnisbrücken in die Gegenwart. Abschließend sollen skizzenhaft Felder heutigen Suchens nach besserer Kommunikation zur Sprache kommen: die Suche nach gelingendem Begegnen in der Welt von heute; die Öffnung der Kirche für den Dialog; die Dokumente der 34. Generalkongregation der »Jesuiten-Söhne des Ignatius«; die individuellen und gemeinschaftlichen Versuche, sich in die Kunst der Kommunikation einzuüben.

Das »Zeitalter der Massenkommunikation«

Eine der Kennzeichnungen für unsere Zeit heißt sicher »Zeitalter der Massenmedien« oder der »Massenkommunikation«. Der Informationsfluss ist zu einer Informationsflut gewachsen, so dass die Auswahl zum größten Problem wird. Statt einfach zu lernen oder das Lernen zu lernen, muss man auch das Verlernen lernen, um unnötige, überholte Wissens-Ballaststoffe abzubauen.

Gesprächsrunden finden nicht mehr nur am Stammtisch statt, sondern bauen sich über die elektronischen Medien auf. Per E-Mail sind schnelle Kontakte rund um die Welt möglich. Der Medien- und Kommunikationsmarkt boomt und schafft Arbeitsplätze.

Kommunikation – Kultur – Kirche

Demokratie ist nur sinnvoll vorstellbar und lebbar, wenn möglichst viele Zugang haben zu Information und Kommunikation, Mitdenken und Mitentscheiden. Ein Palaver am Lagerfeuer, eine Gesprächsrunde zu organisieren, ist manchmal schon schwierig genug, um wie viel mehr eine sinnvolle Kommunikation zwischen vielen Millionen Menschen über Zeitungen, Rundfunk, Fernsehen, Verbände usw. »Der runde Tisch« und die runden Tische zu der Zeit, als die Berliner Mauer fiel und seit im Geschehen der deutschen Einigung wieder langsam »zusammenwächst, was zusammengehört«, zeigen: Es kann gelingen, Partner mit verschiedensten politischen, sozialen und religiösen Hintergründen »an einen Tisch« zu bringen.

Man tut sich leicht, die Defizite gesellschaftlicher Großkommunikation aufzuzählen; aber angesichts der faktischen Schwierigkeiten in unserer komplexen und pluralen Realität erstaunen doch auch die vielfältigen Möglichkeiten der Massen- und Medienkommunikation. Freilich, neue Möglichkeiten bringen auch neue Gefahren mit sich: Vor allem die Affären um die Kinderpornografie im Internet zeigen, wie gesteigerte Informations- und Kommunikationsmöglichkeiten zum Marktplatz für menschenverachtende Tendenzen ausufern können.

Die Zeit vor dem Fernsehapparat oder dem Computer nimmt Zeit für persönliches Gespräch und kann zur Ersatzkommunikation entarten. Ein deutsches Ehepaar nimmt sich pro Tag, statistisch ausgedrückt, durchschnittlich nur mehr zwei Minuten Zeit für ein persönliches Gespräch. Kein Wunder, wenn die mangelnde Pflege der Kommunikationskultur zu den entscheidenden Ursachen für das Zerbrechen von Beziehungen gehört.

Es geht hier nicht um eine pessimistische oder optimistische Kulturanalyse, sondern nur um eine plakative Situierung des

Kommunikationsgeschehens. Dazu kann eine längere, aussage-kräftige Passage aus der Weihnachtsansprache des deutschen Bundespräsidenten Roman Herzog im Jahr 1997 dienen. Er knüpft daran an, dass Weihnachten eine »Geschichte der Botschaften ist – also, wie man heute sagt: der Kommunikation. Über diese Kommunikation oder sagen wir es deutlicher: über das Gespräch in unserer Gesellschaft möchte ich heute Abend etwas sagen.

Gott sei Dank leben wir in einer Gesellschaft, in der die Freiheit herrscht und in der niemandem vorgeschrieben wird, wie er sich persönlich entfalten und entwickeln soll. Das führt unausweichlich auch zur Bildung von Gruppen in unserer Gesellschaft. Aber zu unüberbrückbaren Gräben darf es nicht führen. Deswegen brauchen wir heute mehr denn je das Gespräch untereinander. Gespräche lösen Verkrampfungen, sie klären Missverständnisse auf und bauen neue Brücken: Junge und alte Menschen brauchen Verständigung. Deutsche und Ausländer müssen miteinander reden. Politiker brauchen die Erfahrungen der Bürger. Techniker und Ingenieure müssen sich den Fragen der besorgten Laien stellen. Die Vertreter unterschiedlicher Kulturen müssen sich ihre Lebensweise erklären. Und noch immer können auch die Deutschen in Ost und in West viel voneinander lernen. Jedes vernünftige Gespräch beginnt nicht mit Mitteilungsdrang, sondern mit der Bereitschaft und der Geduld zum Zuhören.

Verständigung, Gespräch, Toleranz: Das werden entscheidende Stichworte für unsere Zukunft sein. Ob wir die Probleme der Zukunft lösen, hängt entscheidend auch davon ab, ob wir uns zu gemeinsam gefundenen und gemeinsam getragenen Lösungen aufraffen können. Niemand kann die Zukunft allein gestalten. Weder können die Sozialpolitiker allein die Zukunft der Renten sichern, noch bekommen die Studenten allein eine Bildungsreform hin, noch darf über die Zukunft des Lebens allein in den biomedizinischen Labors entschieden werden.

Gemeinsamkeit und Dialog aber haben eine unabdingbare Voraussetzung: Ob wir wollen oder nicht, wir sind auf Vertrauen angewiesen. Es gibt immer mehr Bereiche, die wir nicht selbst überblicken und kontrollieren können. Vertrauen ist auch nicht nur eine Sache zwischen Lebenspartnern oder zwischen Eltern und Kindern. Vertrauen müssen wir unserem Arzt, unserem Anwalt, den vielen Wissenschaftlern, die unser Leben mitgestalten. Die Politiker wissen, wie wichtig das Vertrauen der Bürger für das Funktionieren der Demokratie ist, und die Wirtschaft weiß inzwischen, dass Vertrauen sogar ein entscheidender ökonomischer Faktor sein kann.

Vertrauen gibt es nicht ohne Vertrauenswürdigkeit. Es braucht Verlässlichkeit und lässt sich nicht durch Manipulation und Schönreden gewinnen. Es braucht eine Sprache, die verstanden werden kann. Phrasen und Expertenjargons schaffen kein Vertrauen. Wer Vertrauen gewinnen will, braucht Klarheit und überzeugende Argumente. Wir möchten nicht wissen, dass Experten etwas für richtig oder unbedenklich halten. Wir möchten halbwegs verstehen, warum« (Herzog 2, 1321).

Im Anschluss an diese Gedanken nennt Bundespräsident Herzog gelingende Ansätze von Begegnung. Die Ansprache selber ist ein gelungener Versuch, Probleme und Möglichkeitsbedingungen von Kommunikation vielen ins Bewusstsein zu rücken.

Dialog als neuer Weg der Kirche

Die Ursprungsformulierung fiel noch ein wenig stärker aus als diese Überschrift: In seiner Enzyklika »Ecclesiam suam« schrieb Papst Paul VI.: »Dialog ist ein neuer Weg, Kirche zu sein« (Nr. 63). Damit ist nicht nur gesagt, man solle aus missonsstrategischen Gründen mit anderen reden und sie nicht nur anpredigen. Damit wird nicht nur eine neue pastorale Methode vorgeschlagen. Darin drückt sich etwas Wesentliches vom Selbstverständnis der Kirche, von ihrer Identität aus: Kirche ist Begegnung; Dialog ist das Lebensmedium der Kirche und Weise der Weitergabe des Evangeliums.

Es ist kein Zufall, dass Paul VI. dieses Wort prägte. Den Dialog mit der Welt, den Johannes XXIII. eröffnet und in seiner menschlichen Unmittelbarkeit begonnen hatte, den wollte er gepflegt und durchdacht weiterführen. Es ist tragisch, dass dieser Dialog besonders durch die Enzyklika »Humanae vitae« über die Empfängnisverhütung fast zum Gegenbild weltoffenen Dialogs geriet: Seine einsame Entscheidung gegen die große Mehrheit einer von ihm selbst einberufenen Kommission und die Auswirkungen dieser Entscheidung für das Autoritätsverständnis der Katholiken belasteten Paul VI. zutiefst. Und doch wird die Betonung der Bedeutsamkeit des Dialoges in seiner Enzyklika »Ecclesiam suam« kirchengeschichtlich mit ihm verbunden bleiben. Vielleicht zeigt gerade sein teilweises Scheitern, dass Dialog zumindest manchmal mehr ist als ein angenehmes Gespräch am Kaminfeuer oder eine amüsante Talk-Show oder das bloße Mitteilen der Auffassung: »Wir meinen doch alle dasselbe!« Wenn und insoweit es im Dialog um das Leben geht, geht es auch in gewissem Sinn um Leben und Tod.

Kommunikation – Kultur – Kirche

In seiner Betonung des Dialogs wollte Paul VI. eine Linie weiterführen, die für das Zweite Vatikanische Konzil von entscheidender Bedeutung war. Zunächst in der Weise, dass Johannes XXIII. die Fenster zur Welt hin öffnete und frischen Wind hereinließ, der freilich zu manchen »innerkirchlichen Erkältungen« führte. Durch den geöffneten Türspalt hielt dann der Dialog zunächst Einzug in die Konzilsaula – gegen manche heftige Widerstände und sogar abschreckende Manipulationsversuche.

An nicht wenigen Stellen ist in den Konzilsdokumenten vom Dialog und von Kommunikation die Rede. In der Pastoralkonstitution über »Die Kirche in der Welt von heute« findet sich die fundamentale Aussage: »Als Zeuge und Künder des Glaubens des gesamten in Christus geeinten Volkes Gottes kann daher das Konzil dessen Verbundenheit, Achtung und Liebe gegenüber der ganzen Menschheitsfamilie, der dieses ja selbst eingefügt ist, nicht beredter bekunden als dadurch, dass es mit ihr in einen Dialog eintritt …« (Nr. 3). »Nicht besser als durch den Dialog…« – eine starke Aussage!

Paul VI. setzte im dritten Teil seines 1964 veröffentlichten Rundschreibens »Ecclesiam suam« dem Dialog als Weg der Kirche ein Denkmal: »Die Kirche macht sich selbst zum Wort, zur Botschaft, zum Dialog!«

Ein bedeutsamer Text des »Päpstlichen Rates für den Interreligiösen Dialog«, der die verschiedenen Ebenen des Dialoggeschehens aufzeigt, findet sich in dem Dokument »Dialog und Verkündigung«. Vier Weisen des Dialogs werden dort vorgestellt:

»a) Der *Dialog des Lebens,* in dem Menschen in einer offenen und nachbarschaftlichen Atmosphäre zusammenleben wollen, indem sie Freud und Leid, ihre menschlichen Probleme und Beschwernisse miteinander teilen.

b) Der *Dialog des Handelns,* in dem Christen und Nichtchristen für eine umfassende Entwicklung und Befreiung der Menschen zusammenarbeiten.

c) Der *Dialog der religiösen Erfahrung,* in dem Menschen, die in ihrer eigenen religiösen Tradition verwurzelt sind, ihren spirituellen Reichtum teilen, zum Beispiel was Gebet und Kontemplation, Glaube und Suche nach Gott oder dem Absoluten angeht.

d) Der *Dialog des theologischen Austausches,* in dem Spezialisten ihr Verständnis ihres jeweiligen religiösen Erbes vertiefen und die gegenseitigen Werte zu schätzen lernen« (Dialog und Verkündigung des Evangeliums Jesu Christi, 1991, Nr. 42).

Diese vier Ebenen zeigen, dass es beim Dialog nicht um eine intellektuelle Unterredung geht, sondern um eine Weise des freien und offenen Begegnens. Damit wird sichtbar, dass der Dialog eine wesentliche Äußerung einer Kirche ist, die sich als Gemeinschaft versteht. Der beredte Ausdruck für ein solches Kirchenverständnis ist die so genannte Communio-Theologie, die sich im Anschluss an das Konzil entfaltete. Für sie stellt Communio – Gemeinschaft, Beziehung – eine grundlegende Weise, wie Kirche zu verstehen ist, dar. In der Communio-Theologie wird das alttestamentliche und neutestamentliche Wort vom »Bund« aufgenommen. Bund bedeutet, dass Gott ein Gott der Beziehung ist, ein Gott, der sich sein Volk als Partner schafft, der Geschichte mit ihm hat, der einen Weg mit ihm geht. Das trinitarische Gottesgeheimnis, wie es sich im christlichen Glauben ausgeprägt hat, kann auf die Kurzformel gebracht werden: »Gott ist Beziehung«, oder biblischer: »Gott ist Liebe«.

Dies sind nicht nachgeschobene Formulierungen einer dem Zeitgeist des 20. Jahrhunderts erlegenen Konzilskirche, sondern dies ist kirchliches, theologisches Urgestein. Es wieder neu ans

Licht und zur Geltung zu bringen, ist eine Sehnsucht vieler Menschen der Kirche. An der Unfähigkeit zu lebendiger Gemeinschaft, zu Partnerschaft, zu Solidarität leiden diese Menschen am meisten. Bruch des Bundes mit Gott und Zerbrechen der Gemeinschaft unter den Menschen sind die stärksten Äußerungen dessen, was der Glaube unter Sünde versteht: Sünde bedeutet Zerstörung von Beziehung.

Sicherlich zeigt eine Gewissenserforschung der Kirche unter dem Stichwort Dialog und Kommunikation, dass sich gerade auch darin ihre eigenen Grenzen, ihre Fehler, ja ihre Schuld bis in die Gegenwart hinein offenbaren. Im Blick auf »Methoden der Intoleranz oder sogar Gewalt im Dienst an der Wahrheit« schreibt Johannes Paul II. mit Bezug auf eine Aussage des Zweiten Vatikanums: »Aus jenen schmerzlichen Zügen der Vergangenheit ergibt sich eine Lektion für die Zukunft, die jeden Christen veranlassen muss, sich ganz fest an das vom Konzil geltend gemachte goldene Prinzip zu halten: ›Die Wahrheit erhebt nicht anders Anspruch als kraft der Wahrheit selbst, die sanft und zugleich stark den Geist durchdringt‹« (in: Johannes Paul II., Tertio millennio adveniente, 10. Nov. 1994, Nr. 35).

Kommunikation als »alter Weg« der »jungen Kirche«

Das Bild von der dialogischen Kirche, der Communio-Kirche, taugt nicht nur in erster Linie als Gewissensspiegel für die Vergangenheit und Gegenwart, sondern sie stellt etwas von dem Glanz des Ursprungs vor Augen: »Seht, wie sie einander lieben!« Sicher überstrahlt dieser Glanz des Ursprungs auch viele Schatten. Sicher waren die »ersten Christen« nicht immer »ein Herz und eine Seele« (Apostelgeschichte 4,32). Einmal ernstlich durchgezählt, lassen sich im Neuen Testament an etwa 70 Stellen circa 35 verschiedene Konfliktsituationen finden und darunter auch solche, die »nicht von Pappe« waren: Jesus beispielsweise wirft den Jüngern ein Verhalten vor, das an die »Machthaber dieser Welt« erinnert; Paulus mahnt die Verantwortlichen in den Gemeinden, sie sollten »Mitarbeiter an der Freude und nicht Herren des Glaubens« sein; die Korinther versündigen sich, wenn sie sich bei ihren gottesdienstlichen Zusammenkünften satt essen, während Arme in der Gemeinde hungern; die Gemeinde weiß nicht, ob sie glauben soll, dass der Herr noch zu ihrer Lebenszeit endgültig wiederkommt oder ob sie über Generationen hinaus warten sollen; die Frage der Exkommunikation, das heißt die Frage, wer zur Gemeinde Jesu Christi gehört und wer nicht, stellt sich in schmerzlicher Weise. – Für die Versuche frühchristlicher Konfliktlösungen sind drei Ebenen maßgebend:

- Die erste zielt darauf hin, sich immer auf Jesus Christus zu beziehen. Entscheidende Fragen lauten: Ist Jesus für die Konfliktparteien befreiender und errettender Bezugspunkt ihres Lebens? Öffnen sie sich immer wieder neu für den Heiligen Geist, durch den »die Liebe Gottes in ihre Herzen ausgegossen ist«? »Habt ihr immer wieder darum gebetet, bis ihr innerlich frei und ruhig geworden seid?« könnte eine entsprechende Anfrage auch für heute sein.

- Eine zweite, sehr konkrete Ebene ist die der Gespräche. Hier geht es vor allem darum, dass man einzeln, zu zweit oder zu dritt miteinander einen Konflikt bespricht und darüber im Gespräch bleibt.

- Am meisten wird im Neuen Testament die Ebene innerer Haltungen genannt, die mit dem Wirken des Geistes zu tun haben.

Kommunikation – Kultur – Kirche

Gerhard Lohfink hat in seinem Buch »Wie hat Jesus Gemeinde gewollt?« (vgl. Lohfink, 116 f) jene Schriftstellen zusammengestellt, bei denen es ausdrücklich um das Miteinander der Christen geht. Sie bezeugen die Aufmerksamkeit der ersten Christen für das Beziehungsgeschehen untereinander:

im Glauben miteinander Zuspruch empfangen (Römer 1,12);

sich als Glieder des einen Leibes Christi wissen, die zueinander gehören (Römer 12,5);

mit Ehrerbietung einander zuvorkommen (Römer 12,10);

Einmütigkeit untereinander suchen (Römer 12,16);

einander Liebe schulden (Römer 13,8);

danach streben, was einander zu Frieden und Aufbau dient (Römer 14,19);

einander annehmen (Römer 15,7);

einander zurechtweisen (Römer 15,14);

einander mit heiligem Kuss grüßen (Römer 16,16);

aufeinander warten (1 Korinther 11,33);

einträchtig füreinander sorgen (1 Korinther 12,25);

einander in Liebe Sklavendienste leisten (Galater 5,13);

einander die Lasten tragen (Galater 6,2);

einander trösten, einander erbauen (1 Thessalonicher 5,11);

in Frieden miteinander leben (1 Thessalonicher 5,13);

einander in Liebe ertragen (Epheser 4,2);

untereinander die Wahrheit reden (Epheser 4,25);

als Glieder miteinander verbunden sein (Epheser 4,25);

zueinander gütig sein (Epheser 4,32);

einander barmherzig sein (Epheser 4,32);

einander vergeben (Epheser 4,32);

sich einander unterordnen (Epheser 5,21);

einander höher schätzen als sich selbst (Philipper 2,3);

einander verzeihen (Kolosser 3,13);

reich werden in der Liebe zueinander (1 Thessalonicher 3,12);

aufeinander achten (Hebräer 10,24);

einander die Sünden bekennen (Jakobus 5,16);

füreinander beten (Jakobus 5,16);

einander von Herzen lieben (1 Petrus 1,22);

gastfreundlich zueinander sein (1 Petrus 4,9);

einander in Demut begegnen (1 Petrus 5,5);

miteinander Gemeinschaft haben (1 Johannes 1,7);

einander lieben (1 Johannes 3,11.23; 4,7.11.12; 2 Johannes 5).

Es wäre nicht die schlechteste Einübung in christliche Communio und Kommunikation, diese Aufzählung mit eigenen Ideen zu ergänzen, eine Prioritätenliste zu erstellen, sich ans Wahrnehmen und Üben zu machen – am besten mit einigen anderen. Dies könnte in die Richtung einer Kommunikationspastoral führen, von der neuerdings gelegentlich gesprochen wird und die innerhalb der Gemeindepastoral und über sie hinaus Netze knüpfen soll. So ließe sich ein wenig von dem praktizieren, was zu Beginn der neunziger Jahre unter der Überschrift »Dialog statt Dialogverweigerung. Wie in der Kirche miteinander umgehen?« auf Veranlassung des Zentralkomitees der deutschen Katholiken (ZdK) unter großer Beteiligung als Dialog-Projekt in Gang gebracht wurde.

Vielleicht erweist sich dann auch die Einleitung eines Vortrags des Medien-Bischofs Hermann Josef Spital (Trier) als fruchtbar und nicht nur als seltsam fremd klingend: »Der aus dem päpstlichen Schreiben ›Communio et progressio‹ entnommene Titel meines Vortrags – Jesus Christus, Communicator perfectus (Jesus Christus, der vollkommene Kommunikator) – klingt in Ihren

Ohren sicher ungewöhnlich; die deutsche Ausgabe übersetzt: Christus erwies sich als ›Meister der Kommunikation‹. Ich hoffe aber, zeigen zu können, dass die mit diesem Titel angesprochene Sicht fruchtbare Perspektiven eröffnet.« Auf die Kirche hin gesprochen formuliert Spital: »Die Kirche ist Subjekt, Ort, Inhalt und Ziel des kommunikativen Handelns Jesu Christi im Heiligen Geist.«

Jesuiten heute und die »Kultur des Dialogs«

»Heute sind wir uns darüber im Klaren …« – Worüber sind sich die Jesuiten der 34. Generalkongregation im Jahr 1995 in Rom klar und einig? Die Antwort gibt ein Text, der gelegentlich während dieser Generalkongregation »das Lied« genannt wurde:

»Kein Dienst am *Glauben* ohne Förderung der Gerechtigkeit, ohne Einlassung auf die Kulturen, ohne Offenheit für andere religiöse Erfahrungen.

Keine Förderung der *Gerechtigkeit,* ohne Glauben mitzuteilen, ohne Kulturen umzuwandeln, ohne mit anderen Traditionen zusammenzuarbeiten.

Keine *Inkulturation,* ohne sich über den Glauben auszutauschen, ohne mit anderen Traditionen in Dialog zu treten, ohne sich einzusetzen für Gerechtigkeit.

Kein *Dialog,* ohne den Glauben mit anderen zu teilen, ohne Kulturen zu untersuchen, ohne Sorge zu tragen für Gerechtigkeit« (GK, 408).

Man mag der Auffassung sein, dass es schwierig ist, zu diesem Text die passende Melodie zu finden, damit ein Lied daraus wird. Man mag denken: Da stellen die Jesuiten sich und andere unter einen ungeheuren Anspruch. Klar ist auf jeden Fall, dass für das jesuitische Profil die vier Worte Glaube, Gerechtigkeit, Kultur und Dialog schon seit Jahren Grundworte sind und weiterhin bleiben werden.

Im Folgenden sollen einige markante Aussagen aus dem Dekret über den interreligiösen Dialog zitiert werden. Zwar sind die ersten Adressaten Jesuiten und Menschen, die der ignatianischen Spiritualität nahe stehen; die Botschaft des Dokumentes könnte jedoch sicher darüber hinaus inspirierende Bedeutung erlangen.

Zu Beginn ermutigt die Generalkongregation »alle Jesuiten, Vorurteile und Voreingenommenheiten zu überwinden, seien sie historisch, kulturell, sozial oder theologisch, um mit ganzem Herzen mit allen Menschen guten Willens zusammenzuarbeiten, um Frieden, Gerechtigkeit, Eintracht, Menschenrechte und den Respekt vor der gesamten Schöpfung Gottes zu fördern. Das muss vor allem geschehen durch Dialog …« (GK, 431f).

Als Quelle und Ursprung dieses Dialogs wird in einer theologischen Aussage der Dialog Gottes mit den Menschen gesehen: »Wir erkennen, dass Gott, der für alle Menschen die Rettung will, die Gläubigen aller Religionen auf Wegen, die nur ihm bekannt sind, zur Harmonie des Gottesreiches führt. Gottes Geist ist mit ihnen in ständigem Dialog. … Ein offener und ehrlicher interreligiöser Dialog ist unsere Form der Mitwirkung bei Gottes andauerndem Dialog mit der Menschheit« (GK, 434).

Offener Dialog, fruchtbarer Dialog ist nur in dem Maße möglich, in dem die eigene Identität, die eigene Wirklichkeit tiefer erfasst und in den Dialog eingebracht wird: »Wahrer Dialog mit Gläubigen anderer Religionen macht es notwendig, dass wir unseren eigenen christlichen Glauben und unser eigenes Engagement vertiefen, weil echter Dialog nur zwischen denen stattfindet, die in ihrer eigenen Identität verwurzelt sind« (GK, 437).

Kommunikation – Kultur – Kirche

Am Ende des Dekrets wird die Schlussfolgerung gezogen: »Das jesuitische Erbe der kreativen Antwort auf den Anruf des Geistes in konkreten Situationen des Lebens ist ein Ansporn, in unseren Begegnungen mit Gläubigen anderer Religionen eine Kultur des Dialogs zu entwickeln. Diese Kultur des Dialogs muss ein bezeichnendes Merkmal unserer Gesellschaft werden, die in die ganze Welt gesandt ist, für die größere Ehre Gottes und zur Hilfe der Menschen zu arbeiten« (GK, 442).

Die Formulierung »das jesuitische Erbe der kreativen Antwort« mag nach all dem, was zur ignatianischen Kunst der Kommunikation gesagt wurde, weder als eine Erfindung des 20. Jahrhunderts noch als bloße Anmaßung dastehen, sondern eher als »kreative Erinnerung« an einen zukunftsträchtigen Ursprung. Mehr noch als die Erinnerung an den Marktplatz-Prediger Pater Leppich und den gestenreichen und wortmächtigen Mario von Galli können die Aussagen der Generalkongregation Zeugnis und Zielrichtung einer Selbstverpflichtung zur Kommunikation sein. Sie ist leichter dokumentarisch hinterlegt, als täglich gelebt.

Spielregeln als Zusammenfassung

Es gibt verschiedene Weisen, ein Buch und seine Botschaften zusammenzufassen. An dieser Stelle soll dies mit dem Versuch geschehen, einige Spielregeln zusammenzufassen.

Die Spielidee ist einfach: Kommunikation ist ein Vorgang des Teilens, des Mitteilens, des gegenseitigen Gebens und Nehmens. Unser ganzes Leben besteht aus dem Spiel des Teilens und Mitteilens. Je besser dies geschieht, desto geglückter ist unser Leben. Es gibt darin sogar ein Glück, das die Bibel »Seligkeit« nennt und das noch in »unglücklichen« Situationen möglich ist.

Erste und grundlegende Regeln des Kommunikationsspiels des menschlichen Lebens können sein:

♦ *Werde dir und deiner Art zu kommunizieren bewusst*
Wer in seinem Kommunikationsverhalten wachsen will, für den ist es wichtig, dass er sich selber, seine Art und Unart, wie er mit Menschen umgeht, gründlich kennen lernt. Dazu mag man sich fragen: Wie erlebe und wie erfahre ich mich? Habe ich Kommunikations-Ängste? Bin ich eher zurückhaltend oder eher ein Vielredner? Gibt es bei mir geheime Voreinstellungen, die mein Fühlen und Verhalten steuern usw.?

♦ *Entwickle deine Kommunikationsweise in Kommunikation mit anderen*
Statt bloß im eigenen Kopf ein positiveres Kommunikationsverhalten zu planen, gilt es, dieses in der direkten Kommunikation mit anderen auszuprobieren. Dafür können Fragen hilfreich sein wie: Was fällt dir an meiner Weise der Begegnung, des Gesprächs, des Kommunizierens auf? Wie erlebst du mich im Umgang mit dir

Kommunikation – Kultur – Kirche

und anderen? Was ist hilfreich? Was stört dich? Was würdest du mir – und dir – wünschen? Könntest du mir ein wenig »Entwicklungshilfe zur Selbsthilfe« leisten?

◆ *Die Kunst der Kommunikation muss eingeübt werden*

Vom Kennen zum Können führt nur ein Weg – das Üben, so heißt es. Dies bedeutet: Wenn du auf eine Kommunikationsspur gekommen bist, wenn du eine Kommunikationsschwäche oder eine neue Möglichkeit entdeckt hast, dann gestalte dies zu einer »Übung« um. Bleibe längere Zeit dabei. Sei aufmerksam auf die Übung. Schaue zurück und tausche dich gelegentlich mit einem befreundeten Menschen darüber aus.

◆ *Lege vor allem Wert auf die Einübung ins Hören*

Die Kunst der Kommunikation beginnt mit der Einübung ins Hören. Frag dich immer wieder einmal: Bin ich beim andern, bei seiner Botschaft, bei seinen Gefühlen, bei seinem Wollen, oder kreise ich zumeist nur um meine eigenen Wünsche, meine Absichten, meine Gefühle?

◆ *Nimm dir die Freiheit nachzufragen*

Nachfragen zeigt dein Interesse am anderen und seiner Botschaft. Es heißt: »Wer fragt, ist dumm. Wer nicht fragt, bleibt dumm.« Aus Erfahrung kann man sogar sagen: Das Fragen selber ist schon der Anfang der Weisheit! Unaufgeklärte Missverständnisse belasten die Kommunikation. Darum frage nach! Nicht den anderen »anbohren« oder gar durchbohren, aber mit Fragen aufschließen, auch wenn man manchmal den Frageschlüssel ein paar mal drehen muss.

◆ *Arbeit an und mit der Sprache*
So wie jemand Instrumente für die Arbeit herrichtet oder Spielzüge für ein Schach- oder Fußballspiel vorbereitet, so gilt es, das Instrument der Sprache zu verfeinern. Lerne hilfreiche Redewendungen von anderen. Probiere selber aus, was hilft und was nicht.

◆ *Gib die nötigen Informationen, und sprich mit den Betroffenen*
Man kann auch überflüssige Informationen geben. Die Regel, man solle die nötigen Informationen geben, scheint eine solche überflüssige Regel zu sein, denn das ist doch »eh klar« – sollte man meinen. Es geschieht aber häufig genug nicht. Erstaunlich ist, wie viel durch die Verletzung dieser Spielregel gesündigt wird. Da erfährt jemand, dass sein Arbeitsbereich verändert wird – ohne vorherige Absprache. Es passiert immer noch, dass diejenigen, die etwas »zuerst angeht«, nicht gefragt werden, sondern nur irgendwelche »grauen Eminenzen«. Wen etwas unmittelbar betrifft, mit dem muss man rechtzeitig reden und ihm entsprechende Informationen geben. Man erspart sich gegebenenfalls viel Zeit und Energie, entsprechende Versäumnisse wieder gutzumachen.

◆ *Nütze die Kraft von Lob und Entschuldigung, Dank und Bitte*
Lob und Entschuldigung, Dank und Bitte sind Grundlagen einer guten Beziehung. Einen anderen anzuerkennen macht mich nicht kleiner. Ebenso wenig die Entschuldigung, wenn man etwas falsch gemacht oder jemanden verletzt hat. Wer jemandem dankt, dem fällt »kein Zacken aus der Krone«, und wer bittet, der hat zumindest eine Chance, dass ihm auch gegeben wird.

Kommunikation – Kultur – Kirche

♦ *Glaube an den verborgenen »Schatz im Acker« des anderen*
Die Basis jeder wirklich menschlichen Kommunikation heißt: an das Geheimnis des anderen Menschen, an seine Würde, zu glauben – auch, wenn die Kostbarkeit eines Lebens sehr verborgen sein mag oder die eigenen Augen kurzsichtig sind. Von der Achtung dem andern – und sich selber gegenüber! – lebt Kommunikation. Es gilt, sich immer wieder daran bewusst zu erinnern.

♦ *Steh zu deinen Kommunikationsschwächen*
Noch nach hundert Kommunikationskursen werden Menschen sich in der Begegnung aneinander reiben, sich missverstehen. Damit nicht leben zu lernen, macht alles noch schwieriger. Rücksicht und Nachsicht mit den eigenen Kommunikationsschwächen und denen anderer gehört zum Grundkurs des Umgangs miteinander. Perfektionismus kann tödlich sein. Wer kommuniziert, macht viele Fehler. Wer nicht kommuniziert, macht nur einen – dass er nicht in Begegnung lebt. Fällt da die Wahl schwer?

♦ *Sei ehrlich, authentisch und realistisch*
Die negative Gegenprobe zeigt es: Nichts stört und zerstört Kommunikation so sehr wie Lüge, Unwahrhaftigkeit, Ausflüchte, Unechtheit. Dies schafft eine Atmosphäre des Misstrauens. Lügen haben nicht nur kurze Beine, sondern sie sind die Totengräber von Begegnung.

Eine größere Lüge als eine absichtlich falsche Aussage zeigt sich darin, dass sich jemand in seinem Wesen verbiegt und verbirgt. Kommunizieren heißt, von der eigenen Person her zu begegnen. Kommunizieren heißt, im Miteinander den immer tieferen Kontakt zur Wirklichkeit suchen: Wer bin ich? Wer bist du? Was ist Sache? Was ist dran? Was gibt sich uns?

Kommunikation – Kultur – Kirche

Spielregeln zum Spielverderben

Manchmal wird unter Fußballfreunden eine neue Spielregel diskutiert: Ist das Spiel spannender, wenn es durch das »Golden Goal« entschieden wird? Was soll als Foul geahndet werden? Anders gesagt, es gibt Spielregeln, die ein Spiel flüssiger machen, und andere, die hinderlich sind. So auch bei der Kommunikation. Wenn man sich an bestimmte Spielregeln hält, kann man die Wahrscheinlichkeit sehr erhöhen, dass ein Gespräch danebengeht. Im Sinne der »Dienstanweisungen an einen Unterteufel« von C. S. Lewis könnte für Gespräche gelten:

- *Dominiere das Gespräch* mit deinen Erfahrungen, Anekdoten, Ideen usw., und lass die anderen möglichst wenig zu Wort kommen!
- Tritt *möglichst besserwisserisch* als Experte und unangreifbare Autorität auf!
- *Unterbrich* die anderen möglichst oft!
- Sei *herablassend,* und lass andere spüren, dass du sie für inkompetent hältst!
- Leg dir einen Wortschatz von *Killerphrasen* zu wie: »Darüber sind sich doch längst alle einig!« – »So verbohrt, so blind können ja nur Sie und Ihre Partei sein!« – »Das gab es noch nie!«
- Führe mit leiser Stimme störende *Nebengespräche!*
- Arbeite mit der irritierenden Wirkung von nonverbalen Äußerungen wie *spöttischem Lächeln* und skeptisch gerunzelter Stirn während der Beiträge anderer usw.!
- *Interpretiere* die anderen – »Sicher meinen Sie damit ...« –, statt sie zu fragen, was sie mit ihrer Aussage meinen, oder sie zu bitten, es noch genauer zu erläutern.

Kommunikation – Kultur – Kirche

◆ Sprich *möglichst allgemein* per »man« statt »ich« und mit möglichst allgemeinen, abstrakten Formulierungen.

◆ Gib zu verstehen, dass du »diese Art von Gespräch« als reine *Zeitverschwendung* betrachtest, und vermeide es, selber zu einem fruchtbaren Gesprächsfortgang beizutragen.

◆ Unterbinde durch wiederholte *Geschäftsordnungsanträge,* dass eine echte Sachdebatte in Gang kommt.

»Bitte nicht« – »Ja, danke«

Bei einem Kurs mit etwa fünfzig Schwestern am Institut Regina Mundi in Rom sammelte ich einmal Reaktionen auf die beiden Fragen: »*Was kann meiner Erfahrung nach in einem Gespräch blockierend wirken?*« und: »*Was ist meiner Erfahrung nach förderlich in der Kommunikation?*« Die Antworten auf diese zwei Fragen sind sozusagen ein gesammeltes Weisheitswissen von 2500 Lebensjahren – wenn ich einmal die Zahl der Schwestern mit der Zahl des Durchschnittsalters multipliziere. Man kann also, wenn man will, etwas daraus lernen. Worum es dabei im Tiefsten geht, hat Alfred Delp SJ einmal mit dem Satz beschrieben: »Der personale Dialog ist die Grundform der geistigen Lebendigkeit.«

◆ *Bitte, geh nicht weg, wenn du für mich da bist*
Sag nicht: »Ich habe Zeit für dich«, wenn du dann immer wieder auf die Uhr schaust!
Sag nicht: »Darüber müssen wir unbedingt einmal sprechen!« und dann verschiebst du dauernd das Gespräch.
Sag nicht: »Das interessiert mich sehr!«, während du mir schon nach fünf Minuten dein Desinteresse signalisierst.
Rede mehr mit mir als über mich!

◆ *Bitte, behandle mich nicht unernst*
Nimm mich nicht als einen bloßen »Fall«.
Sag nicht: »Ach, das ist doch gar nicht schlimm!« und
bagatellisiere nicht mein Problem oder meine Schuld.
Sag nicht: »Unser Sorgenkindchen, was macht es denn
wieder?!«
Versuche nicht, mich mit kindischen Scherzchen
aufzumuntern.
Geh mit mir nicht um wie mit einem widerspenstigen Kind.
Unterbrich mich nicht dauernd mitten im Satz.
Sei vorsichtig mit dem Wort »du brauchst nur zu …«

◆ *Bitte, verurteile mich nicht*
Vergleiche mich nicht mit anderen:
»Schau dir bloß die … an, wie die …!«
Weise mir nicht immer die Widersprüche in meinem
Verhalten nach – ich leide ja selber unter meinen
Inkonsequenzen.
Sag nicht: »Du bist ein hoffnungsloser Fall.«
Ermahne mich nicht ständig, und schimpf nicht
wie meine Mutter.
Drohe mir nicht.
Gib meinem Verhalten und Reden keine Noten.

◆ *Bitte, spiele dich nicht als Herrscherin auf*
Rede nicht wie ein Lehrer zu seinen Schülern,
das blockiert mich.
Leg mir nicht fertige Entscheidungen vor;
gib mir lieber Entscheidungshilfen an die Hand.
Binde mich nicht an dich.

Kommunikation – Kultur – Kirche

Bohr nicht nach, wenn du spürst, dass ich über etwas nicht oder noch nicht reden möchte.
Fordere nicht von mir, was ich jetzt nicht leisten kann.
Erzähle nicht immer, wie das bei dir alles klappt.
Gib mir nicht das Gefühl, dass du mich total durchschaust.
Sag Anvertrautes nicht einfach weiter, sonst kann ich mit dir nicht mehr reden.

♦ *Danke, dass du mich annimmst, wie ich bin*
Dass ich ohne Angst meine Schwächen vor dir zeigen kann.
Dass du zu erkennen gibst, dass du mich schätzt.
Dass du mich mit meinen Fehlern annimmst.
Dass du mir zeigst, dass du mich magst.
Dass du hinter allem Missglückten in mir ein Kind Gottes siehst.

♦ *Danke, dass du mich verstehst*
Dass ich an deinen Reaktionen dein verständnisvolles Mitgefühl spüre.
Dass du mir wirklich zuhörst.
Dass du einfühlsame Verständnisfragen stellst.
Dass du mir hilfst, das Gesagte zu sortieren.
Dass du mir hilfst, mich selber besser zu verstehen.

♦ *Danke, dass du mich ernst nimmst*
Dass du mich als erwachsenen Menschen behandelst.
Dass du echtes Interesse an mir zeigst.
Dass du dich nicht als den großen Retter aufspielst.
Dass du mich auch dir etwas geben lässt.

♦ *Danke, dass du mir vorurteilsfrei begegnest*
Dass du nicht alles automatisch in ein festes Bild von mir
einordnest.
Dass du mich nicht als »die Stille, die Fröhliche, die
Schwierige, die Depressive …« fixierst.
Dass du urteilst, aber nicht aburteilst.
Dass du mich ein Geheimnis sein lässt.

♦ *Danke, dass du mich frei sein lässt*
Dass du mich nicht unter Zeitdruck setzt.
Dass du nicht einen Äußerungszwang aufbaust.
Dass du so viel Geduld mit mir hast.

♦ *Danke, dass du den Weg zur Wahrheit mit mir gehst*
Dass du mich liebevoll an der Wahrheit hältst.
Dass du mich auf Fluchtversuche aufmerksam machst.
Dass du sagst, was du denkst und empfindest
Dass du mir ein deutliches Feedback gibst.
Dass du mich hoffen lässt und ehrlich konfrontierst.
Dass du spiegelst, was ich sage, empfinde und denke.
Dass du den Wahrheitsweg in das Sakrament der Versöhnung
münden lässt.

♦ *Danke, dass du du bist*
Dass du mitfühlst, aber nicht unter meiner Last
zusammenbrichst.
Dass du nicht ein bloßes Echo, sondern ein Gegenüber bist.
Dass du auch auf dich selbst und deine Grenzen und
Bedürfnisse achtest.

◆ *Danke, dass du mir Mut machst*
Dass du mich in meiner Hoffnungslosigkeit verunsicherst
und mir zeigst, dass Verzweiflung die Beweislast trägt.
Dass du fragst: »Und wo liegt die Chance im Problem?«
Dass du angesichts meiner darauf vertraust, dass »denen,
die Gott lieben, alle Dinge zum Besten gereichen«.

◆ *Danke, dass du mich gut berätst*
Dass du mir rätst, ohne mir Rat-Schläge zu verpassen.
Dass du mich auf Möglichkeiten hinweist und sie mich
auswählen lässt.
Dass du mir geraten hast, meine Situation immer auch
schriftlich auszudrücken.
Dass du mir rätst, ohne dich als allwissend aufzuspielen oder
nur von deinen Erfahrungen und Lösungen zu erzählen.

◆ *Danke, dass du ein Mensch des Glaubens bist*
Dass du mir vertrauen hilfst.
Dass du mich mit deinem Beten hältst.
Dass du mir beten hilfst.
Dass du mir betend die Hand auflegst.
Dass du mich fragst: »Kannst du danken für
die Schwierigkeit, in der du bist?«
Dass du mir hilfst, den Raum für Gott offen zu halten.

Kommunikation – Kultur – Kirche

Die Sonne der Freundschaft

Diese Aufzählung all der durchlebten und durchlittenen Erfahrungen von missglückter und gelungener Beziehung kann sagen: Es gibt Sinn und hilft, Spielregeln der Kommunikation zu kennen und sich an ihnen auszurichten, damit menschliches Zusammenleben sich menschenfreundlicher und beglückender gestalten kann. Aber ebenso klar ist, dass es nur auf dem Weg der Erfahrung, des Lernens durch Versuch und Irrtum geschehen kann, die »Kunst der Kommunikation« Schritt für Schritt zu entdecken. Und nie bleibt die »Kunst« ohne die »Gunst«, ohne das überraschende Beschenktsein in kommunizierender Beziehung. Den »Begünstigten«, die sich für Begegnung öffnen, kommt nicht selten das Geschenk der Freundschaft zu. Jesus spricht von dieser Freundschaft zu denen, die seinen Weg durch alle Mühen hindurch mit ihm gegangen sind und denen er alles geoffenbart hat, was er aus dem Herzen Gottes heraus mitteilen konnte: »Ich habe euch Freunde genannt, denn ich habe euch alles mitgeteilt, was ich von meinem Vater gehört habe« (Johannes 15,15).

Einer von denen, die in den Spuren Jesu ihren Lebensweg gingen, einer der »Freunde im Herrn« und der Freunde des Ignatius von Loyola, Petrus Canisius, spricht in einer Predigt vom Geschenk der Freundschaft: »Weil man aber ohne Freunde nicht lebt und die Freundschaft aufheben nichts anderes heißt, als die Welt der Sonne zu berauben, so will ich auf vielerlei Weise wachen, dass ich mir einen aufrichtigen Freund verschaffe, dergleichen David in Jonathan und Paulus in Timotheus gefunden hat; einen Freund sage ich, der ein anderes Ich ist, ein kluger Ermahner, ein erfahrener Arzt und edelmütiger Sittenrichter.«

Literaturhinweise

Die Literaturhinweise beziehen sich nur auf Bücher und Beiträge, die zu Zitaten herangezogen wurden.

Canisius, Petrus, Briefe, hrsg. von Burkhart. Schneider, Salzburg 1958

Delp, Alfred, Gesammelte Schriften 4, herausgegeben von Roman Bleistein, Frankfurt/M. 1984

Faber, Petrus, Memoriale, herausgegeben von P. Henrici, Einsiedeln 1989

Geiselhart, Helmut, Das Management-Modell der Jesuiten, Wiesbaden 1997

Herzog, Roman 1, Bulletin Nr. 110, Bonn, 28. Dez. 1995 (Weihnachtsansprache), Presse- und Informationsamt der Bundesregierung

Herzog, Roman 2, Bulletin Nr. 103, S. 1321, Bonn, 29. Dez. 1997 (Weihnachtsansprache), Presse- und Informationsamt der Bundesregierung

Johannes Paul II., Tertio millennio adveniente, 10. November 1994

Lambert, Willi, Aus Liebe zur Wirklichkeit. Grundworte ignatianischer Spiritualität, Mainz ⁴1998

Lambert, Willi, Beten im Pulsschlag des Lebens. Gottsuche mit Ignatius von Loyola, Freiburg im Breisgau ²1998

Lohfink, Gerhard, Wie hat Jesus Gemeinde gewollt? Freiburg im Breisgau 1982, 1993

Nadal, Hieronymus, Über die Gnade des Gebetes in der Gesellschaft Jesu, Mitteilungen aus den deutschen Provinzen Nr. 103, 1935

O'Malley, John W., Die ersten Jesuiten, übersetzt von K. Mertes, Würzburg 1995

Päpstlicher Rat für den Interreligiösen Dialog, Kongregation für die Evangelisierung der Völker, Dialog und Verkündigung, 19. Mai 1991

Paul VI., Enzyklika Ecclesiam suam, 6. August 1964

Rivera, Jose R. de, Kommunikationsstrukturen in den geistlichen Exerzitien des Ignatius von Loyola, Hamburg 1978

Schavan, Annette, Dialog statt Dialogverweigerung. Impulse für eine zukunftsfähige Kirche, Kevelaer 1994

Spee, Friedrich, Güldenes Tugend-Buch, Einsiedeln 1991

Stich, Helmut, Kernstrukturen menschlicher Begegnung, München 1977

Teilhard de Chardin, Pierre, Das göttliche Milieu, Olten 1969

Tellechea, Ignacio, Ignatius von Loyola – Allein und zu Fuß, Zürich [2]1995

Watzlawick, Paul, Anleitung zum Unglücklichsein, München 1983

Wilkens, Gerard Th. A., Unterwegs zum Orden, Münster 1976 (Dissertation)

Über Sinn und Gestalt christlichen Betens

Willi Lambert / Melanie Wolfers (Hg.)

Dein Angesicht will ich suchen

Sinn und Gestalt christlichen Betens

224 Seiten, gebunden - ISBN 3-451-28549-5

Unter dem Dach von »Meditation« und »Spiritualität« scheint sehr vieles, auch Widersprüchliches Platz zu haben. Das Buch von Willi Lambert und Melanie Wolfers ist eine überzeugende Einladung, das Besondere und Einzigartige christlichen Betens in den Blick zu nehmen: seine Grundlagen in menschlicher Selbsterfahrung und biblischem Gottesglauben, seine elementaren Formen: Anbetung und Dank, Klage und Fürbitte, Mystik und Liturgie, seine notwendige Beziehung zum gläubigen Handeln.

Auf dem Markt der Möglichkeiten ist »Dein Angesicht will ich suchen« eine große Hilfe, die eigene spirituelle Praxis im Horizont des christlichen Glaubens neu zu orientieren.

Die Beiträger des Buches sind: Willi Lambert SJ, Andreas Knapp,
Carlo Kardinal Martini, Gisbert Greshake, Andreas Batlogg SJ,
Norbert Baumert SJ, Gabriela Grunden, Hildegund Keul, Doris Broszeit,
Bischof Manfred Scheuer, Hans Schaller SJ, Martha Zechmeister CJ,
Melanie Wolfers, Annette Schleinzer.

In jeder Buchhandlung!

HERDER

Ignatius von Loyola neu entdecken

Peter Knauer

Hinführung zu Ignatius von Loyola

144 Seiten, kartoniert - ISBN 3-451-29055-3

Peter Knauer lässt in seiner Hinführung Ignatius vielfach zu Wort kommen: in Briefen, Ge-
sprächsaufzeichnungen, in seinen Schriften. So
entsteht in zahlreichen Einzelkapiteln ein um-
fassendes Bild des vielleicht wichtigsten spirituellen Erneuerers auf katholischer Seite im
16. Jahrhundert. Außer auf die Person Ignatius
wird der Blick auch auf seine Gründung, den
Jesuitenorden, gelenkt. Hier erfährt der Leser nicht nur, welche Motive
den Heiligen zur Gründung bewogen, sondern auch von welchem Geist
und Eifer die erste Ordensgeneration war.

Zur größeren Ehre Gottes

Ignatius von Loyola neu entdeckt für
die Theologie der Gegenwart

Hg. von Thomas Gertler, Stephan Kessler
und Willi Lambert

416 Seiten, gebunden mit Schutzumschlag
ISBN 3-451-28944-X

Dieser Band zeigt eindrucksvoll, wie die spirituelle Erfahrung und das Lebenswerk des Ignatius
noch heute das theologische Denken herausfor-
dern und anregen. Die in der ignatianischen Spiritualität liegenden Grund-
einsichten werden aufgenommen und für heutiges theologisches Denken und
pastorales Handeln fruchtbar gemacht.

HERDER

Karl Rahner – Der große Theologe

Karl Rahner / Andreas Felger **Von der Gnade des Alltags**
Meditationen in Wort und Bild

96 Seiten, durchgehend vierfarbig, gebunden mit Schutzumschlag - ISBN 3-451-28848-6

»Gott suchen und finden in allen Dingen« (Ignatius von Loyola): In seinen sieben Meditationen »Alltägliche Dinge« erschließt Karl Rahner den geistlichen Sinn ganz gewöhnlicher Tätigkeiten. Scheinbar profane Dinge können zum Ort werden, an dem sich das Geheimnis der Gnade zeigt. Die Illustrationen von Andreas Felger führen zu einer neuen Sicht und Konzentration auf das Wesentliche.

Karl Rahner **Von der Unbegreiflichkeit Gottes**
Erfahrungen eines katholischen Theologen
Hg. von Albert Raffelt. Mit einer Einführung von Karl Lehmann

80 Seiten, kartoniert - ISBN 3-451-28536-3

Karl Rahners letzte Rede lässt in das Herz des Jahrhundert-Theologen blicken: Sie ist ein geistliches Testament für das 21. Jahrhundert und ein Schlüssel zu seiner bleibend prägenden Theologie.

Beten mit Karl Rahner
Gebete des Lebens / Von der Not und dem Segen des Gebetes

Zwei Bände in Kassette, insgesamt 384 Seiten, gebunden mit Lesebändchen

ISBN 3-451-28385-9

Von der Not und dem Segen des Gebetes: Rahners Meditationen öffnen Herz und Sprache in einer Weise, die das Werk bis heute zu einem Grundbuch christlichen Betens macht. Gebete des Lebens: Gebetstexte Karl Rahners aus allen Phasen seines Lebens, Modelle eines existentiellen christlichen Betens.

HERDER